中国石油企业协会
对外经济贸易大学一带一路能源贸易与发展研究中心

中国油气产
发展分析与展望报告
蓝皮书
（2023—2024）

蒋庆哲　董秀成　高潮洪◎主编

中国石化出版社
·北京·

图书在版编目(CIP)数据

中国油气产业发展分析与展望报告蓝皮书：2023—2024 / 蒋庆哲，董秀成，高潮洪主编．—北京：中国石化出版社，2024.4
ISBN 978-7-5114-7458-2

Ⅰ．①中… Ⅱ．①蒋… ②董… ③高… Ⅲ．①石油工业-经济发展-研究报告-中国-2023-2024 ②天然气工业-经济发展-研究报告-中国-2023-2024 Ⅳ．①F426.22

中国国家版本馆 CIP 数据核字(2024)第 058466 号

中国石化出版社出版发行

地址：北京市东城区安定门外大街 58 号
邮编：100011　电话：(010)57512500
发行部电话：(010)57512575
http://www.sinopec-press.com
E-mail：press@sinopec.com
北京艾普海德印刷有限公司印刷
全国各地新华书店经销
*
710 毫米×1000 毫米 16 开本 19.5 印张 352 千字
2024 年 4 月第 1 版　2024 年 4 月第 1 次印刷
定价：198.00 元

《中国油气产业发展分析与展望报告蓝皮书（2023—2024）》

编　委　会

前言

PREFACE

人类社会进入工业文明时代以来，油气产业在全球范围内得到迅速发展，油气成为世界经济和社会发展的主体能源，成为支撑人类社会工业文明的重要基础和全球经济发展的“血液”，在国际经济、政治和军事领域发挥着越来越重要的作用。在当今世界，无论是发达国家还是发展中国家，无一例外地高度重视本国油气产业发展，都在根据世界能源发展形势和本国国情制定油气产业发展战略和政策，迎接国际政治和经济环境变化带来的机会和挑战。

油气产业发展有其自身的现实特征与理论逻辑，在日益复杂多变的油气产业发展环境中，各个国家都需要围绕本国油气产业发展的历史阶段、现状、问题、趋势、理念和价值观等对其进行系统分析和整体审视。一方面，油气产业正在面临人类历史上前所未有的外部环境变化，从经济、社会、生态、环境、政治、外交、军事、文化、交通和家庭等各个层面，都可以感受到油气产业正在承受各种压力、影响和冲击；另一方面，油气产业发展并非孤立，而是存在诸多利益攸关者，关系到许多相关产业乃至整体经济和社会的发展，正在日益引起国际组织、政府部门、相关产业和企业、广大消费者、社会公众、非政府组织、媒体和学术界等高度关注。目前，油气产业发展已经成为中国国民经济发展和社会进步的重大议题，与保障中国能源安全目标和实施全面协调可持续发展战略息息相关。

《中国油气产业发展分析与展望报告蓝皮书》（简称《蓝皮书》）是目前中国公开出版的唯一一部全面分析和研究中国油气产业发展现状和趋势展望的蓝皮书，由中国石油企业协会和对外经济贸易大学一带一路能源贸易与发展研究中心合作共同完成，按年度向全社会公开出版发行。《蓝皮书》共分五大部分：国际篇、国内篇、合作篇、专题篇和附件。国际篇，主要分析国外宏观外部环境对中国油气产业发展的影响，包括国际政治环境对中国油气产业发展的影响、国际经济环境对中国油气产业发展的影响、世界油气产业发展分析与展望等；国内篇，从产业整体发展角度重点分析中国油气产业发展现状和趋势展望，包括中国宏观经济及油气产业政策分析与展望、中国油气市场发展分析与展望、中国油气勘探产业发展分析与展望、中国油气开发产业发展分析与展望、中国油气工程技术服务产业分析与展望、中国炼化产业发展分析与展望、中国油气管道产业发展分析与展望等；合作篇，主要包括中国油气产业国际合作分析与展望、中国对外油气贸易分析与展望等；专题篇，与国际篇、国内篇和合作篇等形成互补关系，主要从专题角度分析油气产业发展的相关问题，每个专题形成一篇独立的文章；附件，主要包括按时间顺序编写的全年油气产业发展大事记和一些国内外油气产业发展的数据信息，供读者在阅读时参考。

《蓝皮书》不是一般意义上的年鉴，更不以大块文字和数据图表堆积为主，而是以年度分析和来年展望为基本特征。国际篇、国内篇和专题篇具有很强的相关性和互补性，但各部分在编写上独立成篇，读者可以根据需要和兴趣分别阅读。《蓝皮书》以文字分析为主，辅以必要数据和图表，文字描述力求言简意赅，分析和展望力求逻辑性、高度性、概括性和权威性并重，分析结论力求对相关部门和油气企业实际工作具有指导性。《蓝皮书》作者主要来自中国石油企业协会、对外经济贸易大学一带一路能源贸易与发展研究中心、中国石油大学中国油气产业发展研究中心、中国石化经济技术研究院、中国石化石油勘探开发研究院等单位，团队长期从事油气产业发展研究，具有国内一流专业水准和专业基础。作者团队本着促进中国油气产业发展的良好愿望，除从产业发展整体上分析，还对有关产业热点问题坦率提出看法和观点，希望引起社会关注和讨论。作者团队努力进行全面、系统和深入的研究，试图得出有助于读者全面了解中国油气产业发展的正确结论，这是作者团队追求的目标，更是义务和责任。《蓝皮书》具有较强的权威性和较好的时效性，对于理论研究者和实际工作者都具有一定的参考价值。

《蓝皮书》编写分工如下：国际篇，国际政治环境对中国油气产业发展的影响（冯泽、宫绮、钟雯利），国际经济环境对中国油气产业发展的影响（张浩天、赵彤彤、赵宁宁、李佳蔓），世界油气产业发展分析与展望（韩亚琳、董康银）；国内篇，中国宏观经济及油气产业政策分析与展望（窦悦、卫静、冯乃超、杨鑫磊），中国油气市场发展分析与展望（张海霞、徐雪莹、王静、战凯文），中国油气勘探产业发展分析与展望（刘洋、田静伊、刘贵贤、孔朝阳、孙即才），中国油气开发产业发展分析与展望（顾家晖、刘贵贤、孔朝阳、孙即才），中国油气工程技术服务产业分析与展望（刘杨、玛利亚木、石鑫、皮光林），中国炼化产业发展分析与展望（董必俊、赵晓梦、董聪），中国油气管道产业发展分析与展望（孙梅、杨欢欢、刘巾苗、周凯文、谢玉莹、周铭可、刘晶）；合作篇，中国油气产业国际合作分析与展望（王博、吴爱玲、贾逸卿、江婉昕），中国对外油气贸易分析与展望（王建达、杨森淼）；专题篇，新能源汽车发展对石油流通行业的影响及对策建议（董聪），俄乌冲突背景下国际油气贸易格局将如何演变？（董秀成），2023 年美国战略石油储备的出与进及其启示（王能全），COP28 关于能源转型的五方面思考（陆如泉），“3060”双碳目标下油气企业碳资产管理发展研究（杨鑫磊、陈仕林、周吴雪涵），提升开放条件下中国能源安全的思考与建议（张鹏程、王利宁、张礼安），不确定性加剧背景下天然气化工行业发展现状与困境研究（赵君），数智化助力油气全产业链发展(赵晓梦)；附件，2023 年中国油气产业发展大事记(王文超、郭杰)，2023 年国内外油气产业相关数据(罗熙茗)。

蒋庆哲、高潮洪统领了《蓝皮书》架构设计并负责组织全书编撰；董秀成负责《蓝皮书》最终统撰与核定；彭元正、严绪朝、连建家、徐孚、王琳、孙仁金、刘毅军等参与书稿修改和审定工作。

编委会

2024 年 3 月

目 录

CONTENTS

国 际 篇

国　内　篇

合 作 篇

专　题　篇

附　　件

国 际 篇

2023年，国际政治环境持续复杂化，不可避免地波及全球能源行业特别是油气行业的发展。俄乌冲突的持续、美国“印太战略”的推进导致全球政治局势不安与动荡，国际油气贸易格局发生重大调整，欧洲地区呈现“脱俄倚美”的态势，欧盟在能源领域继续深化与美国的合作，来规避能源供给紧张引发的国内政治问题。俄罗斯受到欧盟限制开始“转东向南”，致力于开拓亚洲市场。在地区冲突的影响下，国际油气价格频繁震荡已成常态，巴以冲突的爆发、非洲恐怖主义盛行和频发的政变虽在短期内未对国际油气市场产生实质性影响，但给本就混乱的国际局势增加了不确定因素，加剧了国际油气市场的动荡。

2023年全球经济复苏承压，经济增长率为3.1%，但在新冠疫情和俄乌战争的冲击下，经济下行危机暗流涌动，在目前经济复苏不明确、核心通胀率尚未达峰、金融体系脆弱性凸显、地缘冲突持续的形势下，国际货币基金组织（IMF）预计2024年全球经济将增长3.1%。在全球通胀水平逐步下降的同时，许多国家的核心通胀仍不容乐观。

2023年全球油气市场总体较为稳定。受消费需求拉动影响，石油、天然气勘探开发投资支出总体呈小幅增加；受世界头部能源公司增加勘探投资支出、并购其他公司提振勘探能力的影响，全球油气新增探明储量呈上升趋势。受“OPEC+”国家减产影响，全球石油产量总体呈现先升后降趋势；受益于美国、巴西天然气稳定增产影响，全球天然气产量出现小幅增长。预计2024年，世界油气勘探开发支出增加、活动频繁，海上油气勘探占据更重要地位；受“OPEC+”国家减产措施影响，全球石油产量将出现下降；全球油气价格将得益于消费需求增加而有所回升；预计世界炼油产能和开工率将进一步下降，利润率也将小幅增长。

国际政治环境对中国油气产业发展的影响

2023年，国际政治环境持续复杂化，不可避免地波及全球能源行业特别是油气行业的发展。俄乌冲突的持续、美国“印太战略”的推进导致全球政治局势动荡不安，国际油气贸易格局发生重大调整，欧洲地区呈现“脱俄倚美”的态势，欧盟在能源领域继续深化与美国的合作，来规避能源供给紧张引发的国内政治问题。俄罗斯受到欧盟限制开始“转东向南”，致力于开拓亚洲市场，以此来减少对本国油气行业的不利影响。俄罗斯大幅下降的天然气产量与美国稳步增长的天然气产量形成鲜明对比。天然气价格波动明显，多次出现短暂飙升，整体呈现回落趋势。在地区冲突的影响下，国际油气价格频繁震荡已成常态，巴以冲突爆发、非洲恐怖主义盛行和频发政变虽在短期内未对国际油气市场产生实质性影响，但给本就混乱的国际局势增加了不确定因素，加剧了国际油气市场的动荡。面对日益复杂的国际政治环境变化，中国也在切实开拓与践行新的能源发展与合作之路，一方面，依托“一带一路”倡议搭建的国际平台，深化项目多元合作，保障油气贸易畅通之路，稳步推进油气贸易人民币结算的进程；另一方面，积极重视油气行业关键技术的突破，为油气行业加速绿色低碳发展提供重要的技术支撑。中国致力于在保证国家能源安全的同时，以能源革命积极参与全球治理，为世界发展贡献中国力量，为全球治理体制进步提供中国智慧。

一、国际政治环境分析及展望

（一）俄乌冲突持续冲击世界政治体系

2023年，俄乌冲突爆发已超一年，双方几度攻守易位，持续加码战备投入，战况复杂胶着，冲突呈现长期化趋势。这场俄罗斯与乌克兰的战争，实际上是俄罗斯与以美国为首的西方国家之间的冲突与对决，既加速了全球地缘政治格局的演变，又加速了世界局势向多极化转变的态势，同时战争的负外部性影响进一步外溢，对普通民众及世界和平与安全的威胁加剧。

2023 年，以美欧为主的西方阵营进一步加强了在资金、武器、军事技能训练等方面对乌克兰的援助。1 月 28 日，意大利和法国共同向乌克兰提供 SAMP-T 防空系统及配套使用的防空导弹，总价值超过 8.7 亿美元；2 月 2 日，欧盟理事会通过了欧洲和平基金支持下的援助措施，为乌克兰武装部队提供价值 5 亿欧元的第 7 个一揽子计划及一项 4500 万欧元的新援助，同时欧盟外交与安全事务高级代表博雷利表示将扩大欧盟军事援助团规模，训练乌克兰士兵总数达 3 万人；4 月 13 日，欧盟理事会再次通过决议，在欧洲和平基金框架内向乌克兰军队提供 10 亿欧元的援助；6 月 21 日，欧盟就第 11 轮对俄制裁方案达成一致，其中包括对已有制裁的规避行为的打击措施，进一步强化对俄打击；7 月 7 日，美国宣布向乌克兰提供一项价值 8 亿美元的援助，其中包括向乌克兰提供大范围无差别杀伤的集束炸弹；9 月 21 日，乌克兰总统泽连斯基访问美国，拜登宣布向乌克兰提供新一轮 3.25 亿美元的武器援助，29 日美国国务院再次加码，向乌克兰提供新一批总值 2.5 亿美元包括扫雷清障设备的军事援助。从援助金额上看，乌克兰已成为自二战以来接受美国援助最多的国家。然而，据统计，美国流向乌克兰的援助资金多为军事援助而非人道主义援助，无助于解决乌克兰危机。俄罗斯方面，6 月 23 日，俄罗斯雇佣兵组织瓦格纳武装在俄境内发动“兵变”，尽管事件迅速平息，但仍反映出俄国防部和瓦格纳集团的内部军事摩擦，带来内部政治风险的上升。目前，俄乌战场情况仍扑朔迷离，双方军备投入逐渐转向进攻性更强的装备，冲突逐渐演变为持久消耗的韧性比拼，对世界和平的潜在威胁进一步加剧。总体来看，俄乌冲突进一步固化了美欧捆绑一致对俄的态势，使得欧洲与俄罗斯之间政治经济关系全方面破裂，欧洲对美依赖进一步加强。同时，也迫使俄罗斯将政治与经济方面的外交战略重心从欧洲移向亚洲。

（二）美国持续搅动亚洲局势

2023 年，美国继续秉持大国竞争的战略基调，持续向亚太地区投射资源，强化了多个同盟体系，给亚洲乃至全球安全与发展带来负面影响。

为强化美日韩军事同盟，服务“印太战略”，美国积极推动日韩两国实现“历史性和解”，强化安全合作，同时围绕地区热点问题密集展开军事互动，三边同盟悄然成型。2023 年 3 月 6 日，在美国推动下，韩国政府正式宣布，拟由韩方设立公共赔偿基金，向韩国私人企业筹措资金，赔偿被日本强征为劳工的韩国受害者，寻求韩日关系缓和，对此，美国总统拜登称韩日两国关系“翻开突破性的新篇章”；3 月 16 日，韩国总统尹锡悦时隔 12 年首次专程造访日本，重启中断 12 年的首脑双边访问，标志着在关于强征劳工赔偿问题争端后，两国持续紧张的关系明显缓和。在美国积极推动下，日韩关系走向缓和，进一步强化了美日韩三边同盟，2023 年，美日韩三方多次开展联合演习，推进三边军事合作，不仅对地区和平稳定造成较大冲击，也势必会加剧地区国家阵营化、对抗化的紧张氛围，严重冲击东亚安全局势。

在“印太战略”框架下，美国加大与以越南、菲律宾、印度尼西亚为主的东盟国家的合作力度，力图激化东盟与中国的安全矛盾，一来使东盟国家充当对抗中国的“代理人”，分担美国的遏华安全成本；二来利用菲律宾、越南等国的特殊地缘位置，将其作为美军前沿军事存在强化对华威慑的阵地，推动亚太地区的军事化。2023 年 2 月 2 日，菲律宾国防部同意向美军再开放 4 个军事基地的使用权限；5 月 1 日，美国总统拜登在白宫同菲律宾总统马科斯举行会晤，再度强调了两国数十年的安全同盟关系，重申美国对菲律宾盟友般的防卫承诺“牢不可破”；8 月 24 日，美国、印尼两国国防部长在华盛顿进行会晤，会后美国国防部发布了一份所谓与印尼国防部的“联合新闻声明”，称中国在南海的扩张性海洋主张不符合《联合国海洋法公约》所体现的国际法，印尼政府随后否认此声明，凸显了美国挑拨和破坏东盟国家与中国关系的急切心态；9 月 10 日，美国总统拜登与越南共产党总书记阮富仲举行会谈，正式确认将美越关系连升两级，提升为“全面战略伙伴关系”，并与越南就历史上最大规模的武器转让协议进行谈判，有意在亚太地区制造军备竞赛、紧张关系。

美国积极推进全球扩张的同时，其国内政治环境也风波不断。2023 年 9 月 30 日，受美国不断加剧的两党党争以及共和党内部撕裂等因素干扰，在离美国政府 2024 财年开启只剩 3 小时的最后关头，美国参议院才最终通过了一项避免政府停摆的短期支出法案，暂时避免了政府停摆危机，尽管如此，频繁的党争还是不断侵蚀美国政府的公信力，评级机构穆迪曾警告，如果美国政府再关门，该机构可能下调其对美国政府的评级。9月12日，美国国会众议院议长、共和党人麦卡锡宣布，将对美国总统拜登正式展开弹劾调查，指责拜登家族有“腐败文化”，可能存在滥用权力、妨碍司法和腐败等问题。接二连三的总统弹劾进一步反映出弹劾已沦为两党相互讨伐的工具，共和、民主两党的分化严重。

（三）非洲局部冲突和政变频发

2023年非洲发生了两起政变，局部地区再次进入政治震荡模式。2023年7月26日凌晨，尼日尔总统卫队部分军人扣押总统巴祖姆。同日深夜，政变军人代表在尼国家电视台宣布成立保卫祖国国家委员会（CNSP），推翻巴祖姆政权，由军政权接管国家事务。西非国家经济共同体（西共体）7月30日在尼日利亚首都阿布贾召开紧急会议，要求尼日尔政变军人一周内释放巴祖姆并恢复其职权，相关要求如在一周内得不到满足，将采取包括军事干预在内的一切措施来确保恢复尼日尔宪法秩序。8月6日晚，最后通牒即将到期前，尼日尔军政府宣布关闭领空，拒绝与西共体合作。8月8日，西共体、非洲联盟和联合国预赴尼日尔的代表团遭尼军方拒绝。8月10日，尼日尔政变军人在国家电视台发布由其领导人阿卜杜拉赫曼·奇亚尼签署的法令，宣布成立新政府。随后，国际社会多方与尼日尔军人进行谈判和斡旋。自政变发生后，数千名民众在尼日尔首都尼亚美多次聚集并举行抗议示威活动，高喊“法国人离开尼日尔”口号，表达对前殖民者法国的强烈不满并要求法国驻军无条件撤离尼日尔。9月24日，法国总统马克龙宣布将召回驻尼日尔大使，并结束在该国的军事存在，将当地的1500名驻军于2023年底全部撤回法国。

非洲中部国家加蓬选举中心于2023年8月30日凌晨宣布，加蓬总统阿里·邦戈·翁丁巴在2023年8月26日举行的总统选举中以64.27%的得票率获得连任。随后，十余名军方人员以“机构过渡和恢复委员会”的名义在加蓬24电视台发表声明宣称选举结果无效，并称已获取政权，国家机关解散。当天下午，政变机构“加蓬机构过渡和恢复委员会”在国家电视台宣布，任命加蓬共和国卫队总司令布里斯·奥利吉·恩圭马于9月4日就任该委员会主席及过渡领导人。联合国秘书长古特雷斯、非洲联盟和法国均对加蓬发生的军事政变行为表示强烈谴责。

非洲萨赫勒地区面临的恐怖主义威胁持续存在。2023年9月28日上午，尼日尔发生政变后首次大规模恐怖袭击，大批武装人员乘坐摩托车在距离首都尼亚美大约190千米的坎达吉镇袭击了一支巡逻队。在激烈交火中，7名士兵牺牲，多人受伤。布基纳法索在2023年遭遇不间断的恐怖袭击，4月16日，在北部大区首府瓦希古亚东北约15千米的一个军事分队遭不明身份武装人员袭击，导致34名国防志愿者和6名士兵死亡、33人受伤；5月11日，在西北部布克莱迪穆洪大区穆洪省发生恐怖袭击，造成33人死亡；9月4日，第12突击步兵一支前驱部队在亚腾加省北部库姆布里地区遭遇恐怖组织袭击，双方发生激战，造成53名战斗人员阵亡，另有30人受伤。联合国新闻中心数据表明，截至2023年7月，因恐怖袭击布基纳法索已有6100多所学校关闭，占到中部和西部非洲关闭学校总数的近一半。

（四）拉丁美洲政局动荡

2023年拉丁美洲的政局处于动荡中。从南部的秘鲁到北部的墨西哥，政治风波不断，各国政府面临种种挑战。自秘鲁前总统佩德罗·卡斯蒂略被国会罢免总统职位并于2022年12月7日因涉嫌腐败而被捕以来，秘鲁的抗议活动持续不断，示威人群通过设置路障、堵塞道路、焚烧汽车、破坏公共设施、哄抢超市等行为来进行示威游行和暴力破坏，导致了大量人员伤亡，秘鲁政府宣布首都利马和附近的卡亚俄、南部城市库斯科和普诺从2023年1月15日起延长紧急状态30天。此外，多位部长辞职，国会未能通过提前举行大选的动议，使得秘鲁的政局更加不稳定。

墨西哥在2023年抗议活动不断，政治暴力事件频发，政府受到质疑。2023年6月，多个城市爆发了反对选举法改革的抗议活动，抗议者认为选举法改革削弱了民主制度，降低了选举透明度和公正性，抗议活动引发了抗议者与警察的冲突，导致人员伤亡和政局动荡。6月8日，特斯卡尔蒂特兰市发生的暴力冲突事件造成至少11人死亡，对国家安全和稳定造成了威胁。一些政治家和选举官员遭到了暗杀和绑架，2023年6月16日，墨西哥联邦众议员、前韦拉克鲁斯州州长候选人胡安·曼努埃尔·科尔特斯·莫雷诺在墨西哥城北部的家中遭到枪击身亡，加剧了政治不安全的气氛。另外，由于政府的不作为和腐败等问题，墨西哥民众对政府的信任度降低，导致了对政府决策的不满和抵制，以及对政府官员的质疑和批评。

2023年拉丁美洲三个国家迎来了大选，分别是巴拉圭、危地马拉和阿根廷，大选常常会加剧本就存在的分歧和分裂，对政府的稳定性提出了一定的挑战。2023年4月30日，巴拉圭总统大选结果出炉，执政党红党候选人圣地亚哥·培尼亚在当天举行的总统选举中获胜；8月15日上午，培尼亚在巴拉圭首都亚松森宣誓就任巴拉圭新一任总统。2023年6月25日，危地马拉举行总统、议会和地方选举，因为没有候选人获得过半选票支持，得票最多的两名候选人——托瑞斯和阿雷瓦洛共同进入第二轮。经过两轮投票，8月20日，阿雷瓦洛的得票率为59.12%，以明显优势在大选中获胜，于2024年1月14日正式就职。2023年10月22日，阿根廷开启总统大选，11月19日，阿根廷极右翼选举联盟“自由前进党”候选人、国会众议员哈维尔·米莱当选总统。

（五）中东地缘政治剧变

2023年以来，巴以地区紧张局势加剧。以色列军队在约旦河西岸多地实施多次搜捕行动，与巴勒斯坦人冲突不断。2023年10月7日，巴勒斯坦伊斯兰抵抗运动（哈马斯）宣布对以色列开展新一轮名为“阿克萨洪水”的军事行动，发射数千枚火箭弹，与此同时，几十名武装人员潜入以色列境内，在多个地点发起袭击。以色列随即宣布进入战争状态，并对加沙地带展开多轮空袭作为回应。巴以冲突陡然升级，爆发了近些年来最大规模的冲突。2023年11月4日，巴勒斯坦加沙地带卫生部门表示，自10月7日本轮巴以冲突爆发以来，加沙地带已有9488人死亡。随着巴以冲突持续升级，约旦河西岸的暴力事件大幅增加，联合国人道主义事务协调厅称，自2023年10月7日冲突爆发以来，截至11月1日已有170多起以色列定居者袭击巴勒斯坦人事件。另外，随着巴以冲突给中东地区多方带来的连锁反应，地面行动的作战范围仍在扩大，从埃及的袭击到美军空袭伊朗目标，再到印巴边境交火，地区内部矛盾更加复杂，加剧了中东地区的紧张局势。

巴以冲突爆发后，俄罗斯、中国、巴基斯坦、印度尼西亚、伊朗、叙利亚、沙特、卡塔尔、伊拉克、科威特、黎巴嫩、也门、阿富汗、土耳其、埃及等国支持巴勒斯坦。其中部分国家不仅在政治立场上给予支持，还在物资方面给予实质性帮助。俄罗斯于 2023 年 10 月派出运输机向加沙地带的居民运送了 27 吨食品和其他必需品，11 月 3 日又派出两架伊尔-76 运输机向加沙地带的居民运送了 28 吨人道主义援助物资。中国在 2023 年 10 月 16 日表示中方向联合国近东巴勒斯坦难民救济和工程处及巴民族权力机构分别提供紧急人道主义援助，用于解决加沙地带食品、医疗、居住等急需问题。2023 年 10 月 14 日，埃及人道主义援助车队装载着 1000 吨粮食、肉类、超过 5 万件衣服、4 万条毛毯以及超过 30 万箱药品和医疗用品等急需物资送往巴勒斯坦，为当地提供救援。美国、德国、法国、英国、印度、日本、加拿大、澳大利亚、巴西、乌克兰、阿根廷等国对以色列表示支持。其中，美国、英国、德国等国在政治支持的基础上也给予了物质支持。美国总统拜登在 2023 年 10 月 7 日表示，面对哈马斯的恐怖袭击，美将向以色列提供数十亿美元的武器表示支持；10 月 8 日，美国国防部长奥斯汀表示，美国的“福特”号航母战斗群向以色列靠拢，以应对哈马斯发动的攻击，并向以色列国防军提供额外的设备和资源，包括弹药，以提高在该地区的姿态和威慑力。英国派遣两艘军舰、多架军用飞机等支持以色列的军事行动，还调集一支陆战队待命以随时应对可能的情况。德国国防部批准以色列使用德军的两架 TP 无人机用于对哈马斯的有力打击，另外通过提供武器和弹药援助明确表示坚定支持以色列。

（六）欧洲乱局仍在持续

2023 年受俄乌冲突引发的后续影响，欧洲多国政府的政治治理受到挑战，社会处于动荡与混乱中。2023 年法国政局处于动荡中，自法国总统马克龙进行养老金改革后，法国爆发了多轮全国性罢工示威游行。2023 年 1 月 19 日，法国举行了约 112 万人参加的全国罢工游行；1 月 31 日，法国工会发起第二次全国罢工，数以百万计的教师、公务员以及其他各行各业的从业者走上街头参加了游行示威活动；到3月27日，据法国工会统计，大约有350万人参加了示威游行；4月13日当天，法国举行了大约270场抗议提高退休年龄的示威活动。罢工引起了公共交通中断、电力生产瘫痪、学校停课和企业关门等问题。随后，2023年6月27日，法国警察射杀少年事件引起法国各界强烈反应，引发全国范围的暴乱。到7月1日暴乱发展到高峰，扩散至220个城镇，多地发生针对市政厅、警察局和学校的暴力袭击和纵火事件。7月4日，法国内政部表示，从6月27日骚乱以来，全法共有5900台车辆被烧毁、1100栋建筑受到不同程度破坏，共记录到270次针对警察局和宪兵队的攻击。大规模的罢工和全国范围的暴乱导致了法国政治和社会的不稳定。

2023年，英国频繁发生大规模罢工活动，影响政府的稳定和权威。2023年2月6日，因劳资纠纷升级，英国医疗工作者举行了史上最大规模的罢工行动，数万名护士和救护车工作人员参与其中；3月31日至4月9日，恰逢英国传统假期，英国希思罗机场约1400名安保人员集体罢工，10天取消300多趟航班；7月22日，英国最大的铁路员工工会——英国铁路、海运和运输工人工会再次举行罢工，超过2万人参与其中；10月2日，英格兰地区的初级医生和顾问级医生开始举行为期3天的联合罢工。罢工浪潮影响范围扩展至学校、铁路、机场、港口和医院，引发了社会不满和政治混乱等问题。

2023年10月1日，在土耳其首都安卡拉离议会和内政部不远的地方发生炸弹袭击事件，旨在破坏土耳其的政治稳定；土耳其政府启动了复仇计划，对伊拉克北部的库尔德工人党武装目标进行了大规模空袭，加剧了两国的政治冲突。2023年5月27日，塞尔维亚总统亚历山大·武契奇宣布辞去塞尔维亚执政党、议会第一大党塞尔维亚前进党主席职务，引发了本国的政治混乱。波兰在2023年10月15日的选举中，执政的法律与公正党虽保持了众议院第一大党地位，但失去了独立执政资格。

二、国际政治环境对全球油气产业发展的影响分析

（一）俄乌冲突导致国际油气贸易格局发生重大调整

俄乌冲突爆发后，美欧对俄罗斯实施全面制裁，迫使俄罗斯石油与天然

气出口欧洲市场受阻，国际油气贸易在流向上发生重大调整，俄罗斯油气出口开始“转东向南”，致力于开拓亚洲市场，欧洲对美依赖进一步加强，呈现“脱俄倚美”的态势。一方面，受制裁影响，俄罗斯对欧洲油气出口利润进一步缩减，俄乌战场胶着迫使俄罗斯不断加大军事支出，在此背景下，俄罗斯油气贸易进行了出口转向，增加了对中国、印度等亚洲国家的油气出口，将油气贸易的重心转移到亚洲，有效缓解了禁运带来的冲击，维护了全球石油供给市场的稳定。但同时，俄印石油贸易仍面临一定的不确定性。俄乌冲突爆发后，俄罗斯被排除出 SWIFT 结算系统，俄印石油贸易以本币结算，贸易顺差持续拉大，导致俄罗斯积累了大量币值不稳定的非国际货币——印度卢比，进一步推高了俄罗斯财政金融风险。加之印度本身产业基础薄弱，俄罗斯难以从印度购买必需品，储备的印度卢比陷入了“留不起，花不出”的困境。就使用卢比结算双边贸易问题，俄罗斯此前已尝试与印度进行了多次谈判，但分歧难以解决，俄印石油贸易关系仍不稳定。另一方面，随着对俄罗斯原油制裁的生效，欧洲原油市场对俄需求进一步减少，对美国、挪威等供应国的进口需求加大。在此影响下，未来中东地区的石油流向也可能发生变化，在继续维系与亚洲油气贸易关系的同时，将核心目标市场转向欧洲。

贸易格局的转变在一定程度上缓和了地缘政治带来的供给冲击，美国成为油气海运贸易市场主要的增量来源，在供给侧的话语权进一步提升，不同区域在国际油气贸易中的地位可能发生重大改变。一方面，2023 年国际原油价格和欧美、亚洲等主流天然气价格均已有所回落，供应变局之下绝对减量相对有限，贸易有效缓和了地缘政治下的供给冲击，使国际油气市场形成了新的平衡；另一方面，全球油气资源主要集中在北非、中东、中亚和俄罗斯、北美地区，在全球油气市场格局中，美国、俄罗斯和沙特阿拉伯三国至关重要。俄乌冲突爆发以来，美国和俄罗斯在全球油气市场上的博弈加剧，在欧俄能源合作破裂的背景下，美国在全球油气市场的重要性得到进一步强化。与之相应地，中东作为美俄以外的第三方在油气市场中的地位上升趋势明显，其中沙特阿拉伯作为重要油气资源国，在复杂的地缘政治博弈中寻求一种战略平衡，地位将明显上升。

（二）“OPEC+”以减产压缩全球石油供给

2023年，受市场对原油现货需求疲软影响，“OPEC+”延续供应控制，采取限产保价措施，决定将原油减产延长至2024年底。7月4日，沙特阿拉伯表示将继续自愿减产石油100万桶/日，俄罗斯和阿尔及利亚称自愿将8月产量和出口规模分别降低50万桶/日和2万桶/日。一方面，减产直接影响供需平衡，使全球石油供应趋紧进而维持卖方市场势力不变；另一方面，此举将进一步加大美国治理通胀的难度，引发美国强烈不满，美国总统拜登、财政部部长耶伦相继对此表示“失望”“不明智”，并称将采取反制措施，导致沙特与美国的紧张关系进一步加剧。本轮减产决定表明沙特在美沙关系中积极推进“沙特优先”的经济政策，优先考虑本国利益，尝试摆脱“石油美元”体系的束缚，获得更大的定价权。

（三）全球地缘政治冲突导致国际油气价格剧烈震荡

2023年国际油价相较于2022年呈明显下滑趋势，主要原因有两方面：第一，俄乌冲突呈长期化发展态势，冲突对油气市场供给端的冲击趋向平滑；第二，世界经济复苏进程不理想，油气市场需求疲软。同时，在石油需求衰退的背景下，为了进一步收紧供应，达到保护价格、扭转市场预期的目的，“OPEC+”宣布减产延长至2024年底，支撑油价一度升高。但大经济体经济疲软引发的需求担忧也在一定程度上限制了油价的涨幅。未来全球原油市场或将继续维持偏紧平衡的状态，国际油价敏感性进一步加强。

对比之下，天然气市场价格虽呈现回落趋势，但波动较为明显。2023年上半年，受全球经济活动低迷、需求不振，加之库存高企、美国弗里波特（Freeport）港口恢复出口等因素影响，三大基准气价震荡下跌。欧洲方面，2023年新供应渠道趋向稳定，高气价也促使电力部门推动气煤转换，抑制了能源密集型行业的用气量，加之暖冬导致2023年第一季度天然气消费低于预期，库存相对充足，天然气供需失衡局面得到改善，价格总体回落。然而，在俄管道天然气缺口持续之际，国际气价趋向敏感，多次出现短暂飙升。2023年6月，挪威天然气田检修意外延长，市场供应不足的紧张情绪升温，加之欧洲供应端弹性不足、临近换季气价反弹时间，天然气价格持续走高；9月14日，能源巨头雪佛龙在澳大利亚运营的两家液化天然气(LNG)工厂全面罢工，欧洲天然气价格在此出现剧烈波动；10月9日，以色列以安全为由要求雪佛龙关闭塔玛尔(Thamar)海上天然气平台，受此影响，当日荷兰产权转让设施指数(TTF)激增16个百分点。

（四）欧洲能源保供压力仍未缓解

俄乌冲突爆发一年以来，欧洲方面虽持续寻找新气源以缓解天然气供给压力，但能源供应仍面临不确定性因素影响，变局较多，能源保供压力仍未缓解。随着能源进口格局的转向，欧盟比以前更加依赖LNG运输，LNG进口的增加使欧洲国家不得不承受LNG市场波动带来的影响，脆弱性进一步加强。在澳大利亚LNG工人罢工、以色列暂时关闭塔玛尔海上天然气平台等问题仍未解决之际，2023年10月8日，连接芬兰和爱沙尼亚的一条天然气管道因检测到泄漏而关闭；10月10日，芬兰和爱沙尼亚官员表示，“外部活动”造成了连接两国的海底天然气管道损坏，修复管道耗时较长，导致芬兰将在冬季完全依赖进口LNG，上演了“北溪事件2.0”，地区能源安全担忧进一步上升。2023年4月25日，欧盟天然气联合采购平台(Aggregate EU)上线，以期通过组团集体采购天然气的方式提高议价能力，使欧洲地区买家能以更低价格获得稳定供应，然而，该平台的有效性仍待观察。一方面，联合采购平台虽然能带来议价能力的提升，应对工业企业用气需求，但在能源保供方面实质效果并不显著，很难利好私人消费者；另一方面，欧盟2022年天然气总消费量约为3600亿立方米，联合采购平台覆盖的交易规模约135亿立方米，占比仅为3.7%，相较于整体消费水平不过九牛一毛，使得业内对其合理性产生了质疑。同时，在能源安全方面，俄乌冲突爆发后，欧洲国家积极争取能源供给的多样化，但成效不明显，对美能源依赖不断加强。2023年12月，欧洲在美国当月LNG出口总量中的占比超过60%，意味着欧洲摆脱俄罗斯管道天然气的后果是不断加大进口价格更高的美国LNG。总体来看，目前欧洲仍面临着较大的能源保供压力，能源供应脆弱性问题日益显现。

（五）巴以冲突暂未对国际油气市场造成直接影响，但注入不确定性

2023 年 10 月 7 日，巴勒斯坦和以色列爆发新一轮冲突。暂时来看，冲突未对国际油气市场造成持续、直接的影响，但冲突的演进进一步为地区形势注入了不确定性。

根据美国能源信息署数据，巴勒斯坦及以色列均不是原油主产国，1993 年以来，巴勒斯坦原油产量为零，以色列原油产量 2017 年前不足 1000 桶/日，2017—2022 年产量为零，2023 年产量升至 1.1 万桶/日。因此，单从油气市场来看，此次巴以冲突的直接影响有限。但同时，巴以冲突的不断升级既加剧了全球油气市场的不确定性，也影响了中东地区的地缘政治格局。一方面，冲突爆发前，美国正与沙特、以色列谋求三方协议，协议谈判的核心是沙特与以色列关系的正常化。沙特方面同意，如果油价继续高企，愿意在 2024 年初提高产量平衡市场供应，是向美国国会传达友善的信号，进而推进与以色列关系正常化的协议，但巴以冲突升级使得美沙关系缓和的不确定性加大。另一方面，伊朗外交部长阿卜杜拉希扬表示，伊朗存在卷入以色列和巴勒斯坦之间冲突的可能。2024 年 1 月 15 日以来，伊朗向叙利亚、伊拉克和巴基斯坦境内发射导弹，攻击其认定的威胁伊朗安全的目标和以色列情报机构。伊朗 2023 年以来原油产量已由 250 万桶/日增至 300 万桶/日，美国对其制裁的实际实施力度有所放松是其产量增加的主因，此次巴以冲突如果最终波及伊朗，可能会打断伊朗原油出口增长势头，从而使得国际油气市场供应收紧。从俄罗斯角度来看，巴以冲突可能让美国的视线转移到中东，从而给其带来更多的调整空间。

三、国际政治环境对中国油气产业发展的影响分析

（一）“一带一路”倡议助推中国油气产业“新丝路”

2023 年是习近平主席提出共建“一带一路”倡议 10 周年，油气领域作为倡议构想的重要一环，正逐渐成为共建“一带一路”倡议的主力军并取得了一系列丰硕成果。截至 2023 年，中国已与 30 多个国家建立“一带一路”能源合

作伙伴关系，“一带一路”不仅成为中国油气企业“走出去”的重要窗口，也成为中国油气企业扩大能源合作“朋友圈”的平台。在该过程中，中国油气企业逐渐在“一带一路”沿线形成集勘探开发、管道运营、炼油化工、工程服务等业务于一体的完整产业链。“一带一路”沿线覆盖欧亚大陆核心区域，该区域油气资源丰富，市场潜力巨大，2023 年中国企业继续充分利用该地区的地理位置和资源上的优势，深化传统项目合作，保障油气畅通之路。2023 年10 月17 日，中国石油与哈萨克斯坦天然气公司签署天然气购销协议，双方同意阿克纠宾项目 76 号石油合同延期及在哈国境内深化油气合作。另外，中国在 2023 年把握俄罗斯被迫“向东看”的有利契机，加大与俄罗斯、哈萨克斯坦、土库曼斯坦等国的油气合作。

中美竞争长期持续，地缘政治冲突加速演进，2024 年，中国将会继续共建“一带一路”倡议下的国际能源合作，恰好连接东西两个区域的供需循环，覆盖全球经济和能源地带。“一带一路”倡议有助于中国与共建国家深化国际范围内的能源交流与合作，通过用好中国—阿盟、中国—非盟、中国—东盟、中国—中东欧和亚太经合组织可持续能源中心等区域合作平台，扎实推进与能源多边机制和国际组织的交流与合作，确保中国能源市场稳定与供应安全以及能效提升。

（二）俄乌冲突刺激中俄油气合作进一步加深

自俄乌冲突爆发后，俄欧分道扬镳，退出欧盟市场对俄罗斯天然气行业造成巨大冲击，俄罗斯不得不寻找新的目标市场。中国作为世界最大天然气进口国，在“双碳”目标提出后，天然气消费量呈大幅增长之势，亟须找到可靠的合作伙伴，保证供应充足、稳定、安全。俄乌冲突提高了俄罗斯推进中俄在油气方面进一步合作的紧迫性，为中俄油气合作带来了契机。中俄双方经过多年的合作，两国之间已形成全方位、宽领域、深层次、高水平的能源合作格局，在 2023 年中俄油气合作取得了更加实质性的进展。2023 年前 8 个月的数据显示，中国和俄罗斯能源贸易额达 561.9 亿美元，同比增加 6.2%。在中俄能源合作中，油气合作是重中之重。2022 年，俄罗斯居中国第三大天然气进口来源国和第二大原油进口来源国，2023 年前 8 个月的数据显示，俄罗斯已经超越沙特阿拉伯成为中国主要石油供应国，向中国提供了超过7500万吨石油，比上年同期增加25%，据俄罗斯天然气工业股份公司总裁米勒透露，2023年经“西伯利亚力量”管道对华的供气量已同比增加46.6%。俄罗斯对华天然气出口量创历史新高，有望超过300亿立方米，成为中国主要天然气供应国。2023年9月15日，中国石油唐山LNG接收站卸货了第一批来自俄罗斯的LNG，这批LNG首次通过北极东北航道向中国出发，运输时间仅为一个月。

与此同时，2023年10月27日俄罗斯在巴库举行的欧亚经济论坛上表示将投资1万亿元人民币推进“东方石油”项目；除此之外，俄罗斯还将推进“西伯利亚力量2号”天然气管道的建设，这是俄罗斯第二条通往中国的天然气管道，旨在加强中俄天然气合作。俄罗斯意图推进这两个项目的行为表明其开始重视东方油气市场。习近平主席在致第五届中俄能源商务论坛的贺信中也强调，“面向未来，中方愿与俄方一道，高水平建设能源合作伙伴关系，持续增强能源产业链供应链韧性，为促进全球能源市场长期健康稳定可持续发展，推动构建全球清洁能源合作伙伴关系作出更大贡献”。可以预见，2024年，中俄将继续加强化石能源清洁高效开发利用，加快油气行业绿色低碳转型发展。

（三）国际气候博弈促进中国油气行业加速绿色低碳发展

全球气候变化是当今时代最严峻的挑战之一，国际社会对于如何应对气候变化有着广泛的共识。同时，各国之间气候博弈的背后是各国之间的利益争夺和力量对比，呈现出复杂而多元的关系，导致气候问题政治化。在此背景下，国际气候博弈逐渐成为各国之间的重要竞争领域之一，中国作为油气消费大国，要想在全球气候博弈中获取竞争优势，需加速推进油气行业的绿色低碳发展。

国际能源结构正在发生深刻调整，全球能源行业正朝着绿色、低碳方向加快转型，这给中国油气行业的转型带来了压力和动力。石油和天然气作为保障能源安全的战略性资源，短期内的主导地位难以撼动，必须统筹供应安全与绿色发展，协同推进低碳转型与能源安全保障。中国油气企业低碳转型起步较晚，但一直在绿色发展方面深耕。政府层面通过出台相关文件或政策来引导和推动中国油气行业的绿色低碳转型，如2023年4月6日，国家能源局发布的《2023年能源工作指导意见》提出，要力争在陆地深层、深水、页岩油气勘探开发、CCUS(二氧化碳捕集、利用与封存)促进原油绿色低碳开发等方面取得新突破，促进油气绿色发展。2023年9月7日，以“推进油气绿色转型，共建共享绿色未来”为主题的油气产业转型论坛强调了油气企业绿色低碳发展的重要性，并给出了中国油气企业加速向综合性能源公司转型的发展方向。

2023年，中国高度重视油气产业绿色低碳转型，大力推进碳捕集利用与封存、油气勘探开发用能绿色替代等新能源融合发展技术，并取得了显著的进展。吉林油田于2023年8月4日生产出中国首桶“零碳”原油，是吉林油田乃至中国石油绿色油田生态开发建设取得的重大成果。原油产量连续多年稳定在2340万吨的胜利油田，在2023年10月20日获得由北京绿色交易所有限公司颁发的“碳中和”原油库证书，标志着胜利油田新东营原油库被认证为国内首座“碳中和”原油库。北京绿色交易所通过碳排放量核算、碳汇量评估、碳中和评价与抵消确认等一系列工作，证明了东营原油库2022年10月20日至2023年10月19日期间因自身运营产生的温室气体排放，已通过胜利油田胜大生态林场碳汇造林项目产生的碳汇量进行了等量抵消，实现了自身运营“碳中和”。这对中国油气田行业绿色低碳发展具有重要的示范引领作用。除此之外，2023年7月11日，中国首条百万吨输送规模、百公里输送距离、百公斤输送压力的高压常温密相二氧化碳输送管道工程——“齐鲁石化—胜利油田百万吨级CCUS项目”二氧化碳输送管道正式投运，标志着中国首次实现二氧化碳长距离密相管输。这条全长109千米的二氧化碳输送管道对推动中国CCUS全产业链规模化发展具有里程碑意义，每年可将170万吨捕集的二氧化碳输送到胜利油田的地下油藏进行驱油封存，对于油气行业的低碳发展具有重要现实意义。

（四）各国战略竞争倒逼中国油气行业技术创新

2023年世界各国的战略竞争越发激烈。俄乌冲突僵持难解，巴以冲突骤然升级，美俄战略博弈持续，中美战略竞争进一步加剧，印巴之间的较量再次升级。各国之间的战略博弈是一个涉及多方面的复杂过程，因能源是一种具有政治属性的大宗商品，所以此过程往往与能源紧密相连，对全球能源行业产生多方面的负面影响，如全球能源供应链面临的风险和不确定性增加、油气价格波动频繁且范围扩大、制裁和技术封锁频发、国际合作受限等，这对各国保障本国能源安全起到了警示作用。

中国在石油和天然气方面对外依存度相对较高，在激烈动荡的国际形势下，为保障能源安全，要坚持不断创新，为油气行业开拓更广阔的发展空间。现阶段中国油气领域虽然取得了阶段性的成就，但仍面临着许多挑战，如低品位天然气开采、海洋油气勘探开发、地下储气设施建设，均面临着难以攻克的技术难题，所以技术创新是油气行业突破能源约束的关键支撑，是抢抓转型发展先机的战略选择，是提升能源产业竞争力的根本途径。中国油气行业在 2023 年取得了一定的技术成就。2023 年上半年国内首个深远海浮式风电平台“海油观澜号”投产，成功并入文昌油田群电网，开启了为海上油气田输送绿电的新里程。2023 年 6 月 1 日，中国首个百万吨海上碳封存示范工程——恩平 15-1 油田碳封存示范工程在珠江口海域正式投用，该项目预计每年可封存二氧化碳 30 万吨，累计封存二氧化碳总量将超过 150 万吨，相当于植树近 1400 万棵，或停开近 100 万辆轿车，标志着中国初步形成了海上二氧化碳注入、封存和监测的全套钻完井技术和装备体系，填补了中国海上二氧化碳封存技术的空白。“2023 年中国新经济产业卓越成就奖”颁发给中国石油塔里木油田公司与昆仑数智共同开发的智能生产与应急指挥平台，该平台将先进的大数据、人工智能等技术引入油气生产过程，实现了智能化和远程化生产，提高了生产效率和管理水平。这些技术的突破对加大油气资源勘探开发力度、增储上产、加快建设新型能源体系、统筹能源多元化发展有正向的影响。2024 年，中国油气行业将继续在新型或变革性技术领域集中优势资源进行突破，打造适应油气行业的科技战略。

（五）中国积极推进油气贸易人民币结算

在旧有秩序下，美元作为油气交易的主要货币一直被广泛使用，美国的金融霸权影响世界油气产业的良性、多元发展。中国一直力图推进油气贸易的本币结算等多种方式，在保证本国利益的同时，兼顾了保证国际贸易市场中的公平与稳定，在当今美国政治影响力被日渐削弱的当下，人民币国际化的步伐也逐渐加快。

2023年，中国积极推进油气贸易人民币结算新生态的发展。3月28日，中国海油和道达尔在上海石油天然气交易中心成功开展了国内首单LNG跨境人民币结算交易，LNG资源来自海合会国家阿联酋。4月14日，中国石油与阿布扎比国家石油公司旗下贸易公司通过上海石油天然气交易中心开展LNG跨境人民币结算交易，实现了与海合会成员国企业的直接人民币交易；10月19日，中国石油在上海石油天然气交易中心平台达成了中国首单国际原油跨境人民币结算交易，并首次采用数字人民币结算，助力人民币国际化进程。开展国际油气贸易人民币结算，有利于促进国际市场与国内市场对接，促进国内外两种资源高效循环，是促进能源贸易全球化发展、打造国际油气交易多元化生态的有益实践。这种交易方式的应用不仅有助于降低交易风险、提高交易效率，还有助于提高中国在全球能源市场中的话语权和议价能力。未来，中国将继续推进与阿拉伯国家之间的油气贸易以人民币结算，按照“油气平台交易+人民币结算”的模式，建立起可持续的长效交易机制，为油气资源进入中国、助力构建新发展格局搭建高效、快捷、安全、稳定的系统和平台。

国际经济环境对中国油气产业发展的影响

2023年全球经济复苏承压，经济增长率为3.1%，全球经济状况看似将在新冠疫情和俄乌战争的冲击下逐步复苏，但经济下行危机仍然存在，经济复苏不明确、金融体系脆弱性凸显，IMF预计2024年全球经济增长率维持在3.1%。2023年中国经济迎来反弹、供应链问题得以缓解、能源价格逐步恢复正常、通胀逐步下降至目标水平。经济逐渐复苏的表面下是不容忽视的危机，在全球通胀水平逐步下降的同时，许多国家的核心通胀仍不容乐观。2023年，世界宏观经济格局变化对全球油气市场提出了新的挑战，国际经济环境也给中国油气企业发展带来了新的机遇和挑战。世界经济增长具体数据见表1。

表1　2022—2024年世界经济增长态势　　单位：%

国家或地区	2022年	2023年	2024年
世界经济	3.5	3.1	3.1
发达国家	2.6	1.6	1.5
美国	1.9	2.5	2.1
欧元区	3.4	0.5	0.9
日本	1.0	1.9	0.9
新兴市场和发展中国家	4.1	4.1	4.1

数据来源：国际货币基金组织(IMF)，世界经济展望(World Economic Outlook)。

一、2023年国际宏观经济环境分析

从总体上看，2023年世界各国经济因新冠疫情和俄乌战争等缘故，复苏放缓，世界经济增长率从2022年的3.5%下降至2023年的3.1%。虽然世界卫生组织(WHO)宣布不再将新冠疫情视作“全球卫生突发事件”，供应链也基

本恢复，但通胀仍然高居不下。各国央行为应对通货膨胀而收紧政策，提高借贷成本，抑制了经济活动。在行业发展上，服务业在全球经济活动中仍展现出极强的韧性，发达经济体在疫情后消费向服务业转移已接近尾声，而一些新兴市场和发展中经济体仍有提速。包括制造业在内的非服务业表现疲软，经济活动出现了更广泛的放缓。预计 2024 年经济增长前景大体稳定，地区间可能存在一定的差异。

（一）亚洲各国经济表现较为良好

2023 年，在世界经济放缓和全球化遭遇碎片化风险的大背景下，亚洲经济整体的复苏步伐仍继续推进，区域生产、贸易、投资一体化和金融融合进程加快。2022 年亚洲新兴市场和发展中经济体经济增长率为 4.5%，2023 年这一数值增长为 5.4%，预计在 2024 年回落至 5.2%。2023 年，亚洲地区的通胀压力有所减缓，主要表现为大宗商品价格从峰值回落、全球经济增长放缓、全球供应链面临的价格压力正在缓解。2022 年和 2023 年的二十国集团（G20）峰会均在亚洲举行，表明亚洲正在积极地发挥引领全球宏观经济政策协调的作用。亚洲经济体一直在积极推动多边贸易体制改革，深度参与全球货币金融治理，深化数字经济发展与合作。

2023 年，中国各地区、各部门坚持稳中求进的工作总基调，宏观政策协同发力，总体经济运行呈现恢复向好的态势，经济增长率为 5.2%。2023 年中国各行业生产稳步增长，农业生产形势稳定，工业生产基本平稳，服务业增长较快。具体表现为，中国各地区、各部门持续加大粮食生产支持力度，科学有效应对不利天气的影响，夏粮生产实现丰收，畜牧业稳定发展，农产品价格基本稳定，农业经济总体平稳。2023 年随着疫情防控逐步全面放开，中国工业生产持续恢复，各地区、各部门着力扩大有效需求，做强做优实体经济，工业结构持续优化，工业经济总体呈现恢复向好的良好态势。随着经济社会消费全面恢复常态化运行，服务业经济延续恢复向好态势，发展动能持续增强，市场预期稳定向好。与此同时，随着国民经济运行回升向好，稳就业政策持续显效，就业形势总体稳定。随着就业形势总体改善，消费场景恢复拓展，居民收入继续稳定增长，居民消费加快恢复，服务性消费支出增长较快。2023 年中国市场需求继续恢复，生产供给相对充足，消费市场价格基本稳定。

2023 年日本经济增速从 2022 年的 1.0%上升至 1.9%。2023 年，全球始终坚持货币宽松，日元汇率贬值，提高了日本商品的国际竞争力，使得日本汽车出口增加。美国经济过热的传导和地缘格局的变化也影响了日本的经济，日本作为美国经济的调节池，分担了一部分来自美国的过热经济。目前全球处于逆全球化的潮流之中，但部分发达国家内部并没有脱钩，这在一定程度上促进了日本和其他国家之间的贸易往来。

2023 年，东盟新兴经济体保持复苏态势，马来西亚、菲律宾、泰国和越南的消费和旅游业强劲复苏，2023 年东盟经济体经济增长率达 4.2%，预计 2024 年继续增长为 4.7%。东盟以其较高的开放度和区域一体化正在实现经济的快速复苏，是吸引外资最多的地区之一。东盟最大的经济体印度尼西亚延续 2022 年的经济复苏势头，消费、出口和投资持续增长，其中增长最快的是运输和仓储业。东盟第二大经济体泰国的经济状况也不断改善，出口额不断增加。在劳动力市场改善、外贸增长等因素的推动下，马来西亚、新加坡和菲律宾等国经济稳步复苏。越南经济也从疫情中复苏，其中制造业是越南经济增长的主要动力。东盟国家经济活动日益活跃，内需和投资增加，拉动了经济复苏。

（二）欧洲各国经济增长疲弱

2023 年欧元区经济增速开始明显走弱，从 2022 年的 3.4%下降至 0.5%，其中德国为-0.3%、法国为 0.8%、意大利为 0.7%、西班牙为 2.4%。同时，英国经济增速为 0.5%。受全球能源需求扩张、主要能源输出国减产等因素影响，全球原油供需紧张加剧，全球能源价格显著回升，2023 年末全球能源价格处在相对高位。考虑到能源价格下行是 2022 年欧洲地区通胀得以缓解的最主要原因，即使欧洲部分通胀指标放缓，但通胀压力仍然很大。2023 年 9 月，欧洲中央银行召开货币政策会议，决定将欧元区三大关键利率均上调 25 个基点，并提出政策利率将“在足够长的时间内保持在足够高的水平”，货币政策收紧对欧洲经济的影响将持续释放。在利率进一步走高，且利率峰值期更长的潜在情形下，未来居民融资条件收紧可能会对欧元区消费支出和投资预期带来更多负面影响，对经济增长产生更显著的抑制效果。

2024 年欧元区经济增速预计为 0.9%，其中德国为 0.5%、法国为 1.0%、意大利为 0.7%、西班牙为 1.5%。同时，预计 2024 年英国经济增速为 0.6%。预计德国 2024 年劳动力市场失业人数将有所下降，通货膨胀率也会降低，与 2023 年相比，经济表现将略有好转。法国经济仍面临以下几点困境：一是消费低迷，在高通胀的背景下，法国家庭消费下降；二是企业困境，企业的现金流、企业间支付及企业偿还银行贷款、社会债务等将面临不确定性。意大利 2024 年由于工资逐步回升和劳动力市场改善，居民消费支出增加。投资虽与前几年相比略有放缓，但仍然将保持高增长率。外贸减速、乌克兰危机的不确定性以及艾米利亚—罗马涅大区洪水可能会给意大利经济增长造成压力。俄乌战争引发的能源供应危机、英国脱欧后的贸易壁垒、英镑贬值增加的进口成本，造成了英国严重的通货膨胀。在高通胀持续的同时，加息对英国经济增长的制约作用越来越明显，如导致银行抵押贷款借贷成本增加等。

（三）北美地区经济增长放缓

2023 年美国经济增长率为 2.5%，预计至 2024 年放缓至 2.1%。2023 年第二季度美国企业投资明显增强，消费增长维持稳定。但与此同时，美国就业市场依然紧俏，物价水平不断攀升，通胀率屡次刷新 40 年来新高。2023 年 9 月，美国汽车工人联合会开始针对底特律 3 家汽车制造商进行罢工，且罢工范围不断扩大，长时间罢工抑制汽车生产，造成大量工人失业。2023 年 10 月，美国汽车工人联合会结束了这场长达 6 周的罢工，但罢工带来的影响是长期的。新的劳工合同使底特律三巨头更难与特斯拉等非工会企业进行竞争。同时由于成本的上升，这些企业将成本转嫁给消费者，进而影响美国的消费，加剧美国的通货膨胀问题。2023 年 10 月起，联邦学生贷款恢复还款，对美国的经济产生严重影响。一方面，这可能会增加借款人的消费能力和信心，有利于刺激美国的经济增长和就业；另一方面，这有可能会加剧借款人的贫困和不平等问题，从而影响他们的教育、婚姻、住房等方面，不利于美国经济和社会的发展。2023 年 11 月，美国核心消费者价格指数（CPI）上涨 4.0%，涨幅与前两个月相比几乎无变化。此外，2023 年油价的持续攀升，正在给美联储带来新的挑战。油价的上涨可能会传导到其他商品和服务的价格中，推高总通货膨胀，引起价格加剧上涨、经济增长减缓。2023 年 12 月中旬，美联储召开当年最后一次货币政策会议，宣布将联邦基金利率目标区间维持在 5.25%~5.5%不变。虽在降低通胀方面取得了一定进展，但民众仍承受着沉重的经济负担，社会贫富分化继续扩大，债务危机加深了人们对美国经济的担忧。因此美国经济衰退风险仍然存在，经济能否“软着陆”仍有待观察。

2023 年加拿大经济增长率从 2022 年的 3.8%下降为 1.1%，预计 2024 年为 1.4%。2023 年，加拿大利率上涨问题、移民问题、联邦政府通过加拿大抵押和住房公司自身的战略问题等导致加拿大住房投资下降，政府正积极采取一系列激励措施，包括鼓励建筑商建造的潜在税收激励等。2023 年 4 月，加拿大 15.5 万名公务员在全国范围内发动大规模罢工，造成港口、海港和机场的供应链及国际贸易中断，海关出入境服务放缓，对加拿大经济产生了巨大的影响，预估价值约 107 亿加元的贸易受到影响。工会虽在 8 月宣布接受新协议，供应链也恢复稳定，但类似规模的纠纷和破坏仍有可能再次发生。2023 年 7 月，由于黄金出货量下降和不列颠哥伦比亚省港口罢工对进口造成压力，与此同时，飞机和其他运输设备及零部件出口增长，使得加拿大 7 月商品贸易逆差收紧。2023 年 9 月，加拿大总体通胀率已降为 3.8%，食品通胀率也降至 5.8%，但住房成本以及核心通胀指标仍处高位。根据加拿大央行的预测，通胀率将在 2024 年中左右回落至 3.5%，在 2025 年恢复至 2%的目标水平。随着新冠疫情得到全面控制，加拿大的经济复苏情况迎来了转机，但疫情已经使得加拿大老龄化问题突出、人口增长缓慢、劳动力不足和就业率下降。

（四）拉美地区经济增长持续低迷

2023 年，拉美地区经济增长率从 2022 年的 4.2%下降到 2.5%，预计 2024 年将继续下降至 1.9%的水平。2022—2023 年增速的下降反映了 2022 年疫情后重新开放下经济快速增长的消退，以及大宗商品价格的下跌。其中，2023 年巴西经济增长率为 3.1%，墨西哥经济增长率为 3.4%；预计 2024 年巴西经济增长率为1.7%，墨西哥经济增长率为2.7%。由于世界经济不景气、俄乌冲突影响、产业链供应链不畅、美国和欧盟利率上升、货币贬值、消费和投资水平下降等，2023年拉美经济增长率下降、通货膨胀率下降。美联储连续7次加息，导致多国货币贬值，债务违约风险陡增，输入性通胀压力巨大，更是给拉美和加勒比等地区经济造成了损害。疫情以来公共收入的减少和为缓解疫情对民众影响采取的补贴等措施，导致高额赤字和公共债务上升，造成了巴西等拉美主要经济体中短期内财政政策空间变小。墨西哥对国际投资依赖度高，随着美国经济急剧放缓的可能性增大，墨西哥经济的不确定性也在日益增加。在疫情大流行期间，智利政府对民众的援助近500亿美元，虽加大了货币流通量，拉动了消费，但与此同时，通胀水平居高不下，对经济产生了严重影响。智利高度依赖外贸，俄乌战争、产业链供应链问题以及不断恶化的全球经济预期让经济复苏前景越发迷茫。对于阿根廷而言，高通胀和民众实际收入锐减是其面临的主要经济问题，阿根廷政府采取了冻结价格、外汇管制和多种汇率的非常规策略，但都未能减轻该国货币(比索)的压力。其中，国际食品、能源价格上涨还有本币贬值都是阿根廷本次高通胀的主要原因。阿根廷物价的涨幅超过了居民薪资的涨幅，激增的通胀削弱了消费者支出，对阿根廷的经济产生严重影响。拉美最大的国家巴西经济表现较为平稳，巴西通胀虽然较高但明显低于欧美等主要国家，主要得益于大选年的经济刺激措施。2023年8月，巴西央行以超出预期的力度开始了降息周期，将基准利率下调50个基点。巴西央行开启降息通道，主要有两点政策含义：第一，巴西通胀压力已有所缓解；第二，巴西经济复苏需要宽松的货币政策，尤其是降低利率。此前，巴西经济增长超过市场预期，但利率持续高企抑制了消费和投资，导致增长放缓、债务攀升等问题逐步显现，因此在通货膨胀压力有所缓解之时，巴西即刻开始了降息之举。

（五）非洲地区经济增长乏力

2023年，撒哈拉以南非洲国家的经济增长率从2022年的4.0%下降至3.3%，预计2024年将回升至3.8%。非洲经济负重前行，脆弱性与韧性并存。在全球经济增速骤降、国际金融条件收紧、通货膨胀高企、地缘政治危机、气候灾难等因素叠加下，高度依赖外部环境的非洲经济面临严峻挑战。非洲经济增速下降，通货膨胀高企，公共债务占国内生产总值的比重上升，偿债负担加重。乌克兰危机引发国际能源、化肥和食品价格高涨，使非洲石油净进口国和粮食净进口国的进口支出增加，进而导致非洲极端贫困人口增加。

从主要国家来看，2023 年尼日利亚经济增长率为 2.8%，南非经济增长率为 0.6%。预计 2024 年尼日利亚经济增长率为 3.0%，南非经济增长率为 1.0%。尼日利亚资源丰富，是非洲第一大石油生产国和出口国。由于经济增长较大程度依赖石油出口，而国际油价长期处于波动状态，一旦价格跌幅过大且周期延长，不仅会降低尼日利亚政府收入，加剧本币贬值和通货膨胀，而且会减少公共服务和生产方面的支出，对经济造成影响。尼日利亚快速增长的人口资源是其优势，但是与此同时其失业人数与贫困人数也居高不下，并且尼日利亚的健康、教育、医疗等基础设施建设增速始终落后于人口增长速度。尼日利亚 2023 年前三季度的经济名义增长率为 15.3%，但是由于奈拉与美元平均汇率在前三季度的贬值增幅超过 30%，使得尼日利亚 2023 年前三季度按照美元计算的国内生产总值（GDP）减少至 2870 亿美元，跌破了 3000 亿美元关口，创下了数年来的新低。

2023 年，南非经济形势堪忧，其中财政紧缩和电力危机引发动荡，旅游业也遭受损失。在经历连续 9 个季度的增长后，南非经济在 2023 年第三季度再度陷入衰退，同比缩减 0.7%，环比下降 0.2%。由于禽流感和南开普省洪水的暴发，南非各地畜产品、禽产品和农产品产量都急剧下滑，三季度同比暴跌 19.9%。南非 2023 年前三季度经济同比增长被迫放缓至 0.3%，完成名义 GDP 约为 51711.2 亿兰特，但由于兰特与美元的平均汇率跌幅超过了两位数，使得南非前三季度按美元计算的经济跌幅达 9%，经济规模跌破了 3000 亿美元。此外，生活成本和借贷成本的持续上升也对南非居民家庭的私人支出产生了压力，流入私人企业的贷款增长达到近两年来的最低水平，2023 年全年南非的经济处于衰退阶段。

（六）俄罗斯经济增速实现逆转

2023 年，俄罗斯经济增长率从 2022 年的−1.2%增长至 3.0%，预计 2024

年回落至 2.6%。增长率的上升反映了大规模的财政刺激、强劲的投资，以及在劳动力市场紧张下呈现出韧性的消费。俄乌冲突爆发以后，以美国和欧盟为首的西方各大经济体对俄罗斯持续压制，对俄罗斯经济增长产生了较大的影响。2023 年俄罗斯经济非但没有像西方分析师预测的那般崩溃，反而呈现出良好的韧性，甚至领先于多个对其实施制裁的经济体。2023 年第三季度俄罗斯 GDP 同比增速从上一季度的 4.9%增长至 5.5%，是俄罗斯十多年来的最快增速(除疫情后的特殊阶段外)。2023 年全年 GDP 增长超过 3.5%、工业生产和制造业均增长、失业率首次降至 2.9%、外债规模从 460 亿美元降至 320 亿美元，既说明了俄罗斯宏观经济的稳定，也说明了金融系统的稳定。自 2022 年全球经济出现大通胀以来，俄罗斯的年化通胀率在 2022 年大多数时间内都位于 10%以上的高位区间。与 2022 年西方制裁引发卢布贬值所致的结果不同，2023 年通胀上行主要是以机械和设备制造业为代表的实体经济内循环所推动。在应对通胀走高的难题上，俄罗斯央行也获得了充足的加息空间，去缓释供给侧民生压力。2023 年 12 月，俄罗斯央行大幅提高基准利率 100 个基点至 16%，基准利率升至 2022 年 4 月以来的最高水平。尽管西方阵营在俄乌冲突爆发后，采取了大量旨在抑制俄罗斯经济和财政收入的制裁措施，但在合理有效的政策引导和充足的政府支出推动下，俄罗斯的经济增长和消费需求展现出良好弹性，包括出口导向型企业在内的各类企业都已逐渐适应深度制裁环境。

二、2023 年国际宏观经济对全球油气产业的影响分析

各类经济复苏政策在 2023 年初似乎见到成效，但地缘冲突延续、经济区域化、国际贸易增速放缓等因素仍致使 2023 年全球经济复苏乏力。新一轮冲突进一步割裂地缘经济，油气产业链、供应链外部阻断风险仍然存在，能源安全问题再次凸显，出于能源供应安全和能源气候安全考虑，各国发展独立可控清洁能源的意义进一步明确。

（一）全球经济整体复苏乏力致使中长期油气需求不确定

2023 年，世界逐渐走出新冠疫情阴霾步入复苏。然而，地缘紧张局势持

续凸显，价值链、产业链、供应链受创所造成的负面影响仍在拖累复苏步伐，全球经济在这一背景下增长缓慢且不均衡。据国际货币基金组织数据，2023年全球经济增速为3.1%，低于过去20年平均增速。受制于经济疲弱因素，2023年全球石油需求增长幅度低于预期。

当前全球整体经济复苏动力较疲软，国际贸易增长乏力、全球货物贸易量指数和价格指数下行；各国生产景气指数逐渐回落，内需对经济的拉动作用逐渐减弱；欧元区和英国经济复苏表现弱于预期，其央行货币政策仍保持收紧态势；非洲国家受美元高利率影响陷入债务危机和金融动荡，在世界主要经济区域中，仅亚太地区尤其是中国经济复苏较为强劲。据国际能源署统计，中国带动了2023年全球油气需求一半以上的增长。

长远来看，当前各区域经济状况可能进一步分化，相较于新兴市场和发展中经济体，发达经济体面临更大的经济增长压力。在就业市场韧性消退、内外部需求回落、利率水平高企、地缘冲突余波未散等因素影响下，欧元区和英国经济表现或弱于其他经济体，美国经济尚未表现出强劲复苏迹象，中国和其他亚太经济体经济走势有望企稳，成为带动全球经济增长的重要力量。在此背景下，欧美发达国家能否在高利率、高债务情形下重振其工业生产，将会对全球油气需求造成较大影响，致使中长期油气需求不确定性增加。

（二）经济阵营化进一步冲击石油美元体系

当前经济全球化发展遇阻，地缘政治经济割裂进一步推动经济全球化演化为经济阵营化，主要经济体双边贸易明显表现出“集中化”“友岸化”和“集团化”的特点，凸显了当前全球经济“阵营化”趋势，即美欧引领的西方发达国家阵营和俄罗斯、中国引领的新兴经济体阵营。经济阵营化背景下，能源市场中更多国家进一步开展双边本币结算模式，在这一模式下，供需双方可使用自身货币开展贸易交割，而不必使用美元完成支付。

2023年中东主要产油国重心东移举措以及对美合作意愿变动也对石油美元体系造成了一定冲击。2023年沙特已加入上海合作组织并表明了加入金砖合作机制的意愿；伊朗于2023年正式加入上海合作组织，并已于此前申请加入金砖国家；伊朗和沙特在中国的协商下恢复外交关系。2023年沙特已采取一系列违背美国意愿的措施，甚至已大规模减持美国国债。沙特曾与美国开展一系列经济合作，使石油美元体系稳定运行，但目前沙特与美国合作意愿急剧变化，使石油美元体系最大保障面临失效。

双边结算模式方面，由于全球经济阵营化的特点，产油国和能源需求国双边合作关系进一步深化，美元作为全球油气市场统一结算货币的比例已开始下降。伊拉克央行于2023年2月表示，计划允许同中国的石油贸易以人民币方式进行结算；俄罗斯财政部长于2023年4月表明，俄罗斯同中国超70%的贸易已以本币方式进行结算；2023年12月，伊朗央行表示同俄罗斯达成了在商业交易中使用本国货币代替美元的协议。美元地位已渐渐下降，根据国际货币基金组织最新官方外汇储备货币构成数据，美元的全球储备份额已经由1999年高达71.19%的水平，跌落至2023年59.17%的历史低点，跌幅高达12.02个百分点。

（三）能源安全问题突出致使发展独立可控油气替代能源更加紧迫

受国际环境不确定性影响，2023年能源安全问题依旧持续，欧洲能源危机在俄乌冲突背景下持续存在。巴以冲突和苏丹冲突爆发后，全球能源市场供需不平衡加剧，价格波动频繁，市场行情不确定性进一步增加。出于传统化石能源的脆弱性、不确定性以及气候危害性问题，各国发展独立可控清洁能源的决心不断加强，能源转型意义更加明确。

当前化石能源仍然是全球主要能源，在世界格局深刻变化的背景下，化石能源供应中断风险不断增加，此前能源供应风险爆发已导致能源价格明显上升，进而造成欧洲大陆重工业停产和外迁。考虑到能源供应风险的负面影响，保障能源安全已日渐成为各国治理基调，出于脱碳和保障能源供应安全的双重目的，各国加快发展独立可控清洁能源的意义更加明确。对于各国而言，发挥出可再生能源优势，降低对外化石能源依存度是保障自身能源安全的根本途径。根据国际能源署报告，2023年全球可再生能源容量相比2022年增长了50%。能源转型的意义不仅在于控制全球气温上涨，更在于可以维护国家能源安全、降低自身能源对外依存度并维持自身经济发展。

从国家层面来看，各国正在加速清洁能源转型，欧盟已于2023年正式通过碳边境调节机制；英国将于2035年禁止销售燃油车；2023年9月的非洲气候峰会通过了《内罗毕宣言》，呼吁发展中国家和发达国家携手降低温室气体排放；土耳其、马来西亚、波兰、埃及正在大力建设核电站；意大利2023年安装的光伏系统与2022年同期相比增长约12%；韩国环境部长已提交3400亿韩元预算申请用于氢能大巴；德国、法国、日本、印度、中国、巴西、沙特也正在加快自身氢能行业发展。从国际油气公司层面来看，各能源公司加快开展新能源业务，实施差异化路径，积极推进低碳发展、构建多功能协同的全球能源供应系统。如雪佛龙开始加大在生物燃料、氢能等方面的研发投入；壳牌计划在未来继续投资氢能和碳捕捉与封存，以打造低碳能源解决方案。

（四）全球能源格局转变致使能源综合成本上升

2023年大国博弈持续、全球经济承压、能源转型加速，对全球能源市场造成了巨大影响，过去形成的能源生产消费格局和贸易走向逐渐转变。在此背景下，欧美和俄罗斯经济制裁与反制裁持续、国际油气市场运行失序、市场资源配置受到政治因素干扰这三重因素致使能源综合成本上升。

在国家层面，此前欧洲制造业大国建立在低价俄罗斯油气上的传统增长模式已不可持续。与2022年相比，2023年俄罗斯石油和天然气对欧盟供应份额大幅下降，欧盟为满足区域内能源需求，增加了对美国、挪威、阿尔及利亚、阿塞拜疆和利比亚等国的能源进口，致使其油气成本上升。此外，中东产油国联合俄罗斯集体减产，导致能源供给不足以匹配日益增长的人口需求和经济需求，恐使全球能源价格持续面临压力。尽管欧洲2023年较早启动天然气存储计划，但在面临诸如波罗的海管道泄漏、雪佛龙澳大利亚工厂罢工等供给侧冲击时，油气价格仍然急速上升，使欧洲重工业企业遭受打击。在欧洲放弃俄罗斯低廉能源的背景下，欧洲能源成本或在一段时间内维持高位。

从能源转型层面和贸易壁垒层面来看，当前部分国家的政策更多是基于政治性目的而非经济性目的，这不利于全球资源的有效配置，而资源配置恶化又会不可避免地增加全球能源成本。从能源转型层面来看，2023年3月欧盟委员会提出《关键原材料法案》，该法案包括了多种清洁能源原材料，意图在清洁能源原材料上摆脱对他国的依赖。与基于市场机制能源转型的模式相比，此举更多基于安全性、政治性考虑，对市场自由机制的背离较为明显，不利于资源有效配置，会不可避免地增加能源转型成本。而在国际油气市场层面，在2023年4月美国《通胀削减法案》细则颁布和欧盟《碳边境调节机制》正式通过后，全球贸易壁垒恐将进一步增加，中短期来看，将导致能源市场自由流动性降低、交易成本增加，叠加交易成本和能源转型成本、能源综合成本提高。

三、2023年国际经济对中国油气产业的影响分析

总体来说，2023年全球经济增速放缓。全球经济从新冠疫情和俄乌冲突中逐渐恢复，然而巴以冲突进一步加剧地区紧张局势。通胀问题虽然得到缓解，但通胀率仍居高不下，各国央行为降低通胀采取加息政策，全球经济增长疲弱。面对复杂的国际经济形势，中国经济持续恢复，但短期内总需求不足问题仍然突出。在国际和国内宏观经济形势的共同影响下，2023年中国油气产业发生了各方面的变化。

（一）地缘经济碎片化风险提高中国油气安全保障难度

2023年，俄乌冲突的影响仍在持续，巴以冲突不断升级，地缘政治竞争助长了贸易保护主义的滋生，造成全球经济一体化呈逆转趋势，即“地缘经济碎片化”。地缘经济碎片化不仅严重挫伤了全球经济增长动能，威胁全球能源产业链、供应链，加剧了全球油气贸易格局的不确定性，也对中国油气市场造成了较大影响，中国油气安全保障难度加大。

一方面，长期以来中国原油和天然气高度依赖进口，原油对外依存度高达70%以上，天然气对外依存度超过40%。地缘经济碎片化风险下，全球油气贸易的不确定性增强将给中国油气市场的稳定性与安全性带来较大扰动，加大油气安全保障难度。因此，要进一步推动油气资源勘探开发和增储上产工作力度，同时通过进口来源地区多元化降低进口风险。另一方面，地缘经济碎片化可能引致的贸易限制措施，将导致中国海外油气供应链产业链风险更加突出。中国原油进口量的80%以上和天然气进口量的60%依靠海上，特

别是依赖马六甲海峡。马六甲海峡被誉为中国“海上生命线”，东南部靠近太平洋最窄处只有37千米，十分狭窄，目前由新加坡、马来西亚和印度尼西亚三国共同管辖，而以美国为首的西方国家不断插手马六甲海峡的安全事务，由此引致的中国海上运输通道风险仍需警惕。

（二）全球绿色低碳经济转型推动中国油气与新能源融合发展

当前，绿色低碳经济转型已成为国际社会的普遍共识和一致行动，世界各国为此纷纷出台能源绿色低碳发展战略，全球能源格局加速重塑。在此背景下，中国加快构建清洁低碳、安全高效的能源体系，积极推动油气勘探开发与新能源融合发展，为中国能源绿色低碳转型注入“强心针”。

2023年2月，中国国家能源局印发《加快油气勘探开发与新能源融合发展行动方案（2023—2025年）》（以下简称《行动方案》），首次就油气勘探开发与新能源融合发展发布政策，对推进油气上游领域发展新能源，构建油气与新能源融合发展新格局，具有重要意义。《行动方案》指出，到2025年，大力推动油气勘探开发与新能源融合发展，积极扩大油气企业开发利用绿电规模，主要目标有三点：一是油气供给稳步增长；二是绿色发展效果显著；三是行业转型明显加快。此外，《行动方案》还强调，融合发展初期立足于就地就近消纳为主，大力推进陆上油气矿区及周边地区风电和光伏发电，统筹推进海上风电与油气勘探开发，加快提升油气上游新能源开发利用和存储能力，积极推进绿色油气田示范建设。这符合油气上游企业发展的现实需求，能够有效发掘油气企业资源潜力，促进区域范围内新能源的就地消纳，增加企业油气供给。《行动方案》为油气上游企业发展新能源提供了行动指南，大大提升了油气企业新能源投资的积极性，2023年中国油气与新能源融合发展步伐加快。以中国石油为例，中国石油大力发展新能源业务，加快向“油气热电氢”综合性能源公司转型。中国石油大庆油田加快风光发电项目建设，打造低碳示范园区，探索“地热+”开发模式，努力实现“十四五”末初步建成千万千瓦级“风光气储氢”一体化示范基地，到2035年形成油、气、新能源齐头并进发展格局；中国石油吉林油田立足老油田二次开发，推行“大平台+新能源+新技术”绿色融合发展建设模式，全力打造老油田二次开发与新能源绿色融合发展示范区、查干湖生态保护与工业融合发展示范区。

（三）国际竞争导致中国炼化一体化发展步伐加快

2023 年，全球经济复苏放缓，全球能源市场多边化多元化趋势明显。与此同时，可再生能源、非常规油气、核能、氢能等新兴能源技术加速崛起，石油、天然气等传统能源转型升级加快，全球能源市场竞争加剧。

一方面，面对国际竞争加剧，中国积极推动油气市场转型升级以提升国际竞争力。为此，中国高度重视“减油增化做特”工作，炼化一体化发展步伐加快。中国石油和化学工业联合会发布的数据显示，2023 年 2 月，中国已成为世界第一炼油大国，炼油总产能达 9.2 亿吨/年。另一方面，尽管 2023 年中国成品油消费需求量回升，但在炼油产能过剩、成品油消费峰值将近、炼油小产品及化工产品仍存在结构性供应不足背景下，“油转化”“油转特”已成为炼油产业结构调整的重要方向。相较于传统炼油，炼化一体化产品更丰富、生产效率也更高，炼化一体化已经成为炼油行业转型发展的共识。2023 年 5 月，中国石油广东石化炼化一体化项目全面投入商业运营，进一步优化了国家炼化一体化产能布局，有力支撑了乙烯产能快速增长，一定程度上缓解了国内高端化工原料长期以来依赖进口的问题，中国石油炼化产业转型升级迈上新的台阶。同月，中国海油和壳牌联手推进的惠州三期乙烯项目在大亚湾石化区正式开工建设，惠州三期乙烯项目建成后将进一步完善中国海油炼化一体化布局。与此同时，中国也开始将目光瞄向新型炼化一体化。所谓“新型炼化一体化”，是指产业链向精细化、高端化延伸，以高端化工产品强链、延链、补链。相较传统化工，新型炼化一体化将产品定位于高端石化产品，技术壁垒高、应用场景更加细化，对中国企业炼油技术提出了更高要求。

（四）全球数字经济发展推动中国油气行业数字化智能化转型

2023 年，以大数据、物联网、云计算等互联网技术为基础的数字经济发展迅速，已成为推动全球经济复苏增长的新动能。面对新一轮科技革命和产业变革的新机遇，中国积极推动数字技术与实体产业融合发展。作为经济社会发展基础支撑的能源产业，数字化智能化转型态势凸显。

2023年3月，国家能源局印发《关于加快推进能源数字化智能化发展的若干意见》(以下简称《意见》)，既为深化能源产业与数字经济融合发展提供了有效支撑，也对油气行业数字化智能化转型提出了具体要求。针对油气勘探开发，要加快油气勘探开发专业软件研发，推进数字盆地建设，推动油气勘探开发数据库、模型库和样本库建设；推动智能测井、智能化节点地震采集系统建设，推进智能钻完井、智能注采、智能化压裂系统部署及远程控制作业，扩大二氧化碳驱油技术应用；推动油气与新能源协同开发，提高源网荷储一体化智能调控水平，强化生产用能的新能源替代。针对油气管网建设，要推动油气管网的信息化改造和数字化升级，推进智能管道、智能储气库建设，提升油气管网设施安全高效运行水平和储气调峰能力。此外，《意见》还指出，要加快数字化智能化炼厂升级建设，提高炼化能效水平。在《意见》指导下，2023年中国油气行业数字化智能化转型稳步推进。2023年7月，中国首个海洋油气装备制造"智能工厂"——中国海油海洋工程天津智能化制造基地二期工程在天津滨海新区正式开工，制造基地二期工程建成后，基地将形成由平面分段生产线、工艺管线生产线、结构管线生产线和自动化立体仓库组成的四大智能生产中心。通过应用信息化数字系统和智能化生产线，基地全场产线工效、总装效率等将得到进一步提升。同月，大港油田所属赵东油田CP3-PT3平台进入试生产运行阶段。这是大港油田首座海洋工程数字化无人值守平台，采用全生命周期数字化管理，集成设计、建造及各类关联关系数据信息超过13万项。据估计，该平台海上工程建设运营成本可比传统海上工程建设节省近30%。

世界油气产业发展分析与展望

受地缘政治冲突趋于平缓、气候温和等因素影响，2023 年全球油气市场总体较为稳定。受消费需求拉动影响，石油、天然气勘探开发投资支出总体小幅增加；全球油气新增探明储量呈上升趋势，主要受世界头部能源公司增加勘探投资支出、并购其他公司提振勘探能力影响。产量方面，全球石油产量总体呈现缓慢增长趋势；受益于美国、巴西天然气稳定增产影响，全球天然气产量出现小幅增长。同时，国际油价总体呈现高位震荡趋势，受需求放缓等因素影响，国际天然气价格出现回落。预计 2024 年，全球地缘政治紧张局势加剧，各国对能源供应安全的重视程度将不断提升，油气勘探投资有望小幅增长；此外，能源转型趋势不容忽略，逐步减少使用化石燃料已成为各国共识，预计全球能源投资仍将向非化石能源倾斜。预计 2024 年全球经济恢复仍较为缓慢，OPEC 成员国极有可能延续限产保价措施，全球油价基本处于震荡趋势，略低于 2023 年总体水平，其间可能出现短期暴涨。

一、世界油气新增探明储量呈上升趋势

（一）世界石油新增探明储量总体呈上升趋势

2023 年，石油消费需求总体保持平稳上升态势，主要产油国、石油行业头部企业均加大勘探支出，全球石油勘探活动呈现增长态势。2023 年，全球石油新增探明储量总体呈上升趋势，美国石油行业周刊《石油和天然气杂志》公布的数据显示，2023 年全球石油储量为 17546 亿桶（折合 2403.6 亿吨），较 2022 年的 17460 亿桶同比增长 0.45%。其中，OPEC 国家石油储量 1703.5 亿吨，同比增长 0.14%，全球储量占比下降 0.22 个百分点至 70.87%。分国家来看，沙特阿拉伯石油储量为 2671.9 亿桶，伊拉克石油储量为 1450.1 亿桶，阿联酋石油储量为 1130.0 亿桶，科威特 1015.0 亿桶，利比亚 483.6 亿桶，卡

塔尔 252.4 亿桶，阿尔及利亚 122.0 亿桶，阿曼苏丹国 49.0 亿桶，埃及 33.0 亿桶，也门 30.0 亿桶。

其他国家方面，2023 年，俄罗斯石油储量达 5.5 亿吨。圭亚那新增探明油田原油可采储量约 1.03 亿吨，占 2023 年全球新增探明原油储量的 18%。中国新增石油探明地质储量约 13 亿吨。

（二）世界天然气新增探明储量呈上升态势

2023 年，全球天然气新增探明储量总体呈上升趋势，全球天然气储量达 212 万亿立方米，同比增长 0.69%。其中 OPEC 国家天然气储量为 75.1 万亿立方米，同比增长 1.19%，全球储量占比增长 0.17 个百分点至 35.34%，主要集中在中东、东欧及苏联地区。

分地区来看，2023 年，中国天然气储量达 7.46 万亿立方米，同比增长 3.4%。俄罗斯新增天然气储量 7050 亿立方米。俄罗斯、伊朗、卡塔尔、美国和土库曼斯坦仍保持天然气前五大储量国地位，总储量达 134.3 万亿立方米，约占全球总储量的 63%。

二、世界油气勘探开发投资总体呈上升态势

（一）世界油气勘探开发投资总体呈上升态势

2023 年，俄乌冲突局势仍处于紧张态势，巴以冲突、红海危机等国际地缘政治大事频发，各国愈加重视能源安全，推动油气上游投资水平攀升。2023 年，世界油气勘探开发投资总体呈上升态势，油气勘探开发投资额度为 4850 亿美元，同比增长约 5%，其中上游石油投资同比增长 18%。

2023 年，受通胀和油气价格大幅上升的影响，全球勘探开发上市公司的投资率从 2022 年的 31%增至约 48%。其中，埃克森美孚公司(Exxon Mobil)勘探业务支出约为 263.25 亿美元，较 2022 年增加了 36.21 亿美元。

六大主要能源公司在全球各大盆地的勘探活动较为活跃，主要负责钻探前 25 大盆地中 32%的勘探井，并通过并购方式扩大勘探范围、提升产量。其中，2023 年第一季度，道达尔公司(Total)通过收购西班牙石油公司在阿联酋

的上游资产提振产量；10 月，埃克森美孚公司和雪佛龙公司均通过收购大型油气勘探公司的方式提振油气勘探开发能力。其中埃克森美孚公司于 10 月 11 日宣布收购专门从事石油和天然气勘探业务的竞争对手先锋自然资源公司；10 月 23 日，油气巨头雪佛龙公司宣布以全股票形式收购赫斯公司，扩大其在美国主要页岩油气产地巴肯地区的开采面积。

（二）世界油气勘探开发投资区域化差异明显

美国方面，根据贝克休斯报告公布数据，2023 年美国钻井平台数总体呈下降趋势，截至 2023 年 12 月 30 日，美国运行的活跃石油钻机数量为 500 口，约为 2022 年同期水平的 80.52%。

中东地区油气勘探步伐加快，2023 年 3 月，尼日利亚国家石油公司（Nigerian National Petroleum Corporation，NNPC）已开展陆上边境盆地勘探工作，旨在增加尼日利亚探明原油储量；同月，为扩大全球油气勘探范围，卡塔尔能源公司与埃克森美孚公司签署协议以获得加拿大纽芬兰与拉布拉多省两个海上勘探区块的权益，争取更多海上勘探领域利益。6 月，科威特石油公司（Kuwait Oil Company，KOC）表示将为石油项目提供约 422 亿美元的投资，以提高日生产能力。9 月，伊朗国家石油公司（National Iranian Oil Company，NIOC）宣布正在实施投资额约 500 亿美元的油气开发项目以提振油气产能。12 月，阿尔及利亚国家石油公司宣布将于 2024 年至 2028 年投资约 360 亿美元用于油气勘探开发。

拉丁美洲方面，2023 年，巴西国家石油公司计划于 2023 年至 2027 年投资约 30 亿美元在其赤道边缘区块开展石油勘探工作；玻利维亚宣布投资 6.69 亿美元用于提振油气业发展，其投资重点为油气勘探（48%）与开发（21%）；墨西哥国家石油公司宣布投资 2500 亿—3000 亿比索用于油气勘探生产活动。

亚洲方面，2023 年 4 月，印度石油天然气公司（Oil and Natural Gas Corporation，ONGC）宣布将在深水和超深水油气勘探领域投资几十亿美元，加大国内油气勘探力度，以应对迅速增长的原油需求、保障能源安全。中国国家能源局于 7 月召开“2023 年大力提升油气勘探开发力度工作推进会”，强调“加大油气勘探开发投资和工作量，推动原油稳产增产、天然气快速上产”。

三、世界油气产量稳步增长

（一）全球石油产量总体呈现缓慢增长趋势

2023 年，受全球石油需求回升影响，石油产量总体呈增长态势。根据《全球油气储量报告》公布的数据，2023 年全球石油产量为 47.67 亿吨，折合 9533 万桶/日，同比增长 1.6%。2023 年 OPEC 国家总体践行减产策略，产量下降 60 万桶/日，非 OPEC 国家推动石油产量增长，日均增产 210 万桶。

分国家来看，2023 年 OPEC 国家石油产量平均为 3356 万桶/日。其中，沙特阿拉伯石油产量达 1164 万桶/日，同比下降 4%；科威特、伊拉克、安哥拉石油产量同比下降约 4%。

非 OPEC 国家方面，俄罗斯联邦能源部公布的数据显示，2023 年俄罗斯石油产量为 5.27 亿吨，同比下降 1.5%。美国石油协会公布的数据显示，2023 年美国原油产量约为 9.65 亿吨（含凝析油），同比增长 8.2%，仍保持全球第一大产油国地位。澳大利亚石油产量同比下降约 5.5%。加拿大石油产量达到 560 万桶/日，同比增长 0.9%。哈萨克斯坦实现石油产量 0.899 亿吨，较 2022 年的 0.842 万吨同比增长 6.77%。阿曼实现石油产量 0.523 亿吨，同比下降 1.5%。阿塞拜疆实现石油产量 0.302 亿吨，同比下降 7.4%。根据中国国家能源局公布的数据，2023 年中国石油产量 2.08 亿吨，同比增长 1.46%，海洋原油产量突破 0.62 亿吨，为增产贡献重要力量。

上半年，受部分重要产油国实施减产措施影响，全球石油产量增幅有限。2023 年 3—6 月，俄罗斯日均减产 50 万桶。4 月 2 日，“OPEC+”多个成员国宣布从 5 月起自愿减产且持续至 2023 年底，其中沙特阿拉伯、俄罗斯日均减产 50 万桶，科威特、伊拉克、阿联酋、阿曼、阿尔及利亚、哈萨克斯坦分别日均减产 12.8 万桶、21.1 万桶、14.4 万桶、4 万桶、4.8 万桶、7.8 万桶，合计减产 164.9 万桶/日。但与此同时，受其他地区产油国增产影响，“OPEC+”部分成员的减产在很大程度上被抵消。其中，委内瑞拉、伊朗和利比亚等国未受到减产协议限制，上半年石油产量增长明显，日均分别增产 6.2 万桶、

7 万桶和 9.5 万桶。美国方面，上半年石油产量 1873 万桶/日，同比增长 138 万桶/日。

下半年，美国、巴西等国石油增产在一定程度上抵消了“OPEC+”成员国减产幅度。一方面，“OPEC+”成员国继续践行限产保价政策，实施额外减产。7 月，沙特阿拉伯宣布自愿额外减产 100 万桶/日，下半年石油日均产量为 900 万桶；8 月，阿尔及利亚宣布额外减产 2 万桶/日。另一方面，美国、巴西等国石油产量有所增加。美国能源信息署(Energy Information Administration, EIA)数据显示，截至 2023 年 12 月中旬，美国石油产量达 13.30 万桶/日的历史新高。巴西石油管理局(Agência Nacional do Petróleo, ANP)统计数据显示，2023 年 11 月，巴西原油产量达 368 万桶/日，同比增长 18.8%。

（二）全球天然气产量总体保持小幅增长态势

2023 年，全球天然气产量总体保持增长态势，增幅有限。2023 年全球天然气产量达 4.28 万亿立方米，同比增长 0.8%，主要由北美地区推动，各地区表现不同。

欧洲方面，2023 年，受关闭格罗宁根天然气田影响，荷兰天然气产量延续下滑态势；挪威、英国现有气田均出现产量下降，欧洲天然气产量有所下滑。

此外，由于欧洲拒绝进口俄罗斯天然气，俄罗斯短期内难以调整出口布局，2023 年俄罗斯天然气产量下降明显，2023 年俄罗斯天然气累计产量为 6420 亿立方米，相较于 2022 年的 6738 亿立方米下降 4.72%，其中上半年累计产量仅为 2670 亿立方米，同比下降 14.9%。

根据 EIA 公布的数据，受油井水平生产力不断提升影响，美国 2023 年天然气产量增长迅速，累计达 1.07 万亿立方米，成为首个天然气年产量突破万亿立方米的国家，产量增长主要集中在二叠纪盆地地区。2023 年，阿尔及利亚天然气累计产量为 1360 亿立方米，同比增长 33.33%。阿塞拜疆天然气累计产量为 483 亿立方米，同比增长 3.2%。根据中国国家统计局公布的数据，2023 年中国天然气生产增长稳定，全年累计产量达 2300 亿立方米，同比增长 5.6%。

四、世界油气消费需求总体增幅有限

（一）全球石油消费需求总体呈增长态势

受中国解除严格疫情防控政策、经济复苏向好等因素影响，国际航空运输有序恢复，全球交通出行基本恢复至疫情前水平，石油燃料消费需求大幅回升。2023年全球石油消费同比增长2.1%，增速逐渐放缓，较2022年下降0.3个百分点。

美洲、亚洲、欧洲三大地区消费表现不尽相同。其中，美国方面，2023年石油和其他液体燃料消费量为2023万桶/日，消费增长飙升至2019年以来最高水平。加拿大石油消费量为244万桶/日。墨西哥石油消费量达192万桶/日。巴西石油消费量达306万桶/日。亚洲方面，受宏观经济整体回升影响，能源消费需求增长迅速，2023年中国石油消费量为7.56亿吨，同比增长5.1%，成品油消费量3.99亿吨，同比增长9.5%。与此同时，印度作为新兴经济体，石油行业增长强劲，2023年1—7月石油消费量日均增长25.5万桶，8月日均增长27万桶。日本石油消费量达336万桶/日。欧洲市场方面，2023年，欧洲石油消费量达1427万桶/日。

（二）全球天然气消费总体呈小幅增长态势

2023年以来，全球天然气消费总体呈小幅增长趋势，各地区表现不同。2023年全球天然气消费量达3.96万亿立方米，同比增长0.5%，中国、印度引领亚太地区消费需求恢复。

欧洲市场方面，制造业持续低迷、气候总体温和等因素在一定程度上抑制了欧洲天然气消费需求，2023年，欧盟及英国天然气消费量累计约为3941亿立方米，同比下降7.2%。美国方面，天然气消费呈稳定增长趋势，2023年天然气消费量达9241亿立方米，同比增长1%。亚洲市场方面，受城市供暖和发电需求强劲影响，叠加经济迎来强劲复苏，中国天然气消费量扭转下降趋势，2023年中国天然气消费量达3900亿立方米，同比增长7.5%。印度天然气消费增长迅速，2023年天然气消费量达640亿立方米。

五、世界油气价格总体呈震荡下行趋势

（一）国际油价总体保持高位震荡态势

2023 年 1 月，国际油价总体呈先跌后涨态势。月初，由于国际社会对全球经济衰退、中国新冠疫情大范围暴发存在担忧，国际油价出现大幅下降，其中布伦特(Brent)原油期货均价一度跌破 80 美元/桶，跌幅高达 9.4%。之后，伴随中国取消入境限制，市场看好中国石油消费复苏，叠加美联储加息步伐放缓，国际油价出现显著回升。西德克萨斯中质原油(WTI)和 Brent 原油期货均价分别为 78.16 美元/桶和 83.91 美元/桶，环比分别增长 1.65 美元/桶和 2.57 美元/桶。

2 月，国际油价波动频繁，总体小幅下降。月初，受美国原油和成品油库存攀升、OPEC+维持既有石油产量政策等因素影响，国际油价下跌。随后，土耳其-叙利亚地震导致码头关闭、供应短缺，叠加俄罗斯计划将 3 月石油产量自愿削减 50 万桶/日，国际油价出现震荡上升。中旬，美国计划从战略石油储备中再释放 2600 万桶原油，导致油价承压下滑。WTI 和 Brent 原油期货均价分别为 76.86 美元/桶和 83.54 美元/桶，环比分别下降 1.30 美元/桶、0.37 美元/桶。

3 月，国际油价继续保持下降趋势。银门银行、硅谷银行和签名银行等先后“爆雷”，市场担忧加剧，国际油价持续下跌，其中 Brent 原油期货结算价一度跌至 2021 年 12 月底以来的最低位。WTI 和 Brent 原油期货均价分别为 73.37 美元/桶和 79.21 美元/桶，环比分别下降 3.49 美元/桶和 4.33 美元/桶。

4 月，国际油价不断上涨。为预防市场进一步波动，“OPEC+”宣布自愿减产，合计减产规模达 165 万桶/日，带动油价大幅上涨。与此同时，市场对全球经济衰退的担忧犹存，油价上涨受限。WTI 和 Brent 原油期货均价分别为 79.44 美元/桶和 83.37 美元/桶，环比分别上涨 6.07 美元/桶和 4.16 美元/桶。

5 月，国际油价出现大幅下跌。受美联储进一步加息影响，投资者陷入对

市场经济前景的担忧，且欧美银行潜在风险仍未消除，国际油价出现显著下滑。WTI 和 Brent 原油期货均价分别为 71.62 美元/桶和 75.69 美元/桶，环比分别下降 7.82 美元/桶和 7.67 美元/桶。

6 月，国际油价上涨受限，总体呈现小幅下滑态势。一方面，美国成品油日均需求不断上涨、沙特在“OPEC+”部长级会议上计划深化减产均为油价上扬提供支撑；另一方面，中国经济表现弱于预期，美联储仍存在年内加息可能，国际油价上涨受限。WTI 和 Brent 原油期货均价分别为 70.27 美元/桶和 74.98 美元/桶，环比分别下降 1.35 美元/桶和 0.72 美元/桶。

7 月，国际油价呈上涨趋势。继沙特阿拉伯宣布自愿将每日石油产量额外下调 100 万桶之后，俄罗斯表示将在 8 月把日均石油出口量削减 50 万桶，国际油价不断上涨。此外，受政治局势紧张影响，7 月利比亚第二大油田完全停产，石油供应压力加剧，国际油价进一步上扬。WTI 和 Brent 原油期货均价分别为 76.03 美元/桶和 80.16 美元/桶，环比分别上涨 5.76 美元/桶和 5.18 美元/桶。

8 月，国际油价继续保持上升态势。一方面，沙特阿拉伯、俄罗斯等主要产油国继续践行石油减产策略，石油供应收紧，支撑国际油价不断上涨；另一方面，各国宏观数据预期不佳导致市场对原油需求不振出现担忧，油价涨幅有限。WTI 和 Brent 原油期货均价分别为 81.31 美元/桶和 85.1 美元/桶，环比分别上涨 5.29 美元/桶和 4.94 美元/桶。

9 月，国际油价震荡上行。沙特阿拉伯、俄罗斯继续执行自愿减产，叠加美国原油库存急剧下降，进一步加剧市场对全球供应紧张的担忧，助推国际油价持续走高。WTI 和 Brent 原油期货均价分别为 89.43 美元/桶和 92.59 美元/桶，环比分别上涨 8.11 美元/桶和 7.48 美元/桶。

10 月，国际油价下跌明显。受中东地缘政治紧张局势、市场对全球经济前景担忧加剧等因素影响，国际油价承压下跌，10 月末，WTI 和 Brent 原油期货价格分别为 77.92 美元/桶和 84.5 美元/桶，环比分别下跌 11.51 美元/桶和 8.09 美元/桶。

11 月，国际油价继续保持下跌态势，降幅有限。一方面，市场对全球经济前景担忧不减，叠加原油需求弱化影响，国际油价下降趋势未有变化；另一方面，受中东地缘政治紧张局势有所缓解影响，油价降幅有限。11 月末，WTI 和 Brent 原油期货价格分别为 74. 86 美元/桶和 79. 97 美元/桶，环比分别下跌 3. 06 美元/桶和 4. 53 美元/桶。

12 月，国际油价出现小幅回升。受中东地缘政治紧张局势影响，红海航线遇阻，助推原油价格回升。12 月末，WTI 和 Brent 原油期货价格分别为 75. 57 美元/桶和 81. 07 美元/桶，环比分别上涨 0. 71 美元/桶和 1. 1 美元/桶。

（二）国际天然气价格总体呈下降态势

2023 年 1 月，国际天然气价格出现大幅下跌。美国方面，受气温回升影响，本土用气需求明显下降且天然气产量保持高位，供需共同作用下，美国亨利中心（Henry Hub，HH）天然气价格出现大幅下滑，HH 现货月均价为 3. 3 美元/百万英热单位，环比下降 39. 8%。欧洲方面，受气温回升影响，叠加风电、核电迅速发展等因素，欧洲天然气消费需求明显下降，荷兰天然气虚拟交易中心（Title Transfer Facility，TTF）现货月均价为 20. 0 美元/百万英热单位，环比下降 45. 0%。亚洲市场方面，尽管短期寒潮推升居民用气需求，但恰逢新春假期，工业用气需求有限，东北亚 LNG 现货均价（2023 年 2 月交付）为 25. 3 美元/百万英热单位，环比下降 21. 7%。

2 月，国际天然气价格继续保持下跌趋势。美国方面，本土用气需求疲软、天然气产量保持高位等因素进一步加剧气价下跌态势，HH 现货月均价为 2. 42 美元/百万英热单位，环比下降 26. 7%。欧洲方面，俄罗斯管道天然气对欧供应环比增长 16%，与此同时，受气温下降、风力发电疲弱等因素影响，用气需求环比增长 11. 2%，TTF 现货月均价为 17. 4 美元/百万英热单位，环比下降 13. 0%。亚洲市场方面，受气温不断回升、日本重启核电站等因素影响，主要国家天然气进口需求有限，东北亚 LNG 现货均价（2023 年 3 月交付）为 18. 4 美元/百万英热单位，环比下降 27. 3%。

3 月，国际天然气价格继续保持下跌趋势。美国方面，本土消费需求趋于平稳，天然气产量仍处于高位，气价出现下降，HH 现货月均价为 2. 37 美元/百万英热单位，环比下降 2. 07%。欧洲方面，受高库存、低需求影响，气价持续下跌，叠加俄罗斯管道天然气对欧供应环比增长 5. 7%等因素，加剧气价下行趋势，TTF 现货月均价为 13.9 美元/百万英热单位，环比下降 20.11%。亚洲市场方面，受气温回升、采暖季结束影响，用气需求不断降低，东北亚 LNG 现货均价（2023 年 4 月交付）为 14.3 美元/百万英热单位，环比下降 22.28%。

4 月，美国、亚洲气价持续下跌，欧洲气价有所回升。美国方面，供需宽松状况并未改变，气价继续下滑，HH 现货月均价为 2.14 美元/百万英热单位，环比下降 9.7%。欧洲方面，受风力、核电发电量下降影响，天然气消费需求有所增长，助推气价升高，TTF 现货月均价为 14.2 美元/百万英热单位，环比下降 2.16%。亚洲市场方面，用气需求总体疲弱，气价下行，东北亚 LNG 现货均价（2023 年 5 月交付）为 12.7 美元/百万英热单位，环比下降 11.19%。

5 月，国际天然气价格继续下跌。美国方面，受气温持续攀升、宏观经济走弱等因素影响，居民、商业用气需求均出现下滑，且天然气产量继续保持高位，气价下行趋势未有变化，HH 现货月均价为 2.12 美元/百万英热单位，环比下降 0.9%。欧洲市场方面，受经济疲软、用气淡季等因素影响，用气需求大幅下滑，气价大幅下跌，TTF 现货月均价为 8.05 美元/百万英热单位，环比下降 43.3%。亚洲市场方面，日本、韩国工业用气需求不旺，新兴市场消费增幅有限，气价继续走跌，东北亚 LNG 现货均价（2023 年 6 月交付）为 11.03 美元/百万英热单位，环比下降 13.15%。

6 月，受季节因素影响，国际气价总体出现反弹。美国方面，由于气温显著升高，发电用气需求提振，供需收紧，气价出现反弹回升，HH 现货月均价为 2.16 美元/百万英热单位，环比上涨 1.89%。欧洲市场方面，制造业仍处于萎缩状态，工业用气需求有限；但受气温显著上升影响，发电用气需求显著增加，助推气价回升，TTF 现货月均价为 10.3 美元/百万英热单位，环比上涨 27.95%。亚洲市场方面，部分国家煤电、核电发电量有所增长，进一步抑制天然气消费需求，气价继续保持下跌趋势，东北亚 LNG 现货均价（2023 年 7 月交付）为 9.49 美元/百万英热单位，环比下降 13.96%。

7 月，美国、亚洲气价显著上涨，欧洲气价下降。美国方面，气温高升提振本土用气需求，市场供需略有收紧，HH 现货月均价为 2.53 美元/百万英热单位，环比上涨 17.13%。欧洲市场方面，宏观经济下行压力加剧，工商业用气需求有限；持续高温天气带动居民用气需求增长。受挪威气田复产影响，天然气供应整体增加。市场供需宽松，气价下滑，TTF 现货月均价为 9.5 美元/百万英热单位，环比下降 7.77%。亚洲市场方面，受持续高温天气影响，发电用气需求迅速回升，气价大幅上升，东北亚 LNG 现货均价(2023 年 8 月交付)为 11.61 美元/百万英热单位，环比上涨 22.34%。

8 月，美国、欧洲气价上涨，亚洲气价出现回落。美国方面，高温天气持续，发电用气需求高居不下，为气价上涨提供支撑，HH 现货月均价为 2.61 美元/百万英热单位，环比上涨 3.16%。欧洲市场方面，高温助推用气需求，气价不断上涨，TTF 现货月均价为 10.3 美元/百万英热单位，环比上升 8.42%。亚洲市场方面，经济下行压力抑制工业用气需求，澳大利亚罢工消息引发市场担忧，导致气价下滑，东北亚 LNG 现货均价(2023 年 9 月交付)为 10.96 美元/百万英热单位，环比下降 5.6%。

9 月，国际气价出现不同程度上涨。美国方面，气温回落导致发电用气需求大幅减少，与此同时，天然气钻机数降至 2022 年以来最低水平，供需平衡，气价稳定，HH 现货月均价为 2.61 美元/百万英热单位。欧洲市场方面，用气需求基本稳定，受澳大利亚天然气项目罢工、挪威气田维修等因素影响，供应收缩，气价小幅上涨，TTF 现货月均价为 10.7 美元/百万英热单位，环比上升 4%。亚洲市场方面，受澳大利亚罢工影响，供应下滑，气价大幅上升，东北亚 LNG 现货均价(2023 年 10 月交付)为 12.9 美元/百万英热单位，环比上涨 20.56%。

10 月，国际气价继续保持上涨态势。美国方面，天然气供需收紧，气价出现季节性上涨，HH 现货月均价为 3.03 美元/百万英热单位，环比上升 16.09%。欧洲市场方面，受俄罗斯管道天然气供应下滑、芬兰与爱沙尼亚间海底天然气管道泄漏等因素影响，天然气供给有所减少，叠加中东地缘政治紧张局势影响，气价短期上涨迅速。TTF 现货月均价为 12.5 美元/百万英热单位，环比上升 16.82%。亚洲市场方面，东北亚 LNG 现货均价(2023 年 11 月交付)为 14.2 美元/百万英热单位，环比上涨 10.08%。

11 月，国际气价总体出现回落，区域差异显著。受中东地缘政治紧张局势有所缓和、全球气候总体温和等因素影响，天然气价格出现回落。11 月末，美国方面，HH 现货价格为 2.77 美元/百万英热单位，环比下降 8.58%。欧洲市场方面，TTF 现货价格为 13.17 美元/百万英热单位，环比上升 5.36%。

12 月，国际气价继续保持下行趋势。12 月末，美国方面，HH 现货价格为 2.57 美元/百万英热单位，环比下降 7.22%。欧洲市场方面，TTF 现货价格为 10.26 美元/百万英热单位，环比下降 22.1%。

六、世界石油炼制产业总体发展平稳，利润有所下滑

（一）全球原油加工量继续保持增长趋势，各地区表现不同

2023 年，受消费需求拉动、新炼厂投入使用等因素影响，全球原油加工继续保持增长，总体运营表现好于 2022 年。“OPEC+”国家不断投产新炼厂以提升产能。4 月，伊拉克和阿曼投产的新炼厂产能达 14 万桶/日和 23 万桶/日；5 月，尼日利亚投产丹格特炼厂，新增产能 65 万桶/日；科威特投产产能达到 61.5 万桶/日的阿祖尔炼厂以提振加工能力。

数据显示，2023 年上半年，全球炼厂合计日均加工原油超过 8000 万桶，处于 2015—2019 年同期平均水平。2023 年全年，全球炼厂合计加工量达 8240 万桶/日，同比增长 170 万桶/日，新增加工量主要来自中国、印度。2023 年，中国原油加工总体呈增长趋势，全年规上工业原油加工量达 73478 万吨，同比增长 9.3%。印度方面，2023 年原油加工量达 580 万桶/日，同比增长 11.54%。

（二）全球炼厂开工率持续回升

受石油产品（如柴油）出口需求旺盛、消费需求逐步回升等因素影响，全球炼厂开工率继续上扬，各地区表现存在差异。截至 2023 年 11 月，欧洲炼厂开工率为 78.53%。美国方面，受夏季用油需求攀升影响，2023 年 4 月以来炼厂加工率总体保持较高水平，维持在 90%以上；截至 2023 年 11 月，美国炼厂开工率为 88.05%。中国方面，受国内成品油需求快速恢复、价格支撑等

因素影响，上半年主营炼油厂开工率增长稳定，平均开工率达76.98%，同比增长4.57个百分点。2023年中国主营炼油厂平均开工率为79.01%，同比上涨6.42个百分点。印度方面，作为亚洲第二大炼油国，2023年其炼厂开工率保持上升态势，截至2023年10月，印度炼厂开工率平均达86.7%，为2023年3月以来的最高水平，环比增长0.5个百分点。

（三）全球炼油毛利出现下降

2023年，受全球经济复苏缓慢、中国燃料出口增加、全球油气勘探投资增加、各国炼油能力提升等因素共同影响，全球炼厂加工利润较2022年同比下滑。其中，美国墨西哥湾炼油毛利平均为24.8美元/桶，鹿特丹平均为13.33美元/桶，新加坡平均为6.84美元/桶，均较2022年下降3~5美元/桶。

中国方面，2023年炼厂综合炼油生产毛利整体呈现下滑趋势。1—6月地炼炼油毛利波动幅度在600元/吨左右，主营炼油毛利波动较大，4月中旬毛利最高；8月主营和地炼炼油毛利开始下滑，其中主营11月生产毛利在0元/吨以下，处于亏损状态；12月炼厂炼油毛利好转。

七、2024年世界油气产业发展展望

（一）世界油气市场将面临地缘政治加剧、产油国策略变动等风险，不确定性加剧

2023年，国际地缘政治局势持续恶化。俄乌冲突依然严峻，短期内和平解决可能性较小；巴以冲突愈演愈烈，极有可能进一步升级，为整个中东地区的和平稳定带来不确定性；2023年末爆发的红海航道危机在一定程度上加剧了中东局势的紧张局面，造成航运成本飙升，影响石油、天然气等重要能源的运输与供应安全。此外，2023年，OPEC成员国基本维持自愿减产策略，以期提振油价。但受制于自身利益等诸多因素，OPEC成员国内部仍存在一定分歧。

展望2024年，预计国际地缘政治局势短期内恶化风险较大，俄乌冲突、

巴以冲突极可能不断蔓延，造成风险外溢；OPEC 成员国产量策略亦存在诸多不确定性。预计 2024 年世界油气市场不确定性加剧，将面临诸多深刻影响市场的地缘政治和经济因素，震荡运行恐成为主流趋势。

（二）全球油气勘探投资小幅增长，海上油气勘探发展迅速

一方面，巴以冲突爆发、地缘政治冲突频发使各国更加重视能源安全、积极推动上游勘探开发工作，预计 2024 年世界主要能源公司将继续增加上游勘探开发支出，不断提振自身勘探能力；另一方面，世界能源消费结构面临深刻转型，脱碳减排趋势日益强化、不容逆转，将在一定程度上制约能源公司的勘探投资活动，导致增幅有限。此外，国际油气公司投资更加谨慎，力求投资利润更高、资源更多、周期更短的勘探项目，而深水、超深水海域油气储量丰富已成为全球共识，预计 2024 年全球能源公司将加速海上油气勘探步伐，增加深水油气勘探开发活动。

（三）全球能源投资继续向非化石能源倾斜

随着应对气候变化的紧迫性不断增加，全球能源投资向非化石能源倾斜的趋势将更加明显。2023 年底，《联合国气候变化框架公约》第二十八次缔约方大会（COP28）通过了最终协议，呼吁各国“脱离”化石燃料、加快发展可再生能源，以确保在 2050 年实现净零排放，全球能源转型趋势清晰明确、不可逆转。IEA 公布的数据显示，2023 年清洁能源投资额约为化石能源投资的 1.8 倍，以太阳能、电动汽车为代表的可再生能源占据全球清洁能源投资增长的主要部分。受制于能源转型趋势、化石能源供应安全等因素，预计 2024 年全球能源投资将继续向非化石能源倾斜，能源公司将继续加大对可再生能源、核能等领域的投资力度。

（四）国际石油价格震荡波动，总体低于 2023 年水平

2024 年，国际地缘政治冲突或将加剧，大国博弈不断激化，诸多不确定性因素将导致国际油价继续维持震荡波动这一特征。与此同时，预计 2024 年全球经济复苏态势不容乐观，主要新兴经济体仍将面临增长压力，经济增速

可能有所放缓，叠加全球金融市场不确定性，客观上较难支持国际油价保持高位。产油国方面，预计“OPEC+”将继续维持限产保价政策，但各成员国可能受自身利益驱使从而减小限产保价政策的执行力度，可能导致国际油价出现下跌。此外，2024 年，不排除巴以冲突外溢到整个中东地区，或将直接冲击关键产油国或石油运输通道，进而导致短期油价暴涨。

国内篇

2023年，中国经济社会已经全面恢复常态化运行，通过宏观政策的靠前协同发力，中国经济总体呈现积极向上的修复态势。第一季度，向上修复的态势较为明显；第二季度，经济发展转入更多依靠内生动能推动的平稳修复期。第三季度，中国各方面加大宏观政策实施力度，切实稳增长、提信心、防风险，持续巩固经济恢复向好势头。第四季度，随着宏观调控组合政策发力显效，主要经济指标企稳回升态势明显，经济运行中的积极因素不断积累。全年实际GDP增速达5.2%，经济基本面持续向好发展。2023年，随着一系列促消费政策举措落地见效，中国消费潜力不断释放，高技术产业投资动力强劲，新动能领域保持较快增长。尽管面对全球经济下行和海外需求总体收缩等多重挑战，中国经济依然表现出较强的增长韧性，居民收入保持稳定增长，高技术产业投资增势良好，对外贸易稳中向好，进出口贸易规模先降后升。2023年油气产业政策着力于增强能源安全、油气与新能源融合发展、能源绿色低碳转型。

2023年是中国实施“十四五”规划的关键之年，国内原油产量比较稳定，天然气产量持续增长。油气勘探方面，投资规模大幅增加，成功攻克深层技术难题。陆上常规油气资源和非常规油气资源均取得重要突破，海上油气资源勘探也取得显著成果。油气行业充分把握国内宏观经济和油气市场需求复苏的有利时机，统筹生产经营、安全环保和改革创新，深入推进提质增效，保证油气两大产业链安全平稳受控运行。油气企业持续加大油气勘探开发力度，有力支撑了国内油气工程技术服务市场发展。炼化行业无序增长势头逐渐得到控制，整体运行进入良性发展阶段。随着国家管网公司的成立，油气管网运营改革将持续推进，油气管网的规划也将进一步完善，天然气的基础建设将步入快车道，油气管道智能化、信息化和国产化水平将不断提高，交易中心将在未来油气管道的改革中发挥重要作用。

中国宏观经济及油气产业政策分析与展望

2023 年，中国经济总体呈现积极向上的修复态势。实际 GDP 增速达 5.2%，经济基本面持续向好发展。随着一系列促消费政策举措落地见效，中国消费潜力不断释放，高技术产业投资动力强劲，新动能领域保持较快增长。尽管面对全球经济下行和海外需求总体收缩等多重挑战，中国经济依然表现出较强的增长韧性，居民收入保持稳定增长，高技术产业投资增势良好，对外贸易稳中向好，进出口贸易规模稳中有增。油气产业政策着力于增强能源安全、油气与新能源融合发展、能源绿色低碳转型。展望 2024 年，油气产业政策将注重继续推进油气产业与新能源产业的融合发展，推动油气产业数字化和智能化，持续优化油气资源管理体制，积极参与国际油气治理。

一、2023 年中国宏观经济运行概要

2023 年，中国经济总体呈向上修复态势。根据国家统计局发布的数据，2023 年中国全年 GDP 为 1260582 亿元，按可比价格计算，同比增长 5.2%。经济增速呈现前低、中高、后稳的发展态势。随着国内宏观政策调控力度加大，中国经济运行回升向好，生产需求持续恢复，消费领域价格平稳运行，2023 年居民消费价格指数(CPI)同比增长 0.2%，生产领域价格降幅总体趋于收窄，工业生产者出厂价格指数(PPI)同比下降 3%。居民收入保持平稳增长，城乡居民收入相对差距持续缩小。固定资产投资规模持续扩大，高技术产业投资增势良好。中国进出口贸易规模稳中有增、发展质量优中有升。同时，随着培育壮大发展新动能力度加大，高技术产业发展加快，新动能领域保持较快增长。

（一）经济恢复向好，经济增速前低、中高、后稳

2023 年以来，中国经济社会恢复常态化运行，宏观政策靠前协同发力，

“三重压力”得到缓解，经济发展呈现回升向好态势。分产业看，第一产业增加值89755亿元，增长4.1%，对经济增长的贡献率为5.9%；第二产业增加值482589亿元，增长4.7%，对经济增长的贡献率为33.9%；第三产业增加值688238亿元，增长5.8%，对经济增长的贡献率为60.2%。三次产业增加值占GDP的比重分别为7.1%、38.3%和54.6%。第四季度，中国GDP为347890亿元，按不变价格计算，比2022年同期增长5.2%，较第三季度提高0.3个百分点。其中，第一产业增加值33425亿元，增长4.2%；第二产业增加值133703亿元，增长5.5%；第三产业增加值180762亿元，增长5.3%。三次产业增加值占GDP的比重分别为9.6%、38.4%和52.0%，对经济增长的贡献率分别为8.2%、40.0%和51.7%，三次产业协同发力推动中国经济持续恢复向好。从环比看，经季节因素调整后，四季度GDP环比增长1.0%。环比增速连续6个季度增长。

2023年是全面贯彻党的二十大精神的开局之年，是三年新冠疫情防控转段后经济恢复发展的一年。在以习近平同志为核心的党中央坚强领导下，各地区各部门认真贯彻落实党中央、国务院决策部署，坚持稳中求进工作总基调，着力扩大内需、优化结构，经济运行持续回升向好，高质量发展取得新成效。整体上，2023年中国稳经济政策持续发力，宏观政策效果持续显现，经济运行总体上呈现持续恢复向好态势。

（二）全年PPI低位运行，CPI总体平稳

2023年，受国际油价下行、国内消费市场供应充足等因素影响，各月CPI同比涨幅有所波动，整体比2022年上涨0.2%。

核心CPI运行平稳。2023年，扣除食品和能源价格的核心CPI继续保持温和上涨，绝大多数月份同比涨幅在0.6%~0.8%，平均上涨0.7%，影响CPI上涨约0.50个百分点。服务消费持续恢复，带动服务价格回升，2023年服务价格上涨1.0%，涨幅比2022年扩大0.2个百分点，影响CPI上涨约0.40个百分点。服务中，出行类服务价格明显回升，飞机票、宾馆住宿、旅游和交通工具租赁费价格分别上涨13.3%、9.6%、9.0%和4.2%，合计影响CPI上涨约0.18个百分点；价格改革稳步推进，医疗服务价格上涨1.1%，涨

幅比 2022 年扩大 0.3 个百分点；家庭服务和教育服务价格分别上涨 1.7%和 1.4%，涨幅有所回落。扣除能源的工业消费品价格稳中略降，2023 年平均下降 0.2%。其中，燃油小汽车和新能源小汽车价格降幅较大，分别下降 4.9%和 3.0%，合计影响 CPI 下降约 0.15 个百分点；家用器具、住房装潢材料和电视机价格降幅在 0.5%~3.4%；服装和鞋类价格分别上涨 1.0%和 0.7%。

食品价格略有下降。2023 年，食品价格下降 0.3%，影响 CPI 下降约 0.06 个百分点，主要是猪肉和鲜菜价格较低。猪肉价格同比自 5 月起连续下降，平均下降 13.6%，降幅比 2022 年扩大 6.8 个百分点，影响 CPI 下降约 0.20 个百分点；鲜菜价格由 2022 年上涨 2.8%转为下降 2.6%，影响 CPI 下降约 0.06 个百分点；牛、羊肉价格分别下降 3.2%和 4.0%，合计影响 CPI 下降约 0.03 个百分点；薯类、鲜果、禽肉类、粮食和食用油价格涨幅在 0.7%~5.5%，涨幅比 2022 年均有回落，合计影响 CPI 上涨约 0.18 个百分点；其他食品价格基本稳定。

能源价格由涨转降。2023 年，受国际油价下行影响，能源价格由 2022 年上涨 11.2%转为下降 2.6%，影响 CPI 下降约 0.20 个百分点。其中，汽油、柴油和液化石油气价格分别由 2022 年上涨 21.2%、23.1%和 17.7%转为下降 5.6%、6.1%和 2.1%，合计影响 CPI 下降约 0.23 个百分点；车用天然气和居民用煤价格分别上涨 2.3%和 0.2%，涨幅比 2022 年均有回落。

（三）居民收入平稳增长，城乡收入稳定增长

经济持续恢复，服务业较快增长，保障了城乡居民收入的平稳增长，与经济增长基本同步。2023 年，全国居民人均可支配收入 39218 元，比 2022 年名义增长 6.3%；扣除价格因素，实际增长 6.1%，名义增速和实际增速分别比 2022 年快 1.3 和 3.2 个百分点。

工资性收入增长较快。2023 年，经济回升向好，就业形势总体稳定，居民就业机会增多，从业时间增加，保障了居民工资性收入增长。全国居民年人均工资性收入 22053 元，比 2022 年名义增长 7.1%，增速快于 2022 年 2.2 个百分点，也快于全国居民收入增速 0.8 个百分点。分城乡看，城镇居民和

农村居民人均工资性收入比 2022 年分别增长 5.9%和 8.4%。据全国农民工监测调查，2023 年全国农民工规模 29753 万人，同比增长 0.6%，其中外出农民工规模增长 2.7%；农民工月均收入 4780 元，比 2022 年增长 3.6%。

（四）固定资产投资平稳增长，投资结构不断优化

2023 年完成固定资产投资（不含农户）503036 亿元，比 2022 年增长 3.0%，增速比 1—11 月加快 0.1 个百分点；扣除价格因素影响，比 2022 年实际增长 6.4%，增速比 2022 年加快 1.5 个百分点。

在制造业企业盈利持续改善及转型升级加快等因素的带动下，制造业投资持续企稳向好。2023 年，制造业投资比 2022 年增长 6.5%，增速比 1—11 月加快 0.2 个百分点，比全部固定资产投资高 3.5 个百分点。其中，电气机械和器材制造业投资增长 32.2%，汽车制造业投资增长 19.4%，仪器仪表制造业投资增长 14.4%。

以科技创新推动产业创新、以产业升级构筑新竞争优势的现代化产业体系建设取得重要成果，高技术产业投资保持较快增长，占全部投资的比重稳步提高。2023 年，高技术产业投资比 2022 年增长 10.3%，增速比全部固定资产投资高 7.3 个百分点；占全部投资的比重比 2022 年提高 0.7 个百分点。2023 年，高技术制造业投资比 2022 年增长 9.9%，增速比制造业投资高 3.4 个百分点；占制造业投资的比重比 2022 年提高 0.8 个百分点。其中，航空、航天器及设备制造业投资增长 18.4%，计算机及办公设备制造业投资增长 14.5%，电子及通信设备制造业投资增长 11.1%。2023 年，高技术服务业投资比 2022 年增长 11.4%，增速比服务业投资高 11.0 个百分点；占服务业投资的比重比 2022 年提高 0.4 个百分点。其中，科技成果转化服务业投资增长 31.8%，电子商务服务业投资增长 29.2%。

随着一系列政策措施的深化、实化、细化，民间投资的意愿和能力逐渐恢复。2023 年，民间投资比 2022 年下降 0.4%，降幅比前三季度和 1—11 月分别收窄 0.2 和 0.1 个百分点。其中，民间项目投资（扣除房地产开发投资）增长 9.2%，增速比 1—11 月加快 0.1 个百分点。分行业看，电力、热力、燃气及水生产和供应业，科学研究和技术服务业，住宿和餐饮业民间投资增长

较快，分别增长 19.6%、18.1%和 11.8%；基础设施民间投资增长 14.2%，增速高于全部基础设施投资 8.3 个百分点；制造业民间投资增长 9.4%，增速连续 6 个月回升。

（五）对外贸易稳中向好，进出口贸易规模稳中有增

2023 年，中国进出口总值 41.76 万亿元，同比增长 0.2%。其中，出口 23.77 万亿元，同比增长 0.6%；进口 17.99 万亿元，同比下降 0.3%。2023 年是我国进出口逐步抬升的一年，第二、第三、第四季度进出口贸易总额都在 10 万亿元以上，12 月甚至创下月度规模的历史新高。

2023 年，中国有进出口记录的外贸经营主体首次突破 60 万家。其中，民营企业 55.6 万家，合计进出口 22.36 万亿元，增长 6.3%，占进出口总值的 53.5%，提升 3.1 个百分点。同期，外商投资企业进出口 12.61 万亿元，占进出口总值的 30.2%；国有企业进出口 6.68 万亿元，占进出口总值的 16%。

2023 年，中国能源、金属矿砂、粮食等大宗商品进口量增加 15.3%。其中，进口原油、天然气、煤炭等能源产品 11.58 亿吨，增加 27.2%；铁、铝等金属矿砂 14.58 亿吨，增加 7.6%。同期，进口农产品 1.64 万亿元，增长 5%；纺织、衣着鞋帽类消费品进口增长 5.6%，首饰、钟表进口分别增长 63%、17.2%。

2023 年，中国出口机电产品 13.92 万亿元，增长 2.9%，占出口总值的 58.6%；同期劳动密集型产品出口 4.11 万亿元，占出口总值的 17.3%。机电产品中，电动载人汽车、锂离子蓄电池和太阳能电池“新三样”产品合计出口 1.06 万亿元，首次突破万亿元大关，增长 29.9%。船舶、家用电器出口分别增长 35.4%和 9.9%。出口动能体现了从“中国制造”向“中国创造”的迈进。

贸易伙伴方面，2023 年，中国对共建“一带一路”国家进出口 19.47 万亿元，增长 2.8%，占进出口总值的 46.6%，提升 1.2 个百分点。对拉美、非洲分别进出口 3.44 万亿和 1.98 万亿元，分别增长 6.8%和 7.1%。第四季度对欧盟、美国进出口回暖，全年分别进出口 5.51 万亿元、4.67 万亿元，分别占比 13.2%和 11.2%。

（六）服务业提质增效，新动能彰显新活力

2023 年服务业增加值 688238 亿元，比 2022 年增长 5.8%，对国民经济增长的贡献率为 60.2%，拉动国内生产总值增长 3.2 个百分点。服务业增加值占国内生产总值比重为 54.6%，高出 2022 年 1.2 个百分点。第四季度，服务业增加值 180762 亿元，同比增长 5.3%。服务业企业生产经营稳中向好。2023 年，中国规模以上服务业企业营业收入同比增长 8.3%；31 个省区市营业收入均实现增长，10 个行业门类均实现盈利。服务业吸纳就业能力不断增强，2023 年服务业就业人数持续增长。

服务业新兴领域发展壮大。2023 年，高技术服务业固定资产投资比 2022 年增长 11.4%，高出全部服务业固定资产投资 11.0 个百分点。1—11 月，规模以上科技服务业、高技术服务业企业营业收入同比分别增长 11.4% 和 11.2%，分别快于全部规模以上服务业企业 2.9 和 2.7 个百分点；知识密集型服务出口同比增长 10.0%。

产业融合加快推进。数字化应用场景不断扩展，现代服务业与先进制造业进一步融合。2023 年，生产性服务业商务活动指数年均值位于 55%以上较高景气区间。1—11 月，规模以上供应链管理服务、互联网数据服务企业营业收入同比分别增长 17.4%和 22.0%，分别快于全部规模以上服务业企业 8.9 和 13.5 个百分点。工业软件市场规模稳步壮大，为制造业数字化转型提供有力支撑。1—11 月，工业软件产品收入同比增长 12.2%，占软件产品收入比重为 9.7%，比 2022 年同期高 0.4 个百分点。

二、2023 年中国主要油气产业政策

2023 年是全面贯彻党的二十大精神的开局之年，是全面建设社会主义现代化国家开局起步的重要一年，是实施“十四五”规划承前启后的关键一年，做好全年能源工作至关重要。2023 年油气产业政策着力于加强重要能源、矿产资源国内勘探开发和增储上产，完善支持油气与新能源绿色发展的政策，推进资源节约、集约利用，推动油气领域节能降碳，加快建设新型能源体系。

（一）油气产业规划政策

1. 油气产业融合规划政策

2023 年 2 月 27 日，国家能源局印发《加快油气勘探开发与新能源融合发展行动方案（2023—2025 年）》（国能发油气〔2023〕21 号），深入落实“四个革命、一个合作”能源安全新战略，坚持油气勘探开发与新能源融合大规模发展。到 2025 年，大力推动油气勘探开发与新能源融合发展，积极扩大油气企业开发利用绿电规模。优化发展方式，推动油气勘探开发与新能源融合高质量跃升发展：统筹推进陆上油气勘探开发与风光发电，统筹推进海上油气勘探开发与海上风电建设，加快提升油气上游新能源存储消纳能力，积极推进绿色油气田示范建设。保障方面，健全体制机制，强化政策支持，提高油气勘探开发与新能源融合项目备案效率，加大油气勘探开发与新能源融合发展技术创新攻关力度，大力推广生态修复类新能源产能配套项目。

2023 年 3 月 28 日，国家能源局印发《关于加快推进能源数字化智能化发展的若干意见》（国能发科技〔2023〕27 号），提出，2030 年，能源系统各环节数字化智能化创新应用体系初步构筑、数据要素潜能充分激活，一批制约能源数字化智能化发展的共性关键技术取得突破，能源系统智能感知与智能调控体系加快形成，能源数字化智能化新模式新业态持续涌现，能源系统运行与管理模式向全面标准化、深度数字化和高度智能化加速转变，能源行业网络与信息安全保障能力明显增强，能源系统效率、可靠性、包容性稳步提高，能源生产和供应多元化加速拓展、质量效益加速提升，数字技术与能源产业融合发展对能源行业提质增效与碳排放总量和强度“双控”的支撑作用全面显现。

2. 油气产业监管规划政策

2023 年 1 月 4 日，国家能源局印发《2023 年能源监管工作要点》（国能发监管〔2023〕4 号），聚焦行业监管，进一步强化对国家重大能源规划、政策、项目落实情况监督。重点抓好以下三个方面工作：一是保障能源安全促进可靠供应，加强对天然气等能源供需形势的监测、分析和预警。二是做好重大能源项目落实情况监管。持续跟踪跨省跨区输电通道、油气管道等重大项目推进情况，逐步建立常态化监管工作机制，及时发现项目推进中存在的问题，提出监管意见建议。将生物燃料乙醇生产和乙醇汽油使用情况纳入派出机构日常监管，及时向局机关报送日常监管发现的新情况新问题，确保成品油销售企业按规定销售乙醇汽油。三是深化油气管网设施公平开放监管。健全完善油气管网设施公平开放监管事项核实清单和监管工作流程，全面摸清油气管网设施运营企业落实公平接入、信息报送、独立核算、服务合同签订履约、公平开放服务等情况。指导做好 LNG 接收站等设施高质量公平开放，服务天然气保供稳价。加快出台天然气管网设施托运商准入规则，指导管网运营企业优化完善管网设施容量分配相关操作办法。开展典型省市天然气用气结构专项核查。

2023 年 2 月 9 日，国家能源局印发《能源行业信用信息应用清单(2023 年版)》(国能发资质规〔2023〕16 号)，由业务类别、应用事项、业务环节、信用分类、信用监管措施和法规政策依据共 6 方面内容组成。其中，业务类别是指应用能源行业信用信息进行行政管理所属业务领域的类别，包括油气类等。应用事项按照行政许可、行政处罚、日常监管、表彰评优和其他共 5 类业务，根据对能源行业市场主体的信用分类，可采取具体信用监管措施共计 36 项。

2023 年 7 月 12 日，国家能源局研究起草了《能源行业失信主体信用信息修复管理办法(征求意见稿)》，旨在规范能源行业信用信息修复工作，维护失信主体合法权益，进一步提升能源行业信用体系建设法治化、规范化水平。能源行业失信主体信用信息修复的方式有两种，包括终止公示行政处罚信息和移出严重失信主体名单。其中终止公示行政处罚信息，是指对正在“信用能源”网站上公示的失信主体有关行政处罚信息终止公示；移出严重失信主体名单，是指将失信主体从电力行业严重失信主体名单中移出，并终止在“信用能源”网站上公示。

2023 年 8 月 9 日，国务院安全生产委员会印发《全国城镇燃气安全专项整治工作方案》(安委〔2023〕3 号)，目标用 3 个月左右时间开展集中攻坚，全面排查整治城镇燃气全链条风险隐患，建立整治台账，切实消除餐饮企业等人员密集场所燃气安全突出风险隐患；再用半年左右时间巩固提升集中攻坚成效，组织开展“回头看”，全面完成对排查出风险隐患的整治，构建燃气风险管控和隐患排查治理双重预防机制；到2025年底前，建立严进、严管、重罚的燃气安全管理机制，完善相关法规标准体系，提升本质安全水平，夯实燃气安全管理基础，基本建立燃气安全管理长效机制。

2023年9月21日，住房城乡建设部印发《关于印发城镇燃气经营安全重大隐患判定标准的通知》（建城规〔2023〕4号），指导各地加强城镇燃气安全风险管控和隐患排查治理，防范重特大事故发生，切实保护人民群众生命财产安全。标准中所称的重大隐患，是指燃气经营者在生产经营过程中，存在的危害程度较大、可能导致群死群伤或造成重大经济损失的隐患。

（二）油气产业资源管理政策

1. 油气产业行业标准政策

2023年3月8日，国家能源局发布《2023年能源行业标准计划立项指南》（国能综通科技〔2023〕20号），明确了油气4个专业领域以及若干个重点方向。一是油气勘探开发、储运、炼制及石油产品，二是油气基础设施，三是能源提升，四是碳减排。重点方向包括如下内容：深水、深层、非常规油气勘探开发，油气田智能化、数字化，炼油装置和产品检测设备智能化、数字化，老油田提高采收率，油气储运，油气长输管道及智能化，LNG接收站关键设备，地下储气库，其他；油气田节能降耗，资源综合利用技术，炼油、煤制特种燃料项目的绿色低碳技术改造；油气田和炼油领域碳捕集、利用与封存，碳排放核算，碳汇，碳足迹，绿色低碳石油产品，绿色低碳油气田。

2023年5月21日，中国石油工程材料研究院牵头的《油气田设备材料绿色制造和低碳排放指南》正式获批立项，中国石油首次在绿色制造领域主导制定国际标准。该指南围绕绿色制造和低碳排放的定义及内涵，统一概念认识，明确石油行业实施绿色制造（包括再制造）和低碳排放的具体内容和方法，为石油工业可持续高质量发展提供标准支撑。

2. 油气产业规范管理政策

2023年1月3日，自然资源部修订印发《矿业权出让交易规则》（自然资规〔2023〕1号），进一步规范矿业权出让交易行为，确保矿业权出让交易公开、公平、公正；指定探矿权和采矿权为矿业权范围，明确其主管部门和公共资源交易平台的职责分工，交易公告、交易形式及流程，确认及中止、终止，公示，交易监管，违约责任及争议处理等工作要求。

2023 年 2 月 15 日，国家能源局综合司公开《天然气管网设施托运商准入与退出管理办法（试行）（征求意见稿）》，旨在进一步推动天然气管网设施公平开放，规范天然气管网设施的使用及托运商管理，维护公平竞争市场秩序。明确在中华人民共和国境内注册、符合国家法律法规及相关产业政策的天然气生产供应企业、贸易商、销售企业及大型终端用户，包括天然气（含煤制天然气、煤层气、页岩气、致密砂岩气、生物质气等）生产企业、城镇燃气企业、天然气贸易批发企业、燃气发电企业、工业用户以及其他大型直供用户等均属于托运商范围。

2023 年 3 月 14 日，自然资源部印发《关于油气勘查实施方案、开发利用方案及勘查开采工作进展报告编写大纲的通知》（自然资发〔2023〕34 号），进一步规范油气矿业权勘查实施方案和开发利用方案编写，对油气勘查开采工作进展情况报送的时间、方式、内容等有关事项进行了规范。勘查实施方案和开发利用方案编写大纲适用于自然资源部负责登记的石油、烃类天然气、页岩气、天然气水合物矿。编写大纲中确定的采收率、回收率、共伴生资源综合利用率、采矿权范围、开采期限等应符合相关规定和要求。

2023 年 3 月 24 日，财政部、自然资源部、税务总局三部门联合印发《矿业权出让收益征收办法》（财综〔2023〕10 号），进一步健全矿产资源有偿使用制度，规范矿业权出让收益征收管理，明确陆域油气矿业权、海域油气矿业权的具体征收机关，出让收益征收方式，缴款及退库，新旧政策衔接等征收内容。规定石油、天然气的陆域矿业权出让收益率为 0.8，海域矿业权出让收益率为 0.6。

2023 年 5 月 6 日，自然资源部印发《关于进一步完善矿产资源勘查开采登记管理的通知》（自然资规〔2023〕4 号），从完善矿产资源勘查登记管理、完善矿产资源开采登记管理、精简矿业权申请资料等方面开展工作。其中，勘查登记管理和开采登记管理主要措施包括如下内容：一是完善探矿权新立、延续、保留登记管理；二是规范探矿权变更登记管理；三是调整矿区范围管理方式；四是完善采矿权新立、延续登记管理；五是完善采矿权变更、注销登记管理。

2023 年 6 月 12 日，商务部发布《成品油流通管理办法（征求意见稿）》，以加强成品油流通管理，规范企业经营行为，维护国内流通秩序，保护经营者和消费者的合法权益。从适用范围、管理方式、管理职责、行政备案和准入许可、企业经营规范、监督管理等方面形成意见稿。行政备案和准入许可包括批发和仓储行政备案、行政备案实施、零售准入许可、零售准入条件、零售体系规划、零售资格证书以及变更事项。企业经营规范包括建立管理台账、完善管理制度、提供经营数据、停歇业备案、油品购销管理、特殊用油供应、标识管理。监督管理包括公开公示、分级管理、日常检查、专项检查、备案监管、智慧监管以及协会作用。

2023 年 6 月 13 日，自然资源部印发《关于进一步做好用地用海要素保障的通知》（自然资发〔2023〕89 号），优化建设项目用地审查报批要求，缩小用地预审范围，优化临时海域使用审批程序。油气类“探采合一”和“探转采”钻井及其配套设施建设用地，具备直接出让采矿权条件、能够明确具体用地范围的采矿用地不需申请办理用地预审，直接申请办理农用地转用和土地征收。对海上油气勘探用海活动，继续按照临时海域使用进行管理，临时海域使用时间自钻井平台施工就位时起算。施工难度大、存在试采需求等特殊情形的海上油气勘探用海活动，建设周期较长的能源、交通、水利等基础设施建设项目涉及的临时海域使用活动期限届满，确有必要的，经批准可予以继续临时使用，累计临时使用相关海域最长不超过一年。临时海域使用期限届满后，应及时按规定拆除临时用海设施和构筑物。

2023 年 7 月 26 日，自然资源部印发《关于深化矿产资源管理改革若干事项的意见》（自然资规〔2023〕6 号），共涵盖 11 项：全面推进矿业权竞争性出让、严格控制矿业权协议出让、积极推进“净矿”出让、实行同一矿种探矿权采矿权出让登记同级管理、开放油气勘查开采市场、实行油气探采合一制度、调整探矿权期限、执行新的矿产资源储量分类、强化矿产资源储量评审备案、明确评审备案范围和权限、规范财政出资地质勘查工作。

2023 年 9 月 28 日，国家能源局发布《天然气利用政策（征求意见稿）》，鼓励、引导和规范天然气下游利用领域，促进天然气行业高质量发展。天然气是指国产天然气（包括常规气，页岩气、煤层气、致密气等非常规天然气，煤制气等）、进口天然气（包括进口管道气、进口 LNG 等）。综合考虑天然气利用的社会效益、环境效益和经济效益以及不同用户的用气特点等各方面因素，天然气用户分为优先类、允许类、限制类和禁止类。保障政策方面，一是做好供需平衡；二是加快基础设施建设；三是安全稳定保供；四是加强行业监管；五是完善价格机制；六是高效节约和综合使用；七是配套相关政策。

2023 年 11 月 13 日，国家能源局印发《关于组织开展生物柴油推广应用试点示范的通知》（国能发科技〔2023〕80 号），旨在通过组织开展生物柴油推广应用试点示范，拓展国内生物柴油的应用场景，探索建立可复制、可推广的政策体系、发展路径，逐步形成示范效应和规模效应，为继续扩大生物柴油等绿色液体燃料推广应用积累经验。试点示范内容是根据生物柴油行业发展现状及生产消费等情况，申请试点示范的各级政府、企业等主体可结合当地实际，选择文件内一种或几种方式开展生物柴油推广应用试点示范创建。同时，也鼓励各地创造性开展其他方式的试点示范创建。

2023 年 12 月 5 日，国家发展改革委印发《关于核定跨省天然气管道运输价格的通知》（发改价格〔2023〕1628 号），对国家石油天然气管网集团有限公司经营的跨省（自治区、直辖市）天然气管道进行了定价成本监审，并据此核定了西北、东北、中东部及西南四个价区管道运输价格。自 2024 年 1 月 1 日起，核定西北价区运价率为 126.2 元/（立方米·千米）（含 9%增值税，下同），东北价区运价率为 0.1828 元/（千立方米·千米），中东部价区运价率为 0.2783 元/（千立方米·千米），西南价区运价率为 0.3411 元/（千立方米·千米）。国家石油天然气管网集团有限公司应当根据各价区运价率，以及天然气入口与出口的运输距离，计算确定管道运输具体价格表，并通过公司门户网站或指定平台向社会公开。

三、2024 年中国宏观经济及油气产业政策展望

（一）2024 年中国宏观经济展望

2024 年，中国消费将延续恢复向好态势，继续拉动中国经济强劲复苏。但经济增长仍面临诸多挑战，包括复杂的外部经济政治形势等因素。同时，

全球经济也面临疲软的预测，不确定性是一个关键因素。随着油价见底回升，2024 年 PPI 增长有望实现年内转正，CPI 保持温和增长。预计 2024 年固定资产投资持续上涨，制造业投资维持较高增速。2024 年，进出口增长或将受到全球增长减速的影响。预计全球贸易额将小幅收缩，但中国出口额增长仍可能略高于全球。2024 年增长政策持续加力，服务消费内生动能将不断积聚。数字技术将持续赋能经济增长，新模式就业规模或将持续壮大。

1. 中国经济有望实现持续扩张

中国经济正在实现“再平衡”，其增长动能正由投资拉动转向由消费拉动，这将推动中国经济增长的可持续性。一方面原因是，2023 年前三季度中国经济增长表现强于预期；另一方面原因在于，万亿元国债等财政刺激政策已落地，这将推动中国经济持续扩张。同时，2024 年宏观政策可能在年初发力，预计经济环比增速前高后低。2023 年第四季度发行 1 万亿元国债，将给 2024 年尤其是上半年经济增速带来提振。货币政策可能加以配合，信贷投放可能会在上半年加速。因此预计 2024 年四个季度 GDP 环比增速前高后低，上半年保持较快增长甚至加速，下半年有所回落。由于 2023 年第一季度环比增速高、第二季度环比增速低，基数影响下，2024 年第一季度可能出现 GDP 同比增速低点，第二季度出现同比增速高点。总体而言，2024 年中国经济有望实现持续扩张，经济增速预期呈前高后低态势。但中国经济增长仍面临诸多挑战，包括复杂的外部经济政治形势等因素。全球经济也面临疲软的预测，不确定性是一个关键因素。

经历 2023 年经济重启带来的短暂脉冲式消费回升后，预计 2024 年中国经济增长将更趋近于“新常态”。随着 1 万亿元特别国债的发行、使用，预计 2024 年第一季度投资增长动能将有所回升。一方面，预计海外经济增长在 2024 年下半年环比减速压力更大，出口环比动能可能减弱，同时，地产完工增长随着基数上升可能明显回落。另一方面，2023 年底 1 万亿元新增特别国债对基建投资的拉动效应也可能在 2024 年下半年减退，综合看，逆周期调节的需求可能在 2024 年三季度后有所上升。增长路径方面，随着基数效应的“正常化”，预计 2024 年同比 GDP 增长路径大体平稳。

2. PPI 实现由负转正，CPI 保持温和增长

随着油价见底回升，2024 年 PPI 增长有望实现年内转正。随着基建、城

中村改造等稳增长政策持续发力，PPI 环比按历史上政策逆周期调节时间点的季节性预测，预计 2024 年 PPI 同比将继续回升，第四季度或将上升至 2%左右，2024 年平均同比上升接近 1%。2024 年预计 Brent 原油价格将有所回涨，下游整体将逐渐步入淡季，但柴油需求将有所提升，在供给端沙特、俄罗斯超额减产以及 OPEC 持续协同等因素下，预计油价仍将处于高位运行，预计全年均价 96 美元/桶，年同比增长 13%、带动 PPI 年内转正回升。值得注意的是，2023 年以来工业品价格指标呈现明显分化，PPI 中原材料价格受到供给约束等因素提振持续高企，而中下游价格指标仍在回落，中下游工业企业盈利明显承压，从本轮 PPI 的拐点走势来看，上下游分化格局或将延续。

2024 年随着货币财政政策发力，居民收入进一步修复，预计核心消费需求将稳步回升。同时，2024 年猪肉价格或将触底回升，叠加美联储加息接近尾声但地缘政治风险发酵，原油价格或将有所回升等，预计 2024 年 CPI 呈现前低后高态势，第四季度或上升至 2%以上，2024 年平均同比上升接近 2%。此外，预计食品 CPI 在 2024 年同比下降约 2.1%，其中猪肉价格在低基数下可能略有回升，但玉米和大豆等价格可能持续回落，整体给食品 CPI 带来拖累。非食品 CPI 同比延续 2023 年温和回升态势，但在内需回升动能较弱的背景下，2024 年全年增幅可能在 1%以内。展望 2024 年，预计国内通胀压力保持温和，CPI 增长 0.2%、与 2023 年大体持平。考虑到服务业总体价格可能随着地产供需结构调整继续承压，预计 GDP 平减指数趋近于 0.1%。

3. 固定资产投资持续上涨，制造业投资维持较高增速

预计 2024 年固定资产投资增长率可能从 2023 年的 3%左右小幅上行至 4%左右。其中，地产投资降幅略有收窄至 8%~10%。2023 年以来，地产成交回升动能偏弱、土地成交持续偏冷，二手房成交在地产限购限贷调整、存量房贷利率调降等刺激政策的提振下同比从 8 月开始呈现降幅收窄的态势，但不同线级城市之间分化明显。预计 2024 年基建投资同比增长 2%~3%，其中增发国债及提前下发的地方债或将带来基建投资“前置”、支撑总需求及基建增长，考虑到土地成交回落让政府性基金收入有进一步下行的压力，财政(被动)周期性赤字可能进一步上升，总体基建投资的资金来源仍有一定制约。同

时，增发国债的投资项目也将需要地方配套投资，但由于投资项目主要是公益性、无收益的灾后重建等项目，因此撬动社会资本投资的作用较为有限。

预计 2024 年总体制造业投资可能延续“十四五”以来快速恢复的势头，全年走势将维持较高增速。且本轮周期中“新基建”相关稳增长托举政策有许多受益行业仍落在制造业领域，可能共同托举制造业投资。“十四五”以来，制造业投资持续高于固定资产投资增速，亦高于名义 GDP 增速，制造业的高增长可能成为结构性的增长导向。在 2022—2023 年工业企业盈利以及 PPI 回落的背景下，制造业投资仍保持较高增长，一方面或体现出留抵退税及财政贴息等政策对制造业企业投资支持力度的提升；另一方面可能来自数字经济、新能源等经济转型相关的产业政策对制造业投资拉动的提升。从具体行业来看，2024 年以新能源、数字经济为代表的高端制造业可能持续推动制造业投资增长。2023 年以来制造业增速较高的行业主要包括新能源产业快速发展带动的电气机械制造、新能源汽车、有色金属冶炼及压延等，以及数字经济快速发展带动的计算机通信、仪器仪表制造业等。因此，展望未来，新能源和数字经济相关的产业链可能仍将成为重点受益的领域。

4. 进出口降幅收窄，贸易合作进一步深化

2024 年，进出口增长或将受到全球增长减速的影响。预计全球贸易额将小幅收缩，但中国出口额增长仍可能略高于全球。考虑到油价回升的可能，进口价格指数增长可能明显高于出口价格指数，即实际净出口量对实际 GDP 增长的贡献或将高于名义净出口额对名义 GDP 增长的拉动。其中，出口方面，预计海外经济增长在 2024 年下半年环比减速压力更大，而中国出口环比增长也可能受到一定影响。从路径上看，在基数逐步走低的背景下，出口同比增速将呈现前低后高走势。虽然全球经济增长面临减速，贸易增长可能趋于停滞，但鉴于中国制造业在成本、效率上的竞争力仍呈快速上升的态势，预计 2024 年中国占全球出口的总份额仍然可能有所上升。进口方面，预计进口增长仍较为疲弱，净出口额对增长的贡献保持高位。在内需回升动能不足的情况下，中国进口增速在 2024 年可能仍保持在负区间。具体而言，疫情扰动带来的“疤痕效应”犹在，居民消费可能进入温和增长阶段，而地产方面，开发商缩表意愿仍然较强，因此内需恢复动能不足。整体而言，预计 2024 年

出口增速将小幅高于进口增速。同时，随着疫情后国际旅行的恢复，服务贸易逆差有望“正常化”。

分区域看，随着全球产业链重塑，亚非拉等地区占中国进出口的比例有望继续上升，对冲部分欧盟、美国需求的下降。近年来，中国对东盟地区直接投资规模快速上升，拉动双边贸易发展。2023 年，中国与东盟贸易继续保持增长，规模达 6.41 万亿元，东盟连续 4 年保持中国第一大贸易伙伴地位，中国也连续多年为东盟第一大贸易伙伴。“一带一路”倡议等有望进一步驱动中国和亚非拉地区在经贸、金融等领域的合作。同时，中国企业对亚非拉地区投资高速增长，亦有望进一步与商品和服务出口互相促进。

5. 稳增长政策持续加力，服务消费内生动能不断积聚

在全球经济增长减速和中国增长结构性转型的双重挑战下，中央财政收支可能仍面临较大缺口。2023 年 10 月 24 日，全国人大常委会通过增发 1 万亿元国债的决议，将 2023 年的预算赤字率从年初的 3.0%上调至 3.8%，以缓解财政收支压力。预计 2024 年中央财政预算赤字率可能持平年初人大常委会制定的 3.8%赤字率，也可能年中赤字有所扩张。此外，中央赤字扩张也符合现在“隐债显性化”的政策导向。同时，考虑到中国房地产行业仍处于结构性转型阶段，预计 2024 年地方政府性基金收入增长可能继续承压。随着地方一揽子化债方案持续落地，部分地方广义财政缺口(包括平台)将由地方再融资债、银行贷款和央行紧急流动性工具填补，而地方债额度本身的扩张可能较为克制。预计 2024 年地方专项债额度可能小幅上涨，中央财政或将再次下达 1 万亿元左右的地方再融资债额度来助力地方化债。

2023 年经济重启带来的短暂脉冲式消费回升后，预计 2024 年中国消费增长将更趋近于“新常态”，政府将通过货币政策与财政政策的工具搭配推进经济平稳运行。其中，货币政策将从总量上稳定货币供应，增强货币供应、社会融资规模及名义经济增速间的匹配度。同时充分发挥结构性货币政策工具的调控作用，使得货币政策在稳定经济增长的同时，更好地服务于国家中长期经济发展目标。而财政政策将更加注重结构端，确保对国家重点发展领域和关键项目的保障力度。此外，中国消费将延续温和增长态势，同时呈现出一些趋势性变化。具体来说，长假出行需求和“体验式”消费需求相对强劲，

服务业消费存在结构性的增长。

6. 数字技术赋能经济增长，新模式就业规模持续壮大

2024 年，随着大数据、物联网、人工智能等新一代信息技术深入应用，数字经济和新经济或将发展迅速，中国平台经济可能继续保持增长态势，预计将继续对经济增长和就业发挥积极作用。政府对平台经济的支持和监管力度的加大也将对其发展产生影响。中国经济发展处于新旧动能转换的长周期，在技术创新、数字化、绿色化等领域具有较大发展空间。2023 年，中央提出“加快形成新质生产力”，新质生产力有别于传统生产力，涉及领域新、技术含量高，关键是要依靠创新驱动。中国可以通过技术进步实现经济的高质量发展，保持经济增长的强劲动力。随着人工智能、大数据、物联网等技术的迅猛发展，中国制造业正在加速转型升级，努力向智能制造迈进。同时，中国政府也在积极推动创新驱动发展战略，鼓励企业加大研发投入，加强国际合作，打破技术壁垒。这些努力将为中国制造业赢得更多发展机遇。同时，随着数字化转型进入规模扩张和深度应用阶段，外贸新动能也将不断涌现，且其应用领域将由生产研发向供应链协同、绿色低碳方向延伸。

与此同时，当前的经济形势和政策环境对于就业市场可能产生一定的影响。近年来，新模式就业在中国逐渐增加，尤其是在线平台工作的兴起，使得新就业模式规模持续壮大。展望 2024 年，数字平台提供工作岗位的模式依然会持续，但是这一模式存在的问题需要进一步优化。从目前各行业吸纳就业情况和新增劳动力供给结构看，传统生活性服务业修复和基建投资增长可能难以解决结构性失业问题。针对新增劳动力供给中受过高等教育人数占比过半并主要分布在几大类服务行业的情况，应推动公共服务普惠性与市场化服务相结合，重点对科教文卫体、娱乐、数字化服务等大量公共服务领域进行放松管制的改革，促进国内服务业的产业升级，提高对新增劳动力的吸纳能力。

（二）油气产业政策展望

2023 年油气产业政策积极引导行业健康发展，不断增强供应保障能力，深入开展能源结构转型工作。为进一步稳定能源供应保障能力，加强能源系统调节能力，促进能源低碳转型，2024 年政府将持续推进油气产业领域的能源体制改革，着力推动油气产业与新能源产业的融合发展，聚焦油气行业的重大能源规划、政策、项目落实情况监督，继续优化开放准入，管理规范办法，积极实现油气产业的高质量发展。

1. 继续推进油气与新能源的融合发展

在深入认识“双碳”目标、绿色发展内涵的基础上，国家鼓励油气行业着眼绿色发展战略全局，整合新能源产业，以整体视角参与新环境下的市场竞争。2024 年，国家将进一步推进油气勘探开发与新能源融合发展，对于作为油气勘探开发用能清洁替代的地热、光热、绿氢等新能源项目，优先列入各级能源发展规划，支持新能源优先就地就近消纳，推进零碳油气田产业集群建设。逐步推动石油公司转型升级，实现可持续发展。借助油气产业基础，推动传统油气生产基地向清洁电力生产、地热能开发利用、碳埋存利用等基地转型发展。同时，完善以碳减排为导向的激励约束机制，激发市场主体低碳转型发展的内生动力，加大油气勘探开发与新能源融合发展技术创新力度。促进石油和电力领域企业、科研院所之间的紧密协作，形成全产业链的创新合力，以缩短研发周期的方式，推动技术跨界融合。扶持具有示范性的油气与新能源融合发展项目，通过实践验证技术的可行性，带动整个行业的创新发展。

2. 推动油气产业数字化和智能化

数字化、智能化技术不断冲击油气产业，深度重塑油气行业作业新模式、运营新业态。2024 年国家将加快推进能源数字化、智能化的发展进程，推动油气产业数字化和智能化、系统化升级，充分激活数据要素潜能，持续优化业务执行和运营效率，加快迈向数字中国石油建设的步伐。在发展理念方面，鼓励企业从传统的产能驱动型发展模式转变为创新驱动型发展模式，探索人工智能勘探，将大模型应用于油气勘探领域；推进智能油气田建设，将数据变成生产动能，实现油气生产提效降本；推进智能炼厂建设，基于数字孪生技术让石油炼化迈向高质量。在产品开发方面，鼓励企业着力构建智能化生产模式，将数字技术融入油气产业链的产品、服务和流程中，实现生产全过程的智能化和高效化，提升产业链各环节的协同性与响应速度。在科技研发方面，推动油气企业和数字化科技企业的融合发展。鼓励石油行业广泛应用数字化技术和工具进行科研活动，精准洞察技术研发需求，实现科研全过程协同和技术知识数字化。建立开放平台和合作机制，实现科研成果数字化管理和共享，形成科研创新链闭环，提高科研成果转化率。

3. 持续优化油气体制改革

2023 年中国油气体制改革已经进入深水区，面临的任务复杂艰巨，着力破解影响油气产业健康发展的体制机制障碍是深入推进油气体制改革的关键点。2024 年油气体制改革将以实现产业的资源利用方式不断规范化，提高资源优化配置的效率。油气体制改革也将促进产业的规范化发展，使得油气资源的利用更加科学、合理、有序，更好地适应市场变化，提高产业的竞争力。同时，规范化的发展也将有助于减少资源的浪费和环境的污染，推动社会的可持续发展。

4. 积极深化国际油气合作

地缘政治环境的重大演变将使“一带一路”油气合作面临新的风险。国际油气合作需要全局考量，充分考虑潜在地缘政治演变对投资及运营可能产生的风险。作为油气消费和进口大国，稳定、高效和可持续的能源伙伴关系将赋予“一带一路”新的合作机遇。2024 年，中国在国际油气合作方面将继续坚持“走出去”路线，以“一带一路”为贸易链条，增强油气国际贸易运营能力和油气产业链的影响力，推进与资源国的油气战略合作，推动油气合作向综合能源开发横向拓展，以实现资源价值发展为主旨，确保油气安全稳定供应与平稳运行。

中国油气市场发展分析与展望

2023 年是中国实施“十四五”规划的关键之年，也是中国油气市场面临挑战的一年。回顾 2023 年，国内原油产量比较稳定，进口量上涨、格局稳定，原油加工量上升、需求增多，全年油价呈震荡态势；国内成品油产量总体平稳，进口量波动较大，出口量呈上升趋势，成品油需求有所恢复，成品油价格涨跌幅度大；天然气产量持续增长，进口量出现上升态势，天然气需求恢复性增长，价格大幅回落。展望 2024 年，预计随着全球经济复苏石油需求提振，原油勘探力度加大，国内原油持续增产，进口量稳中有升，原油需求继续增长；预计成品油供给保持增长，进口量继续减少，需求保持低速增长，出口规模缩小；预计天然气需求将继续增长，生产供应能力提高，价格有所下降。

一、2023 年中国原油市场发展分析与 2024 年展望

2023 年国内原油产量 20891.5 万吨，同比上升 2.0%，产量持续上升；原油进口量 56429.1 万吨，同比上升 11.0%，进口原油依存度上升，达 72.9%；原油加工量 73478.0 万吨，同比上升 9.3%，如图 1 所示。预计 2024 年，随着中国宏观政策稳中适度宽松、经济发展向好、能源需求稳健、能源可持续发展政策持续推进，中国原油产量将持续增加，原油进口量稳中有升，原油消费量和需求量上升。

（一）2023 年中国原油市场发展分析

1. 原油产量比较稳定，总体走势平稳

2023 年原油产量为 20891.5 万吨，同比上涨 2.0%。第一季度，原油产量为 5235.7 万吨，同比上涨 2.3%；第二季度，原油产量为 5269.8 万吨，同比上涨 1.9%；第三季度，原油产量为 5166.5 万吨，同比上涨 1.6%；第四季度，原油产量为 5219.5 万吨，同比上涨 2.5%。

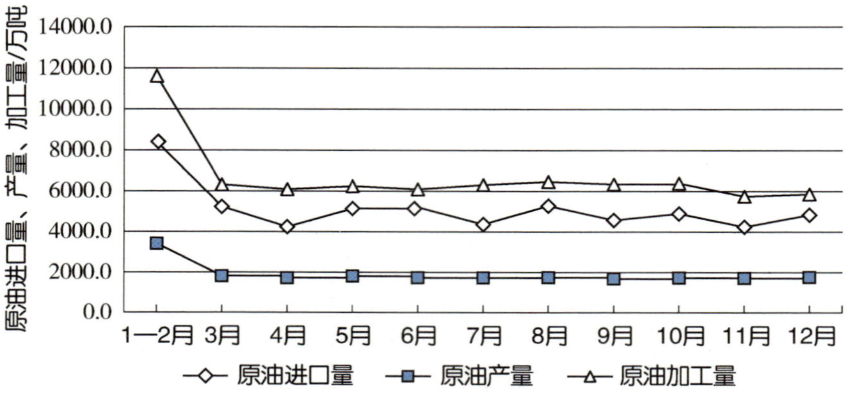

图 1　2023 年中国原油进口量、产量和加工量数据

数据来源：国家统计局，中国石油和化工经济分析月度报告

随着疫情政策的转向，国内交通流量的快速恢复，节假日出行人口增多，经济结构不断调整，中国原油需求量保持稳定上升。在国际原油市场复杂多变、供需失衡、地缘政治风险加剧以及全球能源转型的背景下，中国政府采取诸多措施保障与满足国内原油需求。

2. 原油进口量上涨，进口格局稳定

2023 年累计原油进口量达 56429.1 万吨，同比上升 11.0%；累计原油出口量达 142.1 万吨。第一季度原油进口量为 13637.2 万吨，比 2022 年同期上涨 6.7%；第二季度原油进口量为 14591.3 万吨，比 2022 年同期增长 17.0%；第三季度原油进口量为 14223.0 万吨，比 2022 年同期增长 20.6%；第四季度原油进口量为 13977.5 万吨，比 2022 年同期增长 1.7%。

2023 年，由于中国疫情政策变化后人口流动程度提高，中国经济向好发展，炼油厂扩建，中国进口原油量创下新高。2023 年，中国原油进口格局基本不变，但区域占比发生调整，新增的进口原油大部分来自俄罗斯、伊朗、巴西和美国。全年来看，俄罗斯跃居首位，为中国第一大原油供应国。中国 2023 年从俄罗斯进口 10702.5 万吨原油，从沙特进口 8595.9 万吨原油，原油进口依赖程度提高，达到 72.9%，如图 2 所示。

3. 原油加工量上升，需求增多

2023 年原油加工量为 73478.0 万吨，比 2022 年同期增长 9.3%。第一季

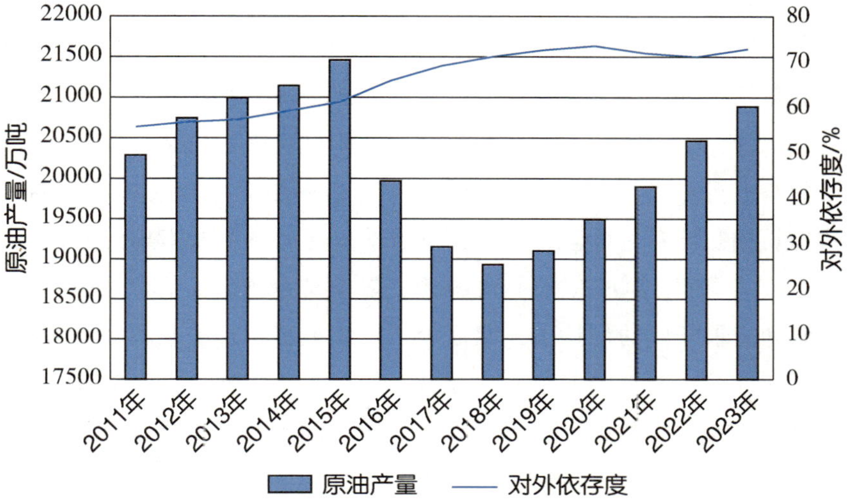

图 2 2011—2023 年中国原油产量和对外依存度

数据来源：国家统计局，中国石油和化工经济分析月度报告

度原油加工量为 17926.0 万吨，比 2022 年同期增加 4.5%；第二季度原油加工量为 18432.0 万吨，比 2022 年同期增加 14.7%；第三季度原油加工量为 19126.0 万吨，比 2022 年同期增加 16.8%；第四季度原油加工量为 17994.0 万吨，比 2022 年同期减少 1 万吨。

疫情防控政策调整后，中国经济在逐步实现复苏，居民出行、旅游等活动增多。同时，第二产业的不断发展提高了对化工产品的需求，中国原油需求量不断增加。

4. 原油价格一波三折，呈震荡态势

从全年国际油价走势来看，油价跌宕起伏，如图 3 所示。第一季度，油价下跌，但幅度较小；第二季度，油价回升后继续回落；第三季度，油价回升，上涨幅度较大；第四季度，油价震荡下跌且跌幅较大。

第一季度，国际原油价格先稳后跌，市场供应相对稳定，俄罗斯原油虽受到西方限价影响，但对其出口量影响不大。此时需求端主要受中国需求的复苏利好推动，支撑油价高位运行，但西方受到通货膨胀制约，需求较为疲软进而限制油价高涨。3 月，美国硅谷银行破产，欧洲瑞信银行股价暴跌，欧

美银行业风险暴露，抑制经济信心，对原油需求预期形成拖累，油价出现下滑。第二季度，原油市场价格呈现“回升—下跌”的状态。4 月，沙特、伊拉克、阿联酋等多个产油国宣布减产石油计划，沙特上调向亚洲市场供应的原油官方销售价，中国提振市场需求，美国将补充战略石油储备等因素推动国际原油价格上行。5 月，全球原油市场价格呈现震荡下行走势，美元加强、中国经济增长预期转弱、对全球经济衰退前景担忧加剧等因素导致全球原油价格下跌。第三季度，“OPEC+”持续减产，夏季又是成品油消费旺季，市场在供应紧张和需求旺盛的加持下，原油价格持续上涨，且涨幅较大；另外 8 月俄罗斯向欧洲输送原油的管道发生泄漏，受此影响，油价持续飙涨。第四季度，“OPEC+”减产会议低于市场预期，且巴以冲突和红海扰动降温，地缘溢价逐步回吐，共同推动油价震荡走低，基本将第三季度上涨全部回吐。

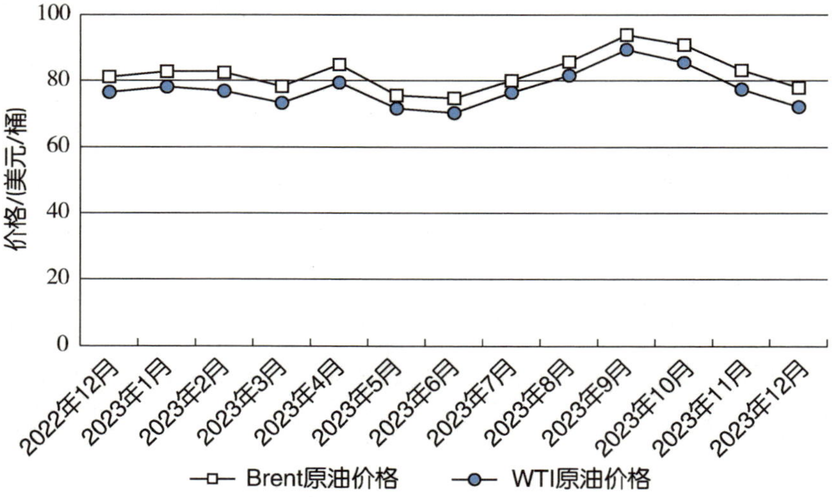

图 3　2023 年国际原油价格走势

数据来源：国家统计局

5. 原油市场主体实施新战略，保障国家能源安全

在“双碳”目标指引下，“三桶油”也在新能源领域中稳步前进，在能源保供稳价的基础上深入推进绿色低碳转型，努力实现更经济、更有效益的能源供给。

中国石油在全球能源市场大变革的形势下，加快落实“十四五”以及长期发展规划，立足“双碳三新”，首次提出“7+3”战略性新兴产业和未来产业布局，基于“替碳、减碳、用碳、埋碳”思路，提出发展“碳循环经济”。大力发展“天然气+”清洁能源，积极打造“氢能+”零碳燃料产业链，推动油气资源和风光热电氢新能源融合发展。一是加大非常规资源攻关力度，引领中国陆相页岩革命。在全球能源供需格局发生深刻调整的背景下，确保油气产业链供应链安全稳定地运行战略部署。二是构建油气与新能源融合发展新格局，充分利用油区资源，推进氢能“制储运用”产业链布局。三是培育壮大新兴产业，提高企业核心竞争力，助力碳中和目标的实现。

中国石化全面落实加快建设世界一流企业的重大部署，全力推动自身高质量发展。中国石化坚决扛起国家能源安全重任，聚焦中国能源安全，落实“四个革命、一个合作”，聚焦“稳油、增气、降本”，加快产供储销体系建设；抢抓“新赛道”实现新领跑，构建清洁低碳能源供给体系，积极推动国内氢能产业链建设；聚焦科技自立自强，强化责任担当，将技术研发落在新的增长点上，引领战略性新兴产业发展壮大，努力攻克关键核心技术，大力发展油气和新能源技术；深入贯彻落实国家“双碳”工作的总体部署和要求，加快布局优化和结构调整，持续推进化石能源洁净化、洁净能源规模化、生产过程低碳化，争当绿色革命转型发展的“开路先锋”。

中国海油着眼于高质量能源供给，全力推进增储上产攻坚工程，为保障国家能源安全、加快建设中国特色世界一流能源公司作出新的更大贡献。中国海油提出强化科技创新，加强科技体制改革和平台体系建设，持续优化油气资源引进渠道，多措并举加大国内油气供应力度；强化绿色发展，实现打造“零碳”油气田和培育“零碳”产业两手抓，在加快培育绿色低碳产业上开创新局面；强化提质增效，扎实推进供给侧结构性改革，深入推进数据治理工作、实施数字化转型行动，持续提升数字化管理水平；突出抓好精益管理，持续深化管理挖潜、推进亏损企业治理、夯实基层基础管理，持续深挖提质增效潜力。

（二）2024 年中国原油市场展望

1. 原油勘探开发力度加大，国内原油产量将持续增加

中国经济恢复向好，中国制造业发展态势强劲，原油需求量将会进一步

提高。由于地缘政治动荡、“OPEC+”产油国将减产措施延期至2024年底、国际原油供需紧张，中国将加大国内油气勘探开发力度，提高采收率，在推动老油气田稳产的同时加大新区产能建设力度，保障持续稳产增产；同时积极扩大非常规资源勘探开发，推进油气供应安全，稳油增气提升油气资源供给能力，促进原油产量稳步提升，进而保障经济社会发展和民生用能需求。

2. 原油进口量稳中有升，对外依存度将小幅上升

随着中国第二产业的不断发展，工业用能增加，能源消耗量不断增长，然而国内的油田开发能力相对有限，无法满足国内市场的需求，需要进口原油，因此对外依存度上升。此外，随着国际能源行业的发展，贸易规则不断完善，原油价格会更加低廉；中国在成品油领域具有一定的生产优势，出口利润可观，也是原油进口量上升的一个主要原因。

3. 国内原油需求将继续上升，但增速减缓

中国经济运行整体恢复向好、工业生产稳定增长、制造业和服务业加快复苏、居民收入水平不断提高等因素推动国内汽油、柴油等需求量进一步提高。中国在“双碳”目标背景下，积极推行能源转型，非化石能源消费占比将会持续增长，这在一定程度上会给原油市场带来一定的冲击，但此类能源消费占比增速缓慢，不足以在短期内显著改变中国的石油需求量。

4. 建设新型能源体系，提高能源资源安全保障能力

在能源安全新战略的指引下，中国将加快建设新型能源体系，推动绿色低碳转型。通过加强统筹协调，加大电力和油气跨省跨区输送通道建设力度，为大型风电光伏基地跨省区消纳和就近就地消纳创造良好条件；加快推进以沙漠、戈壁、荒漠地区为重点的大型风电光伏基地建设，加速建设新能源供给消纳体系，优化开发流程，加快抽水蓄能项目开发建设，鼓励电力企业建设一批集中式储能设施，加强能源基础设施建设；加快信息技术和能源产业融合发展，推动能源产业数字化升级，加强新一代信息技术、人工智能、云计算、区块链、物联网、大数据等新技术在能源领域的推广应用，提升能源产业链现代化水平。

二、2023年中国成品油市场发展分析与2024年展望

2023年国内成品油总产量为42835.8万吨，同比增长16.4%，整体呈增长态势；成品油进口量为60.9万吨，总体呈下降趋势；成品油出口量为4197.9万吨，同比增长21.6%。展望未来，预计2024年，随着中国经济发展向好、炼油能力不断增长、“双碳”目标下国家能源安全结构调整，成品油产量将继续增加，进口量将会减少，出口规模也会减小。

（一）2023年中国成品油市场发展分析

1. 成品油产量总体态势平稳，增速较缓

2023年成品油产量为42835.8万吨，同比增长16.4%。具体而言，第一季度成品油产量为10127.3万吨，同比增长8.4%；第二季度成品油产量为10627.3万吨，同比增长28.0%；第三季度成品油产量为11324.3万吨，同比增长27.5%；第四季度成品油产量为10756.9万吨，同比增长6.2%。总体而言，由于中国成品油市场需求提高、主营炼厂原油加工量明显提升、开工负荷出现明显上升，市场整体供应充足。2023年成品油产量数据如图4所示。

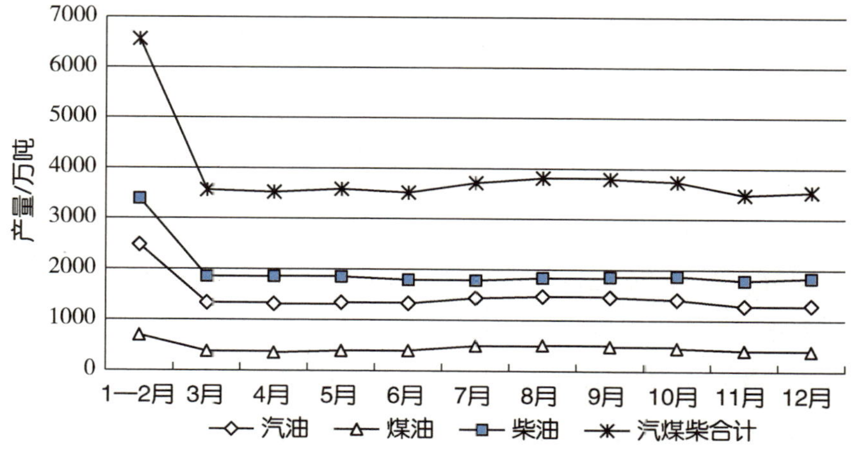

图4　2023年成品油产量趋势

数据来源：中国石油和化工经济分析月度报告

2. 成品油进口态势波动较大，出口量呈上升趋势

2023 年，成品油进口总量为 60.9 万吨，同比下降 62.0%。具体来看，第一季度成品油进口量为 8.7 万吨，同比下降 85.7%；第二季度成品油进口量为 18.8 万吨，同比下降 54.9%；第三季度成品油进口量为 10.5 万吨，同比下降 69.5%；第四季度成品油进口量为 22.9 万吨，同比下降 0.4%。

2023 年，成品油出口总量为 4197.9 万吨，同比上涨 21.6%，整体呈上升趋势。其中，第一季度成品油出口量为 1296.1 万吨，同比增长 111.4%；第二季度成品油出口量为 750.9 万吨，同比增长 29.2%；第三季度成品油出口量为 1150.4 万吨，同比增长 42.6%；第四季度成品油出口量为 1000.5 万吨，同比下降 31.1%。2023 年成品油进出口量数据如图 5 所示。

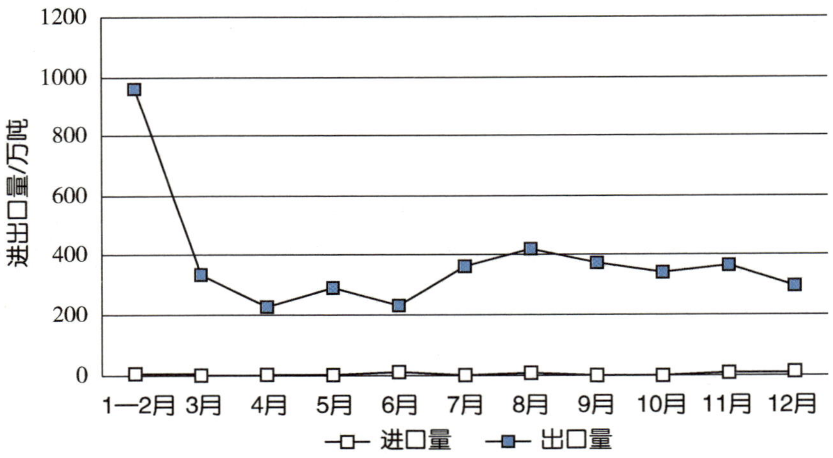

图 5　2023 成品油进出口量趋势

数据来源：中国石油和化工经济分析月度报告

2023 年中国成品油进口量同 2022 年相比有所减少，维持在较低水平；从全年来看进口量变化较小，整体态势平稳。进口量同 2022 年相比减少的主要原因是中国炼油能力在结构调整中不断提高，成品油产量稳步提升，在很大程度上可以满足国内需求量。成品油出口量主要受出口配额影响，商务部正式下发的配额数据显示，第一批成品油出口配额总量为 1899 万吨，第二批成品油出口配额总量为 900 万吨，第三批成品油出口配额总量为 1200 万

吨。成品油出口配额同比 2022 年大增，主要是因为经济增长疲软，柴油等工业燃料需求下滑，电动汽车的快速普及导致汽油需求放缓，国内供应过剩且出口利润可观，增加出口配额可以借助海外销售来抵消国内的需求疲软。

3. 成品油表观消费量稳中有升，呈增长态势

2023 年成品油表观消费量同比 2022 年增长，其增长状况与经济发展高度相关，全年中国 GDP 为 126.06 万亿元，同比增加 5.2%。2023 年中国疫情政策的变化推动了经济发展向好，民众出行意愿得到满足，成品油消费量增多。成品油表观消费总量为 38698.8 万吨，同比增加 15.5%，增速小幅上升。2023 年中国成品油表观消费量数据如图 6 所示。

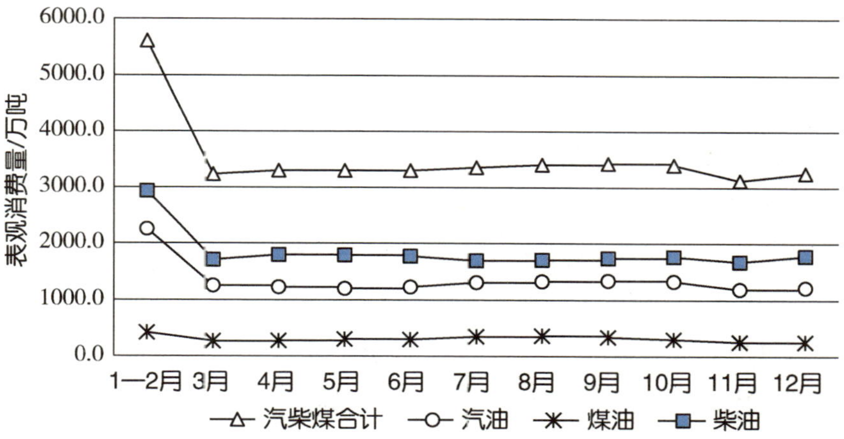

图 6　2023 年成品油表观量趋势

数据来源：中国石油和化工经济分析月度报告

分品类看，汽油表观消费量总计 14910.2 万吨，同比增加 11.3%；柴油表观消费量总计 20365.2 万吨，同比增加 12.3%；煤油表观消费量为 3423.4 万吨，同比增加 73.6%。疫情政策的变化、中国经济的恢复发展是成品油消费量同比上升的重要因素，居民消费水平提升、外出需求提高会增加汽车、航空等交通运输工具的使用量，因此汽油、柴油消费量相对提高。

2023 年汽油、煤油、柴油使用量同 2022 年相比有较大增长。据中国公安部统计，内地全国机动车保有量达 4.35 亿辆，其中汽车 3.36 亿辆，全年汽

车新注册登记2456万辆，同比增长5.73%，同时带动汽油使用量的提升。柴油消费主要与农业、船舶、铁路以及工矿企业等相关，中国国民经济不断发展，船舶制造行业持续发力，造船完工量、新接订单量、手持订单量三大指标持续提升。伴随着技术的不断进步，柴油的质量和性能也在不断提升，其他行业对柴油的需求量也在扩大。煤油使用量的提高更多受到制造业和航空业发展的影响，由于国内出行限制的全面解除以及国际航空市场逐渐放开等积极因素的推动，中国航空运输市场的回暖带动航空煤油的消费增长，进而促进了煤油消费。

4. 成品油龙头企业营收减少，加油站持续转型升级

2023年，“三桶油”合计实现营业收入6.6万亿元，其中，中国石油实现营收3.0万亿元，同比下降7.0%；中国石化实现营收3.21万亿元，同比下降3.2%；中国海油实现营收4166.09亿元，同比下降1.3%。由于原油产品价格大幅下降、化工产品市场需求低迷，化工业务毛利同比大幅下降，“三桶油”的营业收入较2022年均呈现不同程度的下滑。

截至2023年底，中国加油站数量已达121300座，其中民营加油站占比过半，中国石油、中国石化凭借位置和数量优势稳居终端市场主导地位。在“双碳”目标的推进下，为了更好地发挥加油站的经济效益和社会效益，成品油企业加快推进加油站信息化、智能化转型，5G、物联网、大数据、云计算、人工智能等现代信息技术将广泛应用于智慧加油站，有助于加油站针对性提质增效、降低成本；提速建设“油气氢电服”一体化综合交通能源服务站，推进加油站绿色用能、低碳转型，助力打造碳中和加油站。

5. 成品油价格先涨后跌，多次呈倒“V”形调整

国内成品油价格走势受原油价格变化影响，国际油价是影响国内成品油价格的重要因素之一。2023年国际形势波谲云诡，美联储加息导致高利率冲击，加上俄乌冲突、巴以冲突等地缘动荡的影响，需求增速放缓、上游投资减弱、债务扩大，全球经济风雨飘摇。全年国内成品油价格共调整25次，其中上调10次、下调12次、搁浅3次，全年汽、柴油价格每吨价格分别下降50元。全年来看，成品油价格以下调为主。2023年汽、柴油价格具体调整情况如表1、图7所示。

表 1 2023 年汽、柴油价格具体调整情况

时　间	详　情
1 月 3 日	国内汽、柴油价格每吨分别提高 250 元和 240 元
1 月 17 日	国内汽、柴油价格每吨分别降低 205 元和 195 元
2 月 3 日	国内汽、柴油价格每吨分别提高 210 元和 200 元
2 月 17 日	国内汽、柴油价格不做调整
3 月 3 日	国内汽、柴油价格不做调整
3 月 17 日	国内汽、柴油价格每吨分别降低 100 元和 95 元
3 月 31 日	国内汽、柴油价格每吨分别降低 335 元和 320 元
4 月 17 日	国内汽、柴油价格每吨分别提高 550 元和 525 元
4 月 28 日	国内汽、柴油价格每吨分别降低 160 元和 155 元
5 月 16 日	国内汽、柴油价格每吨分别降低 380 元和 365 元
5 月 30 日	国内汽、柴油价格每吨分别提高 100 元和 95 元
6 月 13 日	国内汽、柴油价格每吨分别降低 55 元和 50 元
6 月 28 日	国内汽、柴油价格每吨均提高 70 元
7 月 12 日	国内汽、柴油价格每吨分别提高 155 元和 150 元
7 月 26 日	国内汽、柴油价格每吨分别提高 275 元和 260 元
8 月 9 日	国内汽、柴油价格每吨分别提高 240 元和 230 元
8 月 23 日	国内汽、柴油价格每吨均提高 55 元
9 月 6 日	国内汽、柴油价格不做调整
9 月 20 日	国内汽、柴油价格每吨分别提高 385 元和 370 元
10 月 10 日	国内汽、柴油价格每吨分别降低 85 元和 80 元
10 月 24 日	国内汽、柴油价格每吨均降低 70 元
11 月 7 日	国内汽、柴油价格每吨分别降低 140 元和 135 元
11 月 21 日	国内汽、柴油价格每吨分别降低 340 元和 330 元
12 月 5 日	国内汽、柴油价格每吨分别降低 55 元和 50 元
12 月 19 日	国内汽、柴油价格每吨分别降低 415 元和 400 元

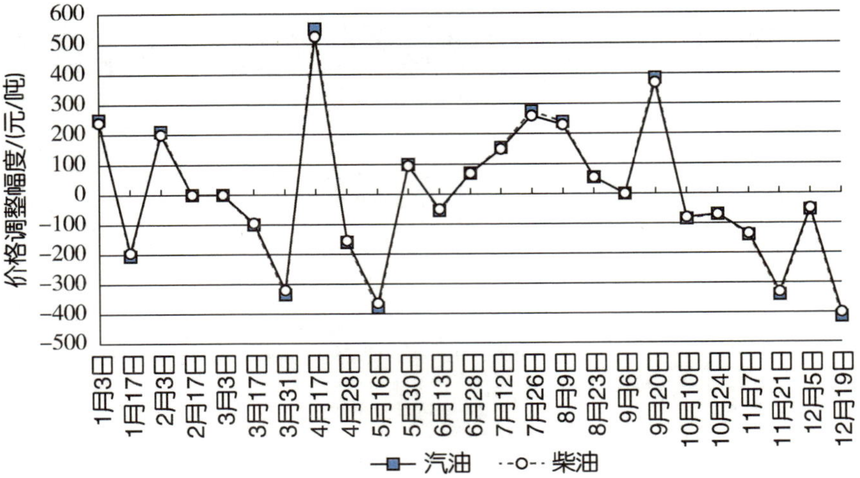

图 7　2023 年成品油价格调整趋势

数据来源：中华人民共和国国家发展和改革委员会

（二）2024 年中国成品油市场发展与展望

1. 成品油产量将继续增长，进口量将继续减少

随着中国经济的发展，成品油市场逐步复苏，市场对成品油需求上升，中国炼厂常减压产能利用率继续提高，产能利用率的提升会促进汽、柴油产量的增长。同时，由于国内炼油能力不断扩张，成品油供应攀升，而伴随着新能源转型的不断发展，有越来越多的可替代能源，国内产能过剩将会继续减少对国外成品油的需求，成品油进口量会继续减少。

2. 成品油消费量将低缓增长，出口规模预计缩小

随着人口出行需求逐渐提高，交通运输用油增加，伴随着工业生产加速，物流、基础建设用油增加，国内成品油市场消费量会增长。其中，中国汽车保有量的继续提升是支撑成品油消费的重要因素，不过汽车销售也正在由中高速向中低速转变，且高油耗和老旧车的报废也在加速，新增保有量对消费的贡献率在逐年减弱。另外，随着新能源车的普及率不断提高，未来国内成品油增速减缓。

伴随着外部经济状况波动增强的环境，中国未来可能会缩减出口配额；

面对碳达峰与碳中和的目标设定，中国将进一步减少碳排放，成品油行业相关政策持续收紧，行业竞争压力加大。因此，预计 2024 年中国成品油出口规模将缩小。

3. 成品油行业竞争力度加大，企业加快转型步伐

国有炼厂在国内成品油市场中仍占主导地位，但地方炼厂和民营炼厂在产能、产品质量、市场渠道等方面都有所提升，市场竞争日趋激烈，成品油企业需要加强市场调研和分析，推进产品开发和创新。国有企业为了提高市场份额以及盈利能力，都在积极探索多元化经营模式。随着国家对环境保护以及节能减排的要求不断提高，成品油企业必须加快转型升级，推进清洁生产和循环利用；由于成品油企业人工成本较高，考虑到加油的便利性和安全性以及成品油的特殊性，企业可以利用互联网优势降低人工成本，也可以通过后台数据实时关注整体企业的效率。

4. 炼化行业运行良好，助力保障能源安全

近年来，新投产、在建或规划的炼油项目体现出明显的基地化、大型化趋势，炼油能力不断增强，采用世界先进的技术，其设计、建设、生产运行和管理都能达到世界先进水平，实现规模经济效益的同时，在技术创新、产业高端、绿色发展、质量效益及国际化资源配置等方面探索高质量发展路径。

国内一次性建设规模最大的世界级炼化项目——中国石油广东石化炼化一体化项目全面投入商业运营，将进一步推动中国炼化产业转型升级迈向高端，增强保障国家能源安全。在“双碳”背景下，未来炼化行业将围绕原料、用能、生产过程以及产品进而向绿色、低碳、可持续、高质量发展方向转型；生产过程要高效化、智能化，分子炼油等高值化炼油技术、数字孪生技术、人工智能技术等相互结合，推动炼化行业高效化、智能化转型。产品结构要特色化、精细化，炼油由生产燃料向材料、原料转型，向多产高附加值化工产品、特色产品及材料转型，实现价值增值最大化。

三、2023 年中国天然气市场发展分析与 2024 年展望

2023 年中国天然气表观消费量 3907. 2 亿立方米，同比增长 7. 5%。国内

天然气产量继续保持增长态势，达 2297. 1 亿立方米，同比增长 5. 8%。天然气进口量达 1675. 0 亿立方米，同比增长 9. 9%，对外依存度为 41. 2%，同比增长 0. 9 个百分点。中国天然气价格大幅回落，市场需求恢复性增长。预计 2024 年中国天然气需求量将继续增长，天然气生产供应能力持续增强，国内天然气价格将进一步下降，天然气市场化改革持续深化。

（一）2023 年中国天然气市场发展分析

1. 天然气产量持续增长，进口量呈现同比上升态势

2023 年天然气总产量达 2297. 1 亿立方米，比 2022 年增长 5. 8%，连续 7 年保持增产 100 亿立方米以上。第一季度天然气产量为 595. 2 亿立方米，同比增长 4. 5%；第二季度天然气产量为 559. 8 亿立方米，同比增长 6. 3%；第三季度天然气产量为 548. 6 亿立方米，同比增长 8. 6%；第四季度天然气产量为 593. 4 亿立方米，同比增长 2. 9%。

由于国际天然气价格回落，再加上国内天然气消费逐步回暖，需求增加，中国对天然气的进口量有所上升。全年天然气总进口量为 1675. 0 亿立方米，比 2022 年增长 9. 9%。第一季度天然气进口量为 372. 5 亿立方米，同比下降 3. 8%；第二季度天然气进口量为 417. 7 亿立方米，同比增长 16. 0%；第三季度天然气进口量为 435. 1 亿立方米，同比增长 13. 0%；第四季度天然气进口量为 450. 2 亿立方米，同比增长 12. 9%。中国天然气全年对外依存度达到 41. 2%，比 2022 年增长 0. 9%。中国需持续重视能源安全，加强国际合作。全年累计进口气态天然气 4865. 0 万吨，比 2022 年增加 6. 2%；全年累计进口液态天然气 7132. 0 万吨，比 2022 年增加 12. 6%。2023 年月度天然气产量与进口量如图 8 所示。2014—2023 年中国天然气对外依存度如图 9 所示，2023 年对外依存度在 2022 年对外依存度下降的基础上又有所增长。

2. 天然气需求恢复性增长，出口量保持相对平稳

在宏观政策引导下，中国经济强劲复苏，煤炭供应充足，新能源发电快速增长，再加上国际天然气价格回落，带动天然气需求快速增长。2023 年中国累计天然气表观消费量为 3907. 2 亿立方米，同比增长 7. 5%。第一季度天然气表观消费量为 952. 8 亿立方米，同比增长 0. 9%；第二季度天然气表观消

费量为 963.9 亿立方米，同比增长 10.3%；第三季度天然气表观消费量为 966.3 亿立方米，同比增长 11.0%；第四季度天然气表观消费量为 1024.1 亿立方米，同比增长 7.5%。

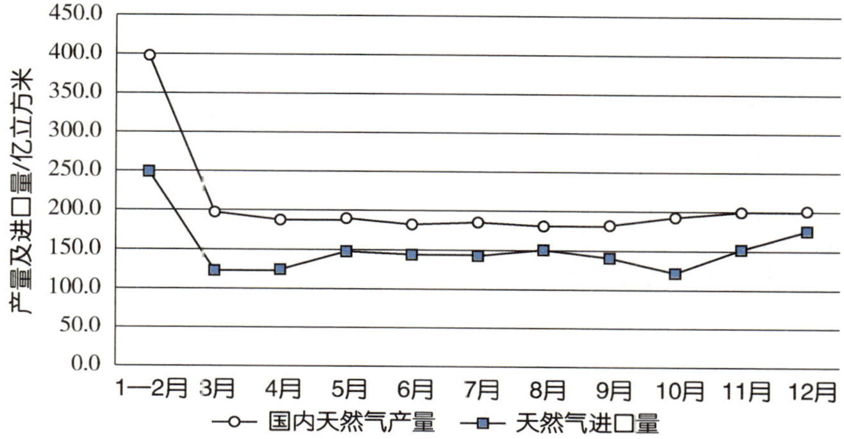

图 8　2023 年国内月度天然气产量与进口量

数据来源：中国石油和化工经济分析月度报告

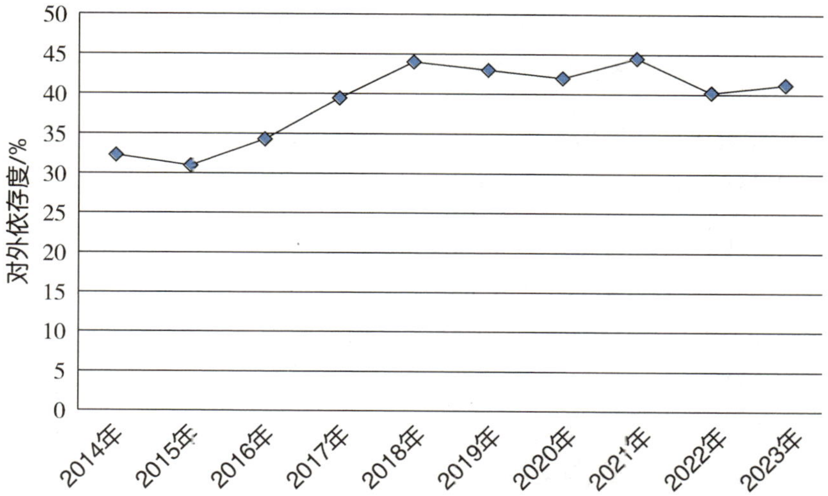

图 9　2014—2023 年中国天然气对外依存度

数据来源：中国石油和化工经济分析月度报告

2023 年天然气出口总量为 64.9 亿立方米，同比增长 10.3%。第一季度出口量为 14.8 亿立方米，同比增长 23.0%；第二季度出口量为 13.1 亿立方米，同比增长 9.2%；第三季度出口量为 17.5 亿立方米，同比下降 8.9%；第四季度出口量为 19.5 亿立方米，同比增长 25.0%。2023 年月度天然气表观消费量与出口量如图 10 所示。

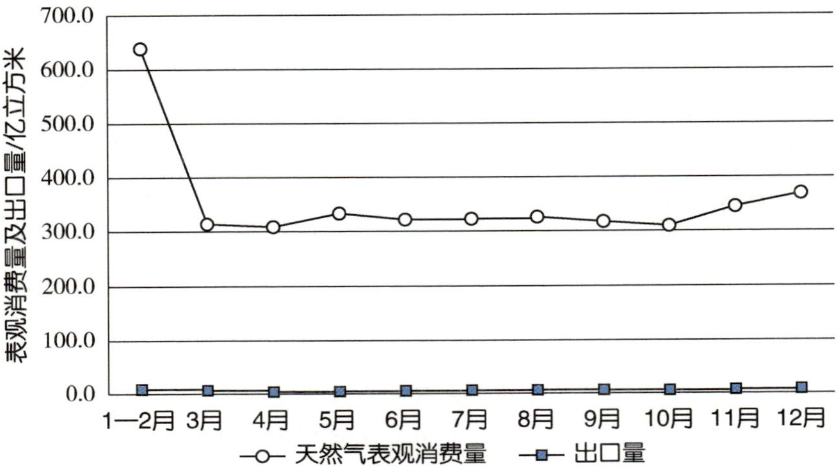

图 10　2023 年月度天然气表观消费量与出口量

数据来源：中国石油和化工经济分析月度报告

3. 天然气市场主体越发多元，政策推进产供销体系建设

随着天然气市场化改革的不断推进，中国天然气行业的供应格局逐渐变化，供应主体从“三大”扩展成了“三大、一中、众新”，越来越多的企业进入天然气市场。城市燃气企业、发电企业、省级管网企业等第二梯队向上游资源领域延伸势不可当，但上游开发环节市场主体仍不丰富，大规模开发快速上产仍有难度。

2023 年 7 月 11 日，中央深改委会议审议通过了《关于进一步深化石油天然气市场体系改革提升国家油气安全保障能力的实施意见》，会议提出，要围绕提升国家油气安全保障能力的目标，针对油气体制存在的突出问题，积极稳妥推进油气行业上、中、下游体制机制改革，确保稳定可靠供应。强调要进一步深化石油天然气市场体系改革，加强产供储销体系建设。

4. 天然气价格大幅回落，落实上下游价格联动机制

受国内外天然气市场环境影响，中国天然气价格大幅回落。一方面，全球天然气进入相对平静期，国际液态天然气价格回落；另一方面，疫情影响逐渐消退，经济增速恢复，工业板块也逐渐提高开工率，国内天然气市场逐渐复苏。在相对平稳的市场环境下，目前国内天然气市场供需较为宽松，天然气价格逐渐恢复到正常水平。

2023 年 9 月 28 日，国家能源局综合司就《天然气利用政策（征求意见稿）》（下称《意见》）公开征求意见，其中提到要完善价格机制，落实好天然气上下游价格联动机制，指导各地建立健全能涨能降、灵活反映供需变化的终端销售价格形成机制，更好保障天然气安全稳定供应。还提出统筹规划、适度超前布局天然气基础设施建设，加强互联互通和公平开放，加快完善天然气“全国一张网”，提升调运灵活性。

（二）2024 年中国天然气市场发展与展望

1. 天然气需求将继续增长，预计消费结构变化不大

国内经济稳步恢复，市场预期向好，随着天然气供应不断稳定增加、管网互联互通不断增强、能源结构调整加快，天然气下游消费将持续向好。预计 2024 年国内天然气需求量将继续增长，天然气需求内生增长空间广阔。

预计城镇燃气和工业燃料仍在中国天然气消费中占较大比重。天然气消费持续增长的主要推动力是城市化进程和家庭小型化趋势。随着中国城市化进程加快，城市人口不断增加，使得用气人口规模不断扩大，这将持续推动中国城市的天然气消费增长。工业燃料方面，将以持续替代高污染燃料、与新能源融合发展为动力，在发电、工业等领域助力能源转型和产业升级。

2. 天然气供应能力持续增强，市场向稳定增长期过渡

国内天然气方面，坚持常规气与非常规气并举，加大对致密气、页岩气、海洋天然气的勘探开发力度，形成新疆、鄂尔多斯、西南和海上四大生产基地。国家能源局 4 月 6 日印发的《2023 年能源工作指导意见》提出，要持续增强能源的供应保障能力。其中，天然气方面提出要加快建设陕北、川南、博孜—大北等重要天然气产能项目。在国内上游油气增储上产改革措施的推进

下，中国将继续推动天然气的勘探开发与增储工作，产量将持续提升。进口天然气方面，进口长协也将进一步保障中国天然气供应。

中国天然气市场正在从高速增长期向稳定增长期过渡，按照“管住中间、放开两头”的方向推进，即推动上游油气资源多主体多渠道供应、中间统一管网高效集输、下游销售市场充分竞争。管住中间的重要手段是天然气管输成本监审。目前，管输价格由国家发展和改革委员会按照“准许成本+合理收益”的原则制定和管理，正逐步建立从跨省长输管道到管内短途管道、再到城市配送管道的全产业链价格监管体系。

3. 天然气价格将进一步下降，继续坚持市场化改革方向

受国内外天然气供需的影响，中国天然气价格也将发生变化。受国际形势、国家能源战略布局影响，中国天然气市场目前发展平稳。加之中国天然气产量持续提高，运输渠道布局更加完善，中国天然气价格会进一步降低。但不会出现大幅度下降，因为在国内环保要求和“双碳”目标下，天然气在工业、民生领域具有不可替代性，需求很大。

中国天然气对外依存度较高，在动荡的国际地缘政治形势下，为了防止未来五年可能出现的天然气价格飙升、供应紧张问题，国家能源局综合司发布《意见》。在《意见》的指导下，中国将加强需求端的引导，持续增加天然气产量供应，并加强天然气应急管理办法的建立与完善。此外，为推动天然气行业高质量发展，政府将出台更多支持天然气增储上产的政策，支持勘探开发技术攻关，继续坚持市场化改革方向，加大气价改革力度，推动天然气价格市场化。

中国油气勘探产业发展分析与展望

2023年，中国在油气勘探领域取得了显著的进展，投资规模大幅增加并成功攻克深层技术难题。陆上常规油气资源和非常规油气资源均取得重要突破，海上油气资源勘探也取得显著成果。这一系列的勘探成果为中国油气勘探领域带来捷报频传的局面。勘探技术的突破极大促进了油气勘探产业的发展，同时推动中国油气储量进一步提高。在非常规油气勘探方面，包括页岩气、煤层气等取得了重要的突破，为中国油气勘探形势持续向好奠定了坚实基础。

一、2023年中国油气勘探产业发展分析

2023年，中国的油气勘探产业取得了一系列显著成果，涵盖了陆上油气资源、海上油气资源、常规油气资源以及非常规油气资源等多个领域。这些成果不仅进一步提升了中国的油气探明储量，还推动了中国勘探产业的全面发展，为未来的开发与生产奠定了坚实基础。

（一）陆上常规油气资源勘探成果

1. 中东部地区油气资源勘探取得重要进展

（1）中国石油

大港油田，2023年推进成熟区勘探获得高产油流。大港油田板170X1井获得高产油流，5.5毫米油嘴自喷，日产油73.9立方米、天然气2.2万立方米。大港油田板170X1井位于板南地区，该区为夹持于大张坨断层和滨海断层之间的垒式构造，具有歧口凹陷和板桥次凹双源供烃、油气富集的特点。经过多年勘探，证实该区油层厚度大、产量好、多层系立体含油，是成熟区勘探寻找高效建产区的有利目标区。为进一步开展成熟区挖潜，科研人员深化基础地质研究，系统开展沙河街组构造特征、沉积体系和成藏规律研究。

研究表明，板南地区存在沙二段早期和沙一段早期两次构造反转，控制古地貌由沙三段南高北低，到沙二段转变为北高南低，到沙一段时期再次转变为南高北低，控制了沉积中心的迁移。沙二段时期发育水下低隆起，沉积物被风浪原地改造，形成滩坝沉积，受古地貌变迁控制，平面发育三期北西向展布的滩坝砂体；沙一段沉积时期发育多期小站物源供给的扇三角洲水下分支河道，主断层根部砂体厚度大，物性好。该区油藏沿油源断裂北西向砂体与油源断层匹配，由深到浅，多层系含油，叠加连片富集。科研人员部署实施板 170X1 井在沙二段和沙一段均钻遇油层，取得了良好的勘探成效。

吉林油田，2023 年油气勘探取得重要进展。松南石油勘探多层系取得新发现：新北—庙西杨大城子油层 3 口井新获工业油流，展现规模效益增储潜力；扶东探 213 扶余油层获高产油流，大情字井老井青二段再获新突破，黑 184 老井葡萄花获高产油流，展现效益增储潜力。松南天然气勘探取得新突破，德惠断陷登娄库组德深 65 井和德深 93 井获工业气流。川南常规气勘探取得新进展，3 口井二三叠系常规气均见良好显示。松南风险勘探取得重要突破，伏探 1 基岩获工业气流，星探 1 双一页岩油有望取得有战略意义新突破。为确保投资最优、效益最大，勘探多专业、多渠道统筹推进，全力实现降本增效。持续推行“一井一项目”管理模式，坚持方案与预算互动，强化源头控制，细化投资分解，全面优化钻井设计方案和投资，加强投资过程管控，最大限度实现降本增效。

（2）中国石化

中原油田，2023 年文西地垒带勘探取得新突破。2023 年 9 月 3 日，中原油田物探研究院在东濮凹陷文西地垒带部署的重点预探井文 319 井喜获高产油气流，3 毫米油嘴自喷，日产油 24 立方米，日产气 5187 立方米，勘探取得新突破。技术人员通过多层系立体勘探和平台井建设，扩大断块油气藏整体控制范围，提升单井产能和效益，缩短从勘探突破到探明储量转化周期，形成了相应压裂配套工艺，对东濮老区规模增储和开发建产起到了重要示范作用。油田物探研究院在对地震资料重新处理的基础上，对东濮凹陷文西地垒带开展分层系勘探潜力评价，新发现沙三上、沙三中、沙三下亚段等三套层系圈闭资源量 2475 万吨。此次文 319 井沙三下亚段获油气流、沙三上亚段获高产油气流，证实了文西地垒带油气藏纵向上相互叠置、平面上连片发育的特点，具备多层系立体勘探开发潜力，为“高质量部署示范工程”建设打下了良好的资源基础。目前，该院正在围绕文319井开展储量计算工作。同时，按照立体勘探部署思路，其余两口勘探评价井的设计工作正在进行，通过一台多井、水平井压驱补能开发等方式积极推进示范工程建设，形成千万吨级油气增储场面。

河南油田，2023年春光探区勘探再获突破。2023年4月9日，河南油田在春光探区部署的探井春亚17C钻遇油层。2022年，河南油田科研人员通过开展油藏精细解剖、储层预测技术攻关等，在春52区块部署的春亚5201、春亚5204等多口探井均钻遇油层，上交整装探明储量307万吨，实现了规模增储。借鉴2022年成功经验，2023年按照“聚焦东北部稠油规模增储”的思路，河南油田科研人员继续深化春光探区基础研究，加强该区东北部稠油区整体评价，在沉积精细研究与成藏新认识基础上，应用相控储层预测及叠前流体预测技术，落实了一批有增储闭目标，部署了预探井春亚17井，继续探索春52区块北部白亚系岩性圈闭的含油气性。春亚17井完钻后，主要目的层钻遇油层5.2米。为进一步评价该区稠油储量产能，科研人员对该井采用“探井+开发水平井”模式开发，以春亚17井作为导眼井，部署了水平井春亚17C井。春亚17C井完钻后，综合解释油层224.6米，进一步验证了相控储层预测及叠前流体预测技术在该区具有较好的适用性。该井在白亚系钻遇油层，可新增地质储量106万吨，对春光探区下步勘探具有较好的示范作用。

江汉油田，2023年在红星地区新层系勘探取得突破。江汉油田部署在红星地区茅口组的风险探井红页茅1HF井，经过放喷测试获得工业气流，首次取得国内二叠系茅口组页岩气勘探突破，打开川东茅四段页岩气勘探的新格局。红星区块位于重庆市石柱县及湖北省利川市，二叠系发育吴家坪组、茅口组两套页岩。该区页岩气增储工程属于中国石化七年行动计划“21项重点工程”的一部分，也是油田实现“万千百”战略重要组成部分。2019年以来，油田针对吴家坪组开展评价工作的同时，同步加快对红星区块茅口组四段新层系的勘探评价工作。此次勘探突破，拓展国内页岩气勘探层系及领域。江汉油田将做好红页茅1HF井试采跟踪工作，取全取准数据资料，进一步落实产能，加快红星地区茅口组页岩区带目标评价，及时开展井位部署，积极为茅口组提交预测储量打好基础。

江苏油田，2023 年富北老区滚动勘探获突破。2023 年，江苏油田富北地区富 86 断块新增地质储量 67 万吨，已实施油井 6 口、投产 4 口，日产油 30.2 吨，累产油 3369 吨。这是采油一厂滚动勘探的成果。富北地区已有 30 多年的勘探开发历史，属成熟探区。2023 年以来，该厂地质技术人员坚持滚动勘探及油藏评价，持续精准刻画构造，不仅使富 86 断块等老油藏重焕生机，而且对富北地区构造格局有了新认识。在研究过程中，技术人员反复对比解释多套地震资料，经过多次论证部署实施了滚动勘探井富 86-01 井。富 86-01 井钻遇油层 5 层 19.8 米，进一步落实了富 86 断块西翼垛一五构造及油藏规模，探明了垛一三的构造及含油气性，扩大了该断块滚动勘探新成果。富 86-01 井成功实施后，技术人员加紧对富 86 断块进行第二阶段整体部署，对构造东、西两翼部署常规井和水平井，提高对油藏储量的控制程度。依靠新的研究成果，新井富 86-5 井钻遇油层 6 层 33.9 米，再次验证了富 86 断块西翼储层变厚、油层变多，该井于 10 月 11 日投产后，获日产油 9.7 吨。接连 4 口高产井落户富 86 断块，印证了该断块具有较大的滚动开发潜力。

2. 西部地区油气勘探进一步加快、深化

（1）中国石油

塔里木油田，2023 年自主攻关超深油气勘探开发。2023 年 3 月，位于塔克拉玛干沙漠腹地富满油田的果勒 3C 井近日顺利完钻，井深达 9396 米，标志着塔里木油田正式迈入 9000 米级油气勘探开发新阶段。果勒 3C 井所在的富满油田地下地质构造异常复杂，油藏埋深普遍超 8000 米，具有世界罕见的超深、超高温、超高压等特点。成功挺进地下 9000 米特深层，不仅是深度的突破，更是地质理论和关键核心技术的突破，为中国油气资源勘探开发打开了一片崭新天地。

西南油气田，2023 年四川盆地油气勘探获重大战略新突破。继灯二段测试获日产气 42.16 万立方米后，大探 1 井灯四段再试获日产 81.85 万立方米高产工业气流。这是四川盆地德阳—安岳裂陷槽西侧灯影组台缘带首口高产工业气井，勘探再获重大战略新突破，开辟了规模增储新区块。中国石油西南

油气田公司在德阳—安岳裂陷槽东侧高效探明安岳万亿立方米特大型气田，在实现蓬莱气区海相多层系重大勘探突破的同时，按照“突出风险勘探、寻找规模资源区带”的思路，持续深化上扬子克拉通震旦系沉积古地理研究，认为裂陷槽西侧灯影组台缘滩优质储层规模展布、紧邻寒武系生烃中心、构造圈闭发育，具备规模成藏有利地质条件；聚焦川西南部邛崃—眉山有利勘探区带，强化“地质—物探一体化”，精细构造及断裂解释，瞄准大兴场地区大型构造圈闭，精选目标靶点，实施大探1井。该公司实施“地质—工程一体化”精细方案设计、严格现场管理，克服川西南部断裂发育、构造复杂、多压力系统造成的钻井复杂，特别是雷口坡组—嘉陵江组高压盐水层、二叠系火山岩钻井液安全压力窗口窄和井眼稳定性差等工程难题，顺利实现地质目标；同时开展精细测井评价，优选试油层段，实现两层测试获高产工业气流。目前，中国石油西南油气田公司正加大该区勘探力度，整体部署，加快探明节奏，为高质量上产800亿立方米提前准备规模优质资源。

青海油田，2023年首例大斜度井取芯喜获成功。青海油田勘探事业部天然气及风险勘探项目部在柴达木盆地仙东断块群仙东8井钻井取芯成功。共取得含油气岩芯3.23米，取芯收获率96%，其中两段岩芯含油性较好，分别达到油浸、荧光级别，占到芯长的11%、12%，该井油气显示活跃，证实了南八仙东翼断块N21地层的含油性。仙东8井位于柴达木盆地南八仙油气田东侧，是油田为了探索仙东断块群油藏富集规律、进一步落实仙东断块群的含油气规模及油气层展布规律而部署的一口预探井，该井设计为一口斜井，沿断层稳斜45.69°钻进，完钻层位E32。南八仙地区地层成岩性差、造浆性能强、井筒清洁难度极大，常规直井钻探过程中稍有不慎极易发生“黏卡”，更别说大斜度井钻探施工，可谓“难上加难”。本次取芯工作面临着45°井斜易形成岩屑床存在取芯卡钻的可能，45°井斜下外筒扶正而内筒存在同轴度偏差、进芯困难影响收获率，取芯层位于N21欠压实性易堵芯、中途断芯，目的层取芯极易发生因地层与井筒间的压差导致卡钻等诸多困难。仙东8井于10月14日顺利完钻，10月23日完成油层套管固井，各项施工顺利，取全取准了各类地质资料，钻井井身质量、固井质量均达到设计要求，实现了大斜度井钻探、取芯、完井等工程的突破，为后续南八仙地区勘探开发夯实了基础。

（2）中国石化

西北油田，2023 年 3 月 15 日诞生亚洲陆上最深千吨井。中国石化“深地一号·顺北油气田基地”再获突破，西北油田顺北 84 斜井测试获高产工业油气流，折算油气当量达 1017 吨，成为顺北油气田超深层第 22 口“千吨井”。该井垂直深度达 8937.77 米，是亚洲陆上最深的千吨井。千吨井是指单井日产油气当量超 1000 吨，具有很高的开发价值和经济价值。顺北 84 斜井位于顺北油气田 8 号断裂带，目前已勘探开发出 7 口千吨井，前景广阔。其毗邻的 4 号断裂带 2022 年产量占顺北总产量的 73.6%，是中国石化“少井高产”示范区。在中国油气勘探开发实践中，埋深超过 8000 米的地层为超深层。目前，顺北油气田垂直深度超过 8000 米的井已达 49 口，累计发现 22 口千吨井，落实 4 个亿吨级油气区带，建成 300 万吨油当量产能阵地，生产原油 474 万吨、天然气 28 亿立方米。当前，深层、超深层已成为中国油气重大发现主阵地。中国石化积极贯彻落实国家“深海、深地、深空”战略行动，攻克超深、超高温、超高压等世界级难题，为保障国家能源安全、端牢能源饭碗提供了有力支撑。

（二）陆上非常规油气资源勘探成果

1. 页岩气

2023 年 7 月，鄂西页岩气勘探有重大发现。此次发现的页岩气资源“聚宝盆”是鄂恩页 2 井高含气量页岩气层，也是目前湖北省勘探含气量最高的页岩气层，资源潜力巨大。据了解，鄂恩页 2 井设计井深 2500 米，该页岩气层是从 1700 米、1800 米两个深度区间的二叠系大隆组、孤峰组中，钻遇厚度约 40 米的高含气页岩层中发现。经测试，其每吨岩石平均含气量超 5 立方米。而且，从埋深、含气量、气测全烃等参数分析，该页岩气层已达到 I 类页岩气层标准，具备建设大型页岩气田潜力。该井勘探成果可推广至同地质构造的恩施市、建始县等地北部地区，预测该区域页岩气资源量约 4000 亿立方米，潜在经济价值过万亿元。综合来看，恩施州北部地区二叠系页岩气成藏地质条件好、优质页岩分布面积大、埋深适中、含气性高，具有较大的页岩气勘探开发利用前景。下一步，鄂恩页 2 井将继续完成设计钻探任务，尽快开展水平钻井和分段压裂测试，力争获得工业气流。

2023 年 3 月 23 日，黔北试验区取得浅层超浅层页岩气重大发现。本项目是由贵州省油气勘查开发工程研究院（自然资源部复杂构造区非常规天然气评价与开发重点实验室）承担的，省级地勘资金项目“黔北试验区页岩气成藏控制因素研究与勘探实践”在黔北试验区狮溪向斜、桴焉向斜分别获得五峰—龙马溪组浅层超浅层（埋深 500 米以浅）页岩气重大发现。狮溪 1 井位于遵义—南川断裂上盘狮溪向斜东翼，目的层优质页岩底界埋深 1356 米，揭露优质页岩厚度 30.55 米，现场解吸气量 1.19~2.86 立方米/吨，均值 1.78 立方米/吨，静态指标明显高于安场向斜、道真向斜。基于狮溪 1 井圈定狮溪向斜页岩气勘探靶区超过 160 平方千米，预测页岩气地质资源量 500 亿立方米以上。瑞溪 1 井、瑞溪 2 井位于桴焉复向斜，揭露目的层优质页岩厚度约 17 米。其中瑞溪 1 井目的层底界埋深 762 米，揭露优质页岩厚度约 17.2 米，现场解吸气量 1.7~2.37 立方米/吨，均值 1.96 立方米/吨；瑞溪 2 井目的层底界埋深 426 米，现场解吸气量 1.06~2.357 立方米/吨，均值 1.7 立方米/吨。瑞溪 1 井、瑞溪 2 井的重大发现，充分证实了黔北地区在埋深小于 500 米的空间仍具有页岩气重大勘探潜力，有效拓展了贵州复杂构造区超浅层页岩气勘探的立体空间。黔北地区属盆外复杂构造区，经过多年的探索与勘探实践，页岩气勘探成果不断涌现，形成了具有一定规模的页岩气开发阵地，极大提振了复杂构造区页岩气勘探开发的信心。

2. 煤层气

2023 年 10 月 23 日，中国海油在鄂尔多斯盆地东缘 2000 米地层发现中国首个千亿立方米深煤层气田——神府深煤层大气田，探明地质储量超 1100 亿立方米，对保障国家能源安全、助力新时代西部大开发具有重要意义。神府深煤层大气田位于陕西省榆林市，地处鄂尔多斯盆地东缘，煤层主要埋深 2000 米左右，单层厚度在 6.2~23.3 米，吨煤平均含气量达 15 立方米。中国海油目前在该区域共部署了超 100 口探井，单井最高日产量达 26000 立方米。神府深煤层大气田是中国海油继山西临兴气田后发现的第二个千亿立方米大气田。近年来，中国海油在陆上非常规油气领域努力寻找战略接替资源，大力推进地质工程一体化和勘探开发一体化，加大关键核心技术攻关，持续深化地质气藏认识、优化配产方案，高效推动非常规油气增储上产。该发现为中国海油建设陆上万亿立方米大气区打下坚实基础，中国海油将秉承“海陆并进、向气倾斜”的战略部署，持续加大陆上非常规天然气勘探开发力度，推动非常规天然气储产量不断实现新突破，为保障国家能源安全贡献力量。

3. 页岩油

2023 年 6 月 28 日，长庆油田采油二厂纹层型页岩油勘探再获新突破。长庆油田在采油二厂木钵地区部署的木页井，全井 4650 米，水平段长 2000 米，油层钻遇率 50. 37%，试油获 84. 66 吨/日高产油流，目前稳定放喷油量 15. 0 吨/日，成为陇东地区第二口纹层型页岩油高产水平井。陇东地区长 7 期湖相黑色页岩、暗色泥岩两类优质烃源岩，是中生界主要的油源岩，厚度大、分布广、生烃能力强，达成熟—高成熟阶段，初步落实了 20 亿吨储量潜力，成为石油勘探开发重要的战略目标。针对长 73 纹层型页岩油强化攻关实验，采油二厂范围内新增部署重点试验水平井 6 口，目前投产 2 口，日产油 15 吨，正试 1 口、正钻 1 口、待实施 2 口，纹层型页岩油勘探试验正高效有序推进。

（三）海上油气资源勘探成果

2023 年 3 月 1 日，中国海油在渤海海域获得渤中 26-6 亿吨级油田发现。渤中 26-6 油田位于渤海南部海域，平均水深约 22 米。主要含油层系为太古界潜山，油品性质为轻质原油。发现井渤中 26-6-2 井共钻遇油气层 321. 3 米，完钻井深 4480 米。经测试，该井平均日产原油约 2040 桶，天然气约 324. 23 万立方米。渤中 26-6 油田是渤海南部继垦利 6-1、垦利 10-2 后，获得的第三个亿吨级油田发现，也是中国最大的变质岩潜山油田。该发现展示了渤海隐蔽型潜山油气藏勘探的广阔前景，对类似盆地的勘探具有重要的指导意义。近年来，中国海油坚定不移推进国内油气增储上产“七年行动计划”，加强油气勘探创新研究，加大解决油气勘探问题的攻关力度。四年来，渤海油田连续勘探发现渤中 19-6、垦利 6-1、垦利 10-2、渤中 13-2、渤中 26-6 等 5 个亿吨级油气田。此外，据统计，渤海油田过去五年累计新增油气探明地质储量已超 10 亿吨，为渤海油田上产 4000 万吨提供有力物质保障，为中国海洋油气产量不断刷新纪录奠定了坚实的储量基础。

（四）油气资源勘探技术进展

2023 年，中国油气勘探领域不断涌现出新技术，推动行业朝着更高效准确的方向迅速发展。在勘查技术和物探技术等方面取得了令人瞩目的新进展，为提升勘探效能和准确性注入了新的动力。

1. 中国自主深水油气勘探装备完成国内首次超深水作业

2023 年 10 月，在位于珠江口盆地 3000 米超深水区块，“海洋石油 720”深水物探船搭载中国自研海洋拖缆地震勘探采集装备“海经”系统，首次完成超深水海域地震勘探作业，发布了中国首张超深水三维地质勘探图，标志着中国深海油气勘探关键核心技术装备研制取得新进展。在本次作业过程中，“海洋石油 720”深水物探船按照设计要求，将“海经”系统中的 10 条超过 8000 米长的电缆依次布放到海水中，形成一个面积相当于 1021 个标准足球场大小的数据采集网，沿航线进行海面拖缆采集作业，实时完成震源和检波点的地震数据采集，在广袤的海面上准确划分出油气藏位置，助力深海油气资源高质量勘探开发。拖缆地震勘探技术是世界上探测海底地质结构最直接、最经济、最高效的方法。通过物探船搭载的成套拖缆装备“犁”过海面，以地震波信号实现对海底地层的“CT”扫描，从而看清海底的油气储层。“海经”是中国自主研发制造的首套拖缆模式地震勘探成套采集装备，由震源控制、拖缆采集、综合导航以及定位与控制等多种装备系统组成，具备 2 赫兹超低频率信号采集能力，提高了地震资料分辨率。与进口装备相比，“海经”采集到的地震资料识别度更高，可透过 3000 米水深，精细刻画万米地层的复杂地质结构，装备整体性能满足了当前海洋石油勘探要求。自 2022 年 9 月投产以来，“海经”经历了从常规地震采集到高密度连续采集再到高覆盖滚动采集等多种作业方式，顺利完成了 4 个工区总计 3935 平方千米海域的三维地震勘探，已经实现产品定型及产业化生产，具备研发、制造、服务的全产业链能力，建立了完整的产业化制造体系。

2. “智能导钻”实钻应用获重要进展助力油气勘探取得突破

2023 年 8 月，中国科学院 A 类战略性先导科技专项“智能导钻技术装备体系与相关理论研究”（智能导钻）在位于塔里木盆地西部的 TP259-2H 生产井实钻应用中取得重要进展，通过自主研发的随钻方位电磁波电阻率成像测井仪和三维靶点精准导航技术，精准刻画地下油气层结构，引导钻头准确打入最佳开采点位，获得高产工业油气流。塔里木盆地白垩系油气藏属于埋深超过4000米的“千层饼”结构，具有非均质性强、储层薄(2~5米)和构造起伏大(>10米)等特点，导致准确定位储层空间发育位置难度大，常规定向钻井技术对该类油气藏总体动用程度低。在中国科学院地质与地球物理研究所朱日祥、底青云院士带领下，智能导钻专项科研团队同西北油田勘探开发研究院、工程技术管理部和中石化中原石油工程有限公司相关团队开展联合攻关：基于“多尺度地质规律—多源地球物理探测—高精度油藏建模—精准定向钻井”多学科融合，利用智能算法建立了河道砂体、测井信息、三维地震和地质模型的关联关系，构建了油气藏米级尺度的“构造—岩性—成分”三维地质模型，预设多个钻前靶点，设计出水平井轨迹；预测可能钻遇多套地层的埋深、岩性和含油气性，计算出水平井的预测随钻曲线和含油气指标；同负责作业的70188钻井队召开多次技术交底会，确定了智能导钻装备的地面设备安装、井下钻具组合、试验井段优选、复杂工况应对和人员配合等工作细节。智能导钻专项科研人员利用自主研发的智能导钻系统随钻方位电磁波电阻率成像测井仪在该井开展了地质工程一体化作业，入井深度4260米，完钻深度4538米，进尺278米，累计工作229小时，在井下高扭矩、水平段托压、强振动冲击复杂工况下展现出高可靠性和稳定性，测量的补偿电阻率、方位伽马、方位电阻率和定向参数等数据实时传输至地面决策系统，测量精度高，尤其对低阻地层具有较好的分辨能力，为现场井轨迹控制并精准钻遇优质砂体提供了实时参数。三维靶点精准导航技术构建的钻前地震地质模型精度优于5米、靶点预测精度优于1米，随钻三维模型实时更新速度小于0.5小时，为水平井着陆和准确中靶提供了决策依据。最终，TP259-2H水平井砂岩钻遇率达96.3%，测试油气产量45吨/日，验证了智能导钻高端装备技术在薄层砂岩油气藏水平钻井的精度和可靠性。智能导钻团队将同产业部门继续开展紧密合作，形成智能导向闭环技术装备体系，力争为中国深层/超深层油气高效低成本开发提供技术支撑。

3. 中国海底地震勘探采集装备“海脉”在渤海海域正式投入使用

2023年7月27日，由中国自主研发的海底地震勘探采集装备“海脉”在渤海海域正式投入使用，标志着中国在高端海洋油气勘探技术上迈出关键一步，对加大海洋油气勘探力度、进一步健全自主可控的海洋油气勘探装备体系具有重要意义。海底地震勘探是近年来快速兴起的海洋油气勘探技术，该技术可大幅提升油气勘探开发精度。作为采集海底油藏信息的关键性技术装备，中国的海底地震勘探节点采集装备长期依赖进口，超过300米水深的装备技术更是受到严格限制，严重制约了中国海洋油气勘探开发进程。“海脉”是中国自主研发制造的节点模式地震勘探采集装备，它攻克了高灵敏度检波器和超低噪声采集电路等技术，大幅提升对微弱信号的检测能力，具有超强的灵敏度，能够捕捉到万米地层相当于蚊子声1/150大小的地震波信号，并据此描绘高清油气藏数据信息。“海脉”集合了陆地勘探检波器和海洋水听器综合技术优势，具有体积小、布放灵活、适应水深范围宽、超低频性能高等特点，采集能力是常规拖缆模式的4倍，2赫兹超低频感知能力达到全球同类产品最高水平，如同“千里眼”一样可以看清埋藏几千米深的油气储层。此次在渤海投用的“海脉”型号为高质诺德500，设计水深500米。在作业过程中，作业人员将成千上万个“海脉”节点按照设计要求，通过专业收放装备有规律地布放在海床指定位置，形成一个覆盖在海床上的巨大信息采集网。每个节点就像压在海底油藏“穴位”上的“听诊器”一样，接收来自海底地层反射的地震波信号，并以数据的形式存储记录下来，作业完成后将其收回，下载分析采集到的数据信息，进而处理成地震剖面，实现对地层的精准“号脉”。“海脉”不仅可以对常规勘探装备难以勘探的盲区进行精细探测，而且能够在海上平台密集区或建有固定海洋设施的海域大量灵活部署。作为海洋油气勘探开发的关键核心装备，“海脉”能够满足中国主要海域的海底地震勘探需求，将进一步提升海洋油气藏勘探精度和成熟油田海底油藏的动态监测水平。

4. 东方物探高频电磁技术解决“双复杂区”勘探难题

2023年10月24日，由东方物探公司综合物化探处702队运用高频电磁技术承担的塔里木探区高频电磁采集项目，经过近2个月的持续高效运作，已完成全部工作量的65%。为解决塔里木盆地西南坳陷“双复杂区”的勘探技术难题，配合地震勘探提高三维地震资料成像精度，塔里木油田公司首次在该区域部署大规模三维高频电磁采集项目，旨在通过非地震与地震联合攻关，落实该地区构造、断裂、地层结构，指导下一步勘探工作。综合物化探处运用高频电磁勘探技术，识别浅层砾岩体，精细刻画复杂地区浅层地层结构，辅助地震浅层构造建模。运用这项技术配合地震勘探，通过电磁、测井与地震资料的联合处理，实现对砾石层精细刻画，为地震勘探提供较高精度的三维速度模型，提高偏移成像质量，为油田公司井位部署提供技术支撑。项目组充分发挥公司探区一体化优势，确保项目高质量运作。702 队强化项目顶层设计，成立信息化攻关小组，高效完成野外踏勘、桌面推演、面元设计等工作。同时，与甲方一起成立联合委员会，不定期召开工作会议，协调解决作业现场存在的问题，运用高频电磁勘探技术为油田公司增储上产提供有力的技术支撑。

二、2024 年中国油气勘探产业展望

2024 年，油气行业将不断挖掘勘探潜力，增强油气勘探力度，提升资源保障能力，为经济社会高质量发展提供有力支撑。

（一）总体趋势

以习近平新时代中国特色社会主义思想为指导，全面贯彻党的二十大精神，以把能源饭碗牢牢地端在自己手里为目标，着力增强油气资源供应弹性和韧性，提高安全保障水平。未来发展趋势可总结为以下四个方面：一是坚持把完成油气增产保供任务放在首位，强化忧患意识和底线思维，加强国内油气资源勘探开发和增储上产。二是坚持积极稳妥推进油气勘探领域绿色低碳转型，加强油气勘探产业和新能源融合发展，大力推进新能源和低碳负碳技术在油气勘探产业的应用，扎实推进勘探能源结构调整优化。三是坚持高水平改革开放增强发展动力，深入推进要素市场化改革，充分发挥市场在油气资源产权配置中的重要作用，不断增强油气勘探产业高质量发展的动力和活力。四是积极开展油气资源国际合作研究，增强国内国际两个市场两种资源联动效应，不断开创油气资源国际合作新局面。

（二）面临挑战

中国能源发展处于加快规划建设新型能源体系的新阶段，油气资源是不

可或缺的重要组成部分。近年来，海洋油气资源勘探虽然取得较大发现，但在技术和成本方面仍然存在两大问题需要突破；为响应能源行业绿色低碳发展的要求，油气勘探产业与新能源的融合发展，对新能源在勘探产业上的储存和应用技术提出了新要求；此外，进一步深化要素市场化改革、开展油气资源产权和要素市场化配置也对完善配套设施提出了新要求。

1. 海上油气勘探面临技术和成本制约两大问题

海洋油气勘探技术面临巨大挑战，主要源于海洋地理条件和海水环境的影响，导致许多在陆地油气勘探中常用的方法和技术受到限制。例如，在海洋环境中重力勘探、磁力勘探、电法勘探等方法往往无法达到预期效果。此外，深海油气勘探更具有极端条件（如高压、低温、黑暗）以及复杂动态储层等诸多挑战，攻克核心技术成为中国深海领域油气勘探的制约因素之一。除了技术难题，成本问题也是一个巨大挑战。尽管中国拥有丰富的深水海域油气资源，但与陆地或浅水相比，深水油气开发所需成本更高。这主要归因于深海环境带来的高风险、高技术要求和设备投入等。国内外许多石油公司只有在国际原油价格超过 60 美元/桶时才能实现收支平衡。因此，优化运营管理、提高勘探开发效率并降低成本已经成为海洋油气资源勘探的一个关键任务。

2. 油气勘探产业绿色发展对新能源存储和应用技术提出了要求

在当前全球能源转型的大背景下，推进油气勘探与新能源的融合发展成为中国能源战略的重要方向。为了更好地加快油气勘探产业的绿色低碳转型，需要提高风能和太阳能资源预测的准确度，并提升风电和光伏发电功率预测精度，以增强它们对电力系统扰动的适应能力，从而更好地支持油气生产平稳运行。此外，为了鼓励油气开采企业就地消纳新能源，在配套建设油气田储存技术（光热）、分布式微电网以及并网安全风险管控等项目方面也有新要求。应用油气田储存技术既可以提高其能源利用效率又可以降低碳排放；建设分布式微电网不仅可以提高能源利用效率还可以增强供应稳定性；加强并网安全风险管控工作是确保供应安全、防止因接入新能源引起问题所必需的举措。

3. 开展油气资源产权市场化配置需要完善相应配套设施

实施油气资源产权和要素市场化配置，如开放探矿二级市场，实行竞争出让油气资源探矿权，需要具备完善的交易细则、稳定的交易平台、成熟的运行体制、行之有效的交易监管等要素。具体来说，需要在法规层面进一步明确探矿权的交易规则和标准，包括探矿权的出让方式、交易流程、价格形成机制、税费政策等，确保交易公平、公正、透明。同时，需要建立健全的交易平台，为探矿权交易提供便捷、高效、安全的交易服务，包括信息发布、交易撮合、资金结算等环节。此外，需要形成一套成熟的运行体制，包括探矿权的登记、评估、流转等环节，确保交易过程的规范化和标准化。最后，需要建立行之有效的交易监管机制，加强对探矿权交易的风险管理和监管，防范各类风险，保障市场秩序和公共利益。

（三）勘探潜力

中国的油气资源储量丰富，勘探潜力较大。技术进步使常规油气资源探明量逐步提升，同时，页岩气、页岩油以及深海油气资源的不断发现，彰显出中国在勘探领域的广阔潜力。此外，随着勘探技术的发展和智能化应用，将有力推动油气勘探产业的进步。

1. 常规油气资源勘探稳步取得新突破

2023 年，2 个油气田新增了大型规模的石油储量。塔里木盆地深层油气勘探开发持续发力，塔北西部上寒武统白云岩海相油气首次发现，落实亿吨级规模油气藏，证实了库车南斜坡多目的层系巨大的勘探潜力，开辟了塔里木盆地新的十亿吨级战略接替领域。甘肃省环县洪德地区发现地质储量超亿吨级整装大油田，开辟了鄂尔多斯盆地西部石油勘探开发新领域。多个地区油气资源勘探取得新进展，拓展勘探新局面。河套盆地的风险探井临华 1X 井经试油获日产自喷超 300 立方米高产油流，准噶尔盆地哈山山前带哈山 5 井新增预测油气储量超 3063 万吨，苏北盆地海安凹陷海页 1HF 井新增预测储量 2551 万吨等，彰显出中国常规油气勘探领域拥有巨大的潜力。未来在坚持“稳定东部、发展西部、加快海域”的原则下，中国油气资源剩余技术可采储量有望进一步增加。

2. 深海油气资源蕴藏量丰富

中国拥有丰富的深水油气资源，但过去由于技术和装备能力的限制，勘探程度有限。然而，随着科技进步和装备能力建设的发展，中国深水油气勘探开发已逐步展开。2000 年以前，中国几乎没有产出深水油气；到 2012 年时，其占比仅为总产量的 8%左右。然而，随着位于珠江口盆地和琼东南盆地的中国首个深水气田群、首个深水油田群以及“深海一号”超深水大气田等项目陆续投产，预计下一步中国海上油气产量将突破 7000 万吨当量，海洋石油产量有望超过 6000 万吨，同时海洋天然气产量也将达 230 亿立方米。2023 年，中国海洋油气勘探开发再获新突破。渤海南部发现全球最大太古界变质岩渤中 26-6 油田，累计探明和控制地质储量超 2 亿吨油当量。南海东部深水获亿吨级油气发现，珠江口盆地开平南油田钻获日产超千吨高产油流井，累计探明地质储量超 1 亿吨油当量。通过创新成盆成凹机制、油气成藏模式认识，在渤海海域、南海深水领域探明的亿吨级油气资源新发现，不仅成功开辟了深水、深层、隐蔽油气藏、盆缘凹陷等勘探新领域，支撑海洋强国建设能力进一步增强，而且大力巩固了中国海上油气资源储量基础，对保障国家能源安全具有重要意义，彰显出中国海上油气资源勘探的广阔前景。

3. 非常规油气资源勘探潜力大

2023 年，中国页岩油气资源产量再上 400 万吨新台阶；页岩气发展向深层跨越，突破迈进新层系；煤层气突破深度禁区实现重要突破，取得的一系列成果进一步证实中国非常规油气资源蕴藏量丰富，勘探前景大。页岩气资源勘探在新区域新层系上取得新发现，中国石化的金石 103 井，中国石油的资 201 井、威页 1 井先后在寒武系筇竹寺组地层获高产工业气流，揭开寒武系超深层页岩气万亿级规模增储的新阵地。普光二叠系大隆组海相深层页岩气部署实施的雷页 1HF 井率先在四川盆地实现二叠系深层页岩气勘探重大突破，评价落实资源量 1727 亿立方米。鄂尔多斯盆地东缘突破煤层气勘探开发地质理论“深度禁区”实现跨越式发展，在大宁—吉县、神府、大牛地等区块均获重要进展，深层煤层气探明地质储量超 3000 亿立方米，成为中国非常规天然气重要突破点。

4. 科技进步推动油气勘探产业发展

在科技创新的持续推动下，中国油气勘探开发工作将不断取得新突破。中国自主研发的 12000 米特深井自动化钻机研制成功，突破了中国在超高温、超高压和超高负荷等方向的技术短板，为超深层油气规模勘探开发提供了技术保障，两口万米科探井先后在塔里木盆地、四川盆地鸣笛开钻，开启中国深层油气勘探开发地下万米“长征”，助推中国油气资源探索发现迈入“中国深度”。中国自主研发的海洋地震勘探拖揽采集装备“海经”系统，顺利完成3000米以深超深水海域油气勘探作业，通过现场数据处理，成功完成首张由中国自主装备测绘的3000米深水三维地质勘探图，使中国成为全球第三个掌握全套海洋地震勘探拖缆采集装备的国家。此外，人工智能与油气工业融合发展将引领着油气技术的颠覆性创新，并推动从数字化到智能化的转变。未来，诸如智慧地质和基于量子计算的地址模拟技术等的发展将在极短时间内处理和分析海量数据，并提升建模精度，从而支持更高效、快速和安全的油气勘探。

（四）政策展望

2024年，中国将以满足核心油气资源需求为重点，以项目为切入点，全力推进国家油气供应保障基地建设；加速油气勘探与新能源融合，深化油气勘探产业绿色低碳转型；加强油气资源市场改革和研究，提升现代化治理水平；拓展能源领域国际合作，跟踪世界先进油气勘探技术，支持中国高效勘探开发。

1. 着力增加油气供应能力

2023年7月19日，国家能源局组织召开“2023年提升油气勘探开发力度推进会”，会议强调，作为世界上最大的能源消费国家，如何挖掘增产增供潜力，有效保证国家能源安全，始终是中国能源发展的首要任务。中国能源发展正处于加快规划建设新型能源安全体系的新阶段，油气资源是不可或缺的重要组成部分，是当前及未来较长时间需要筑牢的能源安全底线。会议要求，要以重点项目为着力点推进国家油气供应保障基地建设，坚定信心，奋力推动油气增储上产再上新台阶。2024年的油气勘探产业发展重点包括：一是继续实施新一轮找矿突破战略行动“十四五”实施方案，在油气资源富集区加大投资、集中勘探、规模建产并新增巩固战略性接续基地来实现增产目标；二是持续加强深层、深海油气资源的勘探与开发，在常规勘测方面推动海域增产的同时关注海相碳酸盐岩、岩性地层、火山岩和冲断构造带等领域，在陆地深层、深海和页岩方面取得新突破，解决“卡脖子”问题；三是深入推动页岩气革命，在川渝地区加强页岩气的勘探并增加资金投入和技术创新来促成“气大庆”，助力中国在储备上迈向更高台阶。

2. 深入推进油气勘探产业绿色低碳转型

2023年3月，国家能源局印发《加快油气勘探开发与新能源融合发展行动方案（2023—2025年）》（以下简称《行动方案》），提出要锚定碳达峰、碳中和目标，深入落实“四个革命、一个合作”能源安全新战略，以高质量发展为主题，以改革创新为动力，坚持油气勘探开发与新能源融合大规模发展，实施陆上、海上清洁替代行动，到2025年初步实现油气勘探与新能源融合发展，同时，积极扩大油气企业勘探利用绿电的规模，持续推动能源生产供应结构转型升级。在此《行动方案》指导下，中国油气资源勘探产业2024年预计会迎来一些新的发展方向。一是统筹推进油气勘探与风光发电融合发展。充分利用陆上油气田风能和太阳能资源禀赋较好、建设条件优越、具备持续规模化开发条件的优势，着力提升新能源就地消纳能力；重点推进大庆、长庆、胜利、塔里木、新疆、华北等油田风电和光伏发电集中式开发，支撑油气勘探产业清洁用能，加快实现燃料油气的替代；大力通过海上风电开发为油气勘探提供绿色电力，替代分散式燃气或燃油发电，提高能源使用效率、降低碳排放，形成海上风电与油气田区域电力系统互补供电模式。二是积极推进绿色油田勘探示范区建设，引导示范区进行油气勘探与新能源技术融合、应用方式和体制机制等创新，扩大分布式能源接入和应用规模，创新新能源全产业链开发利用合作模式，完成低碳油田建设和示范引领，有力支撑油气行业清洁低碳转型。三是完善油气勘探与新能源融合发展的政策支持。例如对于作为油气勘探开发用清洁能源替代的太阳能、风能、氢能、地热等新能源项目，各级主管部门要优先列入各级能源发展规划，同时依托全国投资项目在线审批监管平台提高油气勘探与新能源融合项目备案效率。

3. 大力提高油气勘探产业治理水平

2023年7月26日，自然资源部印发《自然资源部关于深化矿产资源管理改革若干事项的意见》，自然资源部油气战略研究中心党委书记苏迅发布《深化能源资源重大战略研究，保障自然资源事业高质量发展》专题学习报告。报告提出要以党的二十大报告“构建全国统一大市场，深化要素市场改革，建设高标准市场体系。完善产权保护、市场准入、公平竞争、社会信用等市场经济基础制度，优化营商环境”为依据，进一步深化油气资源领域的要素市场化改革，提高油气资源全链条支撑能力和水平。2024 年预计会深入推动油气资源要素市场化改革和管理制度改革。具体改革方向有，一是开放探矿二级市场，实行竞争出让油气资源探矿权、开放油气勘查开采市场以及积极推进矿业权“净矿”出让制度、区块竞争出让制度，进一步完善吸引社会资本投入油气资源勘探相关政策，推动油气资源产权和要素市场化配置。二是开展油气探明储量评审备案和相关技术标准的制定工作，开展石油、天然气、页岩气等油气资源储量统计质量监控，同时开展油气资源勘探规划、油气资源储量调查和勘探开采监管等专题研究，推进油气勘探产业精细化管理。三是进一步加强油气资源勘查领域立法，进一步规范油气矿业权出让交易行为及收益征收管理。四是深化油气资源供给保障战略研究，支持制定适宜的油气勘探发展战略。系统分析中国油气资源供给需求、资源潜力、勘探发现、产量增长等基本问题，开展油气资源供给与需求预测分析，加强油气资源量—储量—产量关系研究，分析中国油气资源自主保障存在的主要问题和风险，加快提出油气资源供应链弹性韧性、原油天然气稳产增产、深海深层和非常规油气资源利用鼓励政策。

4. 扩大油气勘探领域高水平开放合作

2023 年 10 月 26 日，自然资源部印发《中国矿产资源报告(2023 年)》，提出要通过多种合作方式，积极保持与重点能源资源国家、国际组织的联系，通过中国国际矿业大会等国际交流平台，推进矿产勘查技术方法等领域务实合作，进一步夯实友好合作关系。2024 年，预计将会持续开展油气资源国际合作研究，跟踪世界主要产油国油气资源勘探开发进展，推进国内外油气动态监测与安全预警，开展全球油气资源储量、投资环境、国别政策、油气田项目等数据库建设，为油气企业“走出去”提供政策服务。

中国油气开发产业发展分析与展望

2023 年中国油气产量当量超过 3.9 亿吨，国内原油产量约 2.08 亿吨，同比增长超 300 万吨，天然气产量约 2300 亿立方米，连续 7 年保持高速增长。中国油气行业持续攻关油气开发技术，推动国产化进程，有效降低了油气开发成本；加快了油气开发数智化转型，实现了安全建产和效益开发。可以预计，中国的油气开发力度将进一步加大，以维持油气基本盘的稳定，积极发挥油气在新型能源体系建设中压舱石的作用。

一、2023 年中国油气开发产业发展分析

2023 年中国油气行业延续“稳定东部、发展西部”的开发思路，陆上原油产能建设保持稳定增长，油气开发技术持续更新；非常规油藏开采技术取得突破，实现油藏有效动用与商业化开采；生产运营模式不断革新，通过统筹规划新油田建产、老油田稳产实现了原油产量稳定；天然气产能保持高速增长，为绿色低碳转型提供能源保障；海上油气产能建设发展迅速，海外油气项目持续优化。

（一）常规油气产能建设情况

1. 陆上原油产能建设情况

（1）西部地区

2023 年，以中国石油的长庆油田、新疆油田、塔里木油田、吐哈油田、青海油田，中国石化的西北油田为代表的西部油气田开发公司，不断进行技术攻关，持续在新油田建产、老油田稳产方面取得突破，实现油气产量的稳定提升。

长庆油田，2023 年实现油气当量 6605 万吨，原油产量超 2359 万吨。长庆油田持续攻关非常规资源高效开发、提高采收率、智慧油田建设等关键技

术，页岩油成为原油上产的重点。截至 10 月 7 日，长庆油田页岩油年产量突破 200 万吨，日产油水平达 7680 吨。庆城油田加大长 7 页岩油研究力度，围绕新类型纹层型页岩油开展试验，5 口水平井压裂试油均获成功。创新布井模式，形成了"短闷、强排、控采"全生命周期技术，储量动用程度提升到 85%，页岩油产量达 207 万吨。长庆油田大力推进油气生产信息化，建成国内最大规模的油气生产物联网系统和信息传输网络，覆盖面积达 3 万余平方千米，生产区域内 12 万余口油气水井、2800 座库站、8 万千米管线及上百万台生产设备接入互联网。

新疆油田，2023 年实现油气当量超 1805 万吨，原油产量约 1480 万吨。新疆油田采用多种举措保持油气产量稳步增长，油田经营效果良好。新疆油田采取"一藏一方案、一藏一试验"井组措施，推动地质储量向经济可采储量转变，持续开展提产提速提质提效工作。针对老油田，新建油田持续推进千万吨稳产工程，积极发挥老区稳产作用。新疆油田加大了三叠系油藏边部大井距区域压裂引效、主力层补层完善注采对应关系等小风险井实施力度，提出厚层砂砾岩多级缝内压裂动用表外储量、百 31 佳木河组非主力层连片补层挖潜。针对低产低能井，新疆油田采用常规压裂、补返层、酸化等措施稳产增产。

塔里木油田，2023 年实现油气当量 3353 万吨，原油产量 755 万吨。塔里木油田通过加大油田综合治理研究及应用全面保障了老井稳产、措施增产、新井上产、管理促产。截至 11 月 7 日，塔里木油田累计生产油气当量突破 5 亿吨，其中原油 16137 万吨。建成中国陆上第三大油气田和最大超深油气生产基地。富满油田创新形成了"酸化+X"特色配套技术，增油潜力巨大。截至 12 月 29 日，富满油田油气年产量突破 400 万吨大关，达 403.6 万吨，年增长 76 万吨。塔里木油田已累计钻成轮探 1、果勒 3C 等 130 余口 8000 米级油气井，超深层油气年产量突破 1800 万吨。

吐哈油田，2023 年实现油气当量超 166 万吨，原油产量 142.058 万吨，同比增长 2.2%。吐哈油田全力实施新区建产和老区稳产，加强管理和技术创新，保障油气产量。吐哈油田开发系统集中评价吉南凹陷砂岩油藏，重点围绕萨探 1、吉新 2、马 56 等区块，全年完钻评价井 13 口，试油 8 口，获工业油流井 5 口。吐哈油田围绕萨 102、萨 105 两个高产断块，开展平台批钻批压集中建产，实现了规模增储、快速上产。在吉新 2、马 56 区块高产井实现了前置二氧化碳压裂全覆盖、全井段注入，产量贡献率 40%。在吉 28 块开展甜点储层刻画、优快钻井、排采制度优化，打造效益建产标准井。通过集中评价、快速建产，拉动准东新区原油产量同比增长 12.7 万吨。

青海油田，2023 年实现油气当量约 700 万吨，原油产量约 200 万吨。青海油田持续强化精细注水、效益建产、措施挖潜等工作，实现了规模上产。青海油田积极开展精细油藏描述和综合治理，高度重视老井管理和维护，老井自然递减率 13.60%、同比下降 1.12%，综合递减率 3.83%、同比下降 5.46%。青海油田 2023 年共实施油井措施 1204 井次，注水井措施 1496 井次，措施年产油同比增加 8.67 万吨，日注水同比上升 3100 立方米，综合递减率同比下降 5.46%，油田水驱控制程度、动用程度分别提高至 70.6%、54.8%。青海油田加大长停井治理，替放油井和捞油井井数同比增加 123 口，日产油同比增加 39 吨。

西北油田，2023 年实现油气当量 970 万吨，原油产量 683 万吨。西北油田在科技创新和深层油气开发方面取得突破，有效支撑原油建产。西北油田创建新型断控油气藏“少井高产、多控长稳、补能控减、注气提采”全生命周期开发原则及开发关键技术。顺北油气田建成 300 万吨油当量产能，落实了两条亿吨级油气富集主干条带，全年油气产量 127 万吨。顺北 84 斜井刷新亚洲最深商业油气藏纪录至垂深 8937 米，在测试中获工业油气流，油气当量达 1017 吨，成为顺北油气田又一口高产井；跃进 3-3XC 完钻井深达 9432 米，刷新亚洲最深井斜深和超深层钻井水平位移两项纪录。

（2）东部地区

大庆油田，2023 年实现油气当量超 3466.35 万吨，原油产量 3004.1 万吨。大庆油田统筹油区开采资源，实施精准开发策略，实现油气资源开发稳中有进；通过水驱精准挖潜、化学驱提质提效、规模效益建产等方式，实现稳定产量 3000 万吨，累计生产原油突破 25 亿吨，占全国陆上原油总产量的 36%。通过方案调整，实现水驱自然递减率、综合递减率分别比 2022 年下降 0.28%、0.56%。三采提高采收率作用持续增强，化学驱后和三类油层接替技术攻关成效显著，外围多元提采技术攻关快速推进，后续水驱区块开发效果不断改善，三次采油实现千万吨以上稳产。

辽河油田，2023 年实现油气当量约 1024 万吨，原油产量约 950 万吨，油气当量同比增长 2.4%。辽河油田在深入挖掘油田开采潜力方面，建立了良好的油田开发秩序。辽河油田针对老油田稳产形成了“重新评价油藏、重选技术路径、重构层系井网、重调油藏流场、重组地面流程”的技术路线，通过完善复杂断块油藏地质体精细重评技术，重新落实油田资源潜力，带出产能井位 130 余口，已实施 48 口，累产 5.3 万吨，单产达 5.6 吨。推动长井段薄互层油藏细分层系二三结合，厚层底水油藏侧钻短支水平井深度二次开发，潜山油藏水平井立体井网直平组合注水开发，普通稠油油藏探索溶剂降黏水驱，采收率提升 4.5%以上。发展“一体化”井网重构技术，部署水驱注采井网 400 注 776 采，化学驱 226 注 420 采，对先导试验区静 66-50 北块实施细分三套层系，日产提升 11.2 吨。

胜利油田，2023 年油气当量达 2413.64 万吨，原油产量 2345.12 万吨。胜利油田聚焦长期规模效益稳产增产，全年新建产能 189 万吨，储采比达 7.6。胜利油田各单位超产表现突出，东胜公司全年生产原油 91.85 万吨，超产 2.85 万吨；胜利采油厂全年生产原油 147.25 万吨，超产 2.25 万吨；桩西采油厂全年生产原油 66 万吨，超产 2 万吨；新春公司全年生产原油 140.1 万吨，超产 1.1 万吨；孤岛采油厂全年生产原油 245.09 万吨，超产 1.09 万吨。胜利油田已经形成传统油气、新能源和绿色低碳三大产业集群，累计投入新能源项目 171 个，光伏装机规模 346 兆瓦，绿热供给能力 245 万吉焦/年，油气生产“绿电”占比达到 17%。

2. 陆上天然气产能建设情况

2023 年，中国陆上天然气产能保持高速增长，中西部地区成为上产主力，为实现绿色低碳转型作出突出贡献。

长庆油田，2023 年生产天然气超 458 亿立方米。长庆油田推动天然气效益建产，在优化中国能源结构和实现可持续发展中发挥关键作用。长庆油田聚焦气田建产和稳产，大力推行井组集中开工、集中备水、集中压裂产能建设模式，全年累计投产新井 700 余口。截至 8 月 18 日，长庆油田天然气累计产量突破6000亿立方米。截至12月17日，苏里格气田年产天然气产量达300.6亿立方米，累计生产天然气超过3300亿立方米，最高日产气量突破1亿立方米。长庆油田首创了巨型陆相致密砂岩气藏成藏与渗流理论，创造了世界领先的致密灰岩成藏、海相盐下生烃地质等地质理论，集成创新12项致密气开发技术系列。

塔里木油田，2023年生产天然气326亿立方米。塔里木油田向西气东输累计供气突破3400亿立方米，为促进中国东部地区能源和产业结构优化调整创造了巨大的社会、经济和生态环保效益。塔里木油田深层天然气实现效益建产，在增产保供中发挥重要作用。截至8月29日，塔里木油田克深气田累计生产天然气753.11亿立方米，折算油气产量当量达6000.87万吨。10月15日，博孜—大北气田全面建成投产，该气田先后攻克清洁完井、井完整性、高压长距离混输等关键工程技术瓶颈，实现天然气百亿立方米建产，标志着塔里木盆地新的万亿立方米大气区迈入规模开发新阶段。克深气田通过“控—调—排”协同治水实现稳产，库车地区超深层天然气产量达180亿立方米。

青海油田，2023年生产天然气超60亿立方米，实现连续13年天然气60亿立方米持续稳产。青海油田天然气通过老井稳产、新井上产、措施增产、工程提产等举措，实现天然气持续稳产。青海油田全年实施7次天然气提产方案，通过实施南翼山单井密闭集输、尕斯联合站参数优化等措施，气田日产能由1615万立方米恢复至1670万立方米。涩北气田持续攻关低阻层识别、水侵动态表征、剩余气定量描述等开发技术，逐步形成高原疏松砂岩气藏砂水同治技术体系，实现天然气产量50.09亿立方米，超产0.5亿立方米。南八仙气田通过理清层调次序、优化射孔层位组合等举措，将气井措施有效率提升至96%，保供期间峰值产量突破150万立方米，全年完成5.28亿立方米，超计划0.13亿立方米，持续稳产再创新高。

大庆油田，2023年生产天然气58亿立方米，连续13年实现稳定增长。大庆油田积极推动重点项目高水平建设，持续攻关多类型气藏规模高效开发，保持了天然气快速上产态势。松辽地区深挖老区潜力，攻关难采储量，通过产供储销协同发力、持续加强气井综合管理和优化产销运行组织等举措，切实保障了松辽地区天然气稳产。川渝地区增储建产快速推进，区加快下二叠统整体开发、致密气层间接替、页岩油伴生气利用，确保持续上产，全年针对老井实施措施127井次，累计增气超1亿立方米，零散气运行时率提升至90%以上；合深4茅口组开发先导试验区4口新井成功投产，见到较好效果。

西南油气田，2023年生产天然气约420亿立方米，同比增长9.6%。西南油气田坚持技术自主攻关，持续突破核心技术，实现了效益开发，保证了规模增储上产。西南油气田全年共投产新井340余口，建成年产能超百亿立方米，先后钻获30余口百万立方米高产气井，“少井高产”的高效开发模式不断优化，实现了储量向产量的快速转化。通过推进钻井提速和压裂提产两大技术的全面运用，西南油气田实现了天然气的高效开发，进入天然气快速发展时期。截至12月14日，西南油气田年产天然气量突破400亿立方米，达400.001亿立方米。常规天然气开发突破“薄层超高压气藏效益建产”等关键技术，形成盆地下古-震旦系、二三叠系新区、老气田三大常规气稳产上产新局面，年产量达251亿立方米。

新疆油田，2023年生产天然气超40亿立方米。新疆油田加快接替领域规模发现、重点领域效益储量落实。新疆油田大力攻关火山岩油气田开发，创建7种符合火山岩地质特征的物理模型，采用气井全生命周期个性化配产方法，老井自然递减率从28%降至10%以下。截至11月15日，新疆油田采气一厂克拉美丽气田累计产量突破127亿立方米，为老区气藏持续稳产提供了有力支撑。克拉美丽气田积极投产新井、措施井85口，日产最高气量突破385万立方米，该气田已连续7年稳产10亿立方米。新疆油田准东采油厂彩南作业区结合油田实际勘探开发情况，对煤岩气开发进行了布局，在原有2口煤岩气井基础上，增加彩煤-2-001H、彩煤-2-002H等4口煤岩气井。

元坝气田，2023年生产天然气37.66亿立方米，实现超产150万立方米。元坝气田深入开展产量动态管理，建立了从运行采气到集中运输的全流程管理体系。截至10月20日，元坝气田年累产天然气超30亿立方米。元坝气田2023年统筹关井作业100余项，增产天然气1000万立方米。元坝气田通过对管理、作业和目视的标准化，实现了提前8天完成检维修任务，额外贡献产量超1100万立方米。元坝气田建立高产气井合理配产指标体系，及时开展预防性解堵和集输批处理等作业，充分发挥气井产能。10月14日，元坝205-2

井累产气超15亿立方米，成为元坝气田第8口累产超15亿立方米的气井。元坝气田通过精致调控产水井、科研课题攻关、加密流体监测，严控生产压差等措施，实现产水气井稳产高产，2口产水井先后突破累产10亿立方米。

3. 海上油气产能建设情况

2023年，中国海上油产量突破6200万吨，连续四年占全国石油增产量的60%以上。渤南、陆丰、流花、恩平等油气田群成为海上油气产量增长点，中国海上已建成渤海3000万吨级、南海东部2000万吨级两个大型油气生产基地。

中国海油持续加大开发力度，增储上产、提质增效取得积极成效，油气净产量稳步增长，成本竞争优势进一步巩固。经营业绩优良，油气增储上产再攀新高，重大工程建设稳步推进。

在产能方面，中国海油2023年油气净产量达9403.61万吨，同比增长8.7%，创历史同期新高，其中68.8%的净气产量来自中国，中国净产量达4838.9万吨，同比上升6.7%，主要得益于垦利6-1和陆丰15-1等油气田产量增加。中国海油国内海上油气净产量达17.0万吨/日，其中石油液体净产量达13.6万吨/日，天然气产量达4107.5万立方米/日。

在开发投产方面，2023年中国海油多个新项目投产，全年在建项目超过40个，重点项目开发建设进展顺利。垦利6-1油田群于7月12日实现全面投产，日产原油突破8000吨，原油产量达245万吨，标志着中国掌握了非整装大型油田开发技术体系。渤中28-2南油田二次调整项目、陆丰12-3、旅大5-2北一期、恩平20-4等重大项目成功投产。陆丰12-3油田高峰日产量达3965吨油当量，渤中19-6凝析气田一期高峰日产量达5286吨油当量，支撑海上油气开发稳产增产。10月16日，中国首个深水高压开发项目“深海一号”二期工程首口开发井作业顺利完成，测试日产天然气超100万立方米，日产凝析油超230立方米。11月14日，渤中19-6气田Ⅰ期开发项目成功投产，项目主要生产设施包括新建1座中心处理平台、3座无人井口平台和1座天然气处理终端。

在生产技术方面，中国海油持续加强关键核心技术攻关，以科技促生产的能力不断增强。11月3日，乐东10-1气田生产平台完成海上安装，该气田开发项目位于海南岛南部莺歌海盆地，作业平均水深约90米，气田储层温度高达214℃，地层压力达94兆帕，达到超高温超高压气田标准，该气田的开发对提升中国海上复杂油气资源开发能力、保障国家能源安全具有重要意义。同时，中国海油持续推进海上无人化平台及智能油田建设。“深海一号”建成世界首个具备远程遥控生产能力的超大型深水平台。中国海油结合自身技术优势，稳步推进绿色发展。恩平15-1油田CCS示范工程的成功投用，设计高峰年二氧化碳回注量约28万吨，标志着中国海油拥有海上油气田的二氧化碳捕集、处理、注入、封存和检测的全套技术和装备体系，填补了中国海上相关技术的空白。

4. 海外油气产能建设情况

2023年，中国海外油气合作不断优化，海外布局进一步完善，稳妥推进海外油气产能运营建设；油气合作项目保持在较高的运营水平上，合作质量进一步提高。

中国石油持续加强油气开发的国际合作，持续优化油气勘探业务布局和资产结构，提升海外油气资产质量。中国石油在“一带一路”沿线的油气权益产量保持8000万吨以上，约占中国石油海外油气权益产量的83%；与沿线50多个国家的油气贸易量年均近3亿吨，工程服务在阿联酋、伊拉克、沙特等20多个国家形成合同额超亿美元的规模市场。中国石油与中东多国建立了稳固可靠的伙伴关系，与伊拉克、阿曼、阿联酋等中东5国达成15个油气合作项目。2023年，中国石油海外油气当量产量达2648.5万吨，同比增长13.2%，占中国石油油气产量11.1%。其中，海外原油产量达2211.4万吨，同比增长17.7%；可销售天然气产量达54.8亿立方米，同比下降5.1%。

中国石化不断优化海外油气合作项目，持续深化海外能源合作关系，稳步推进海外油气产能建设。2023年，中国石化海外原油产量达406.2万吨，同比下降约1.9%。2023年，中国石化与卡塔尔能源公司签署卡塔尔北部气田扩能项目二期(NFS)一体化合作协议。根据该协议，卡塔尔能源公司将每年向中国石化供应300万吨LNG，为期27年；卡塔尔能源公司还需向中国石化转让其合资公司5%股权(折合NFS项目1.875%股权)。

中国海油持续推进海外油气建产，为中国能源安全作出贡献。2023年，中国海油海外油气资产占公司油气总资产的44.6%，资产遍及世界上二十多个国家和地区，全年海外油气净产量达72672.3吨/日。油气净产量的上升主要来自圭亚那Liza二期和巴西Buzios油田等产量的增加。圭亚那Stabroek区块的第三个Payara项目高峰日产量为3万吨油气当量，中国海油拥有该项目25%的权益。6月1日，中国海油宣布巴西Buzios5项目安全投产，高峰日产量达约2.9万吨油气当量。Buzios油田位于巴西东南海域桑托斯盆地，作业水深1900~2200米，是世界最大的深水盐下油田，日产原油约8.4万吨。Buzios5项目是该油田第5期项目，采用“浮式生产储卸油装置(FPSO)+水下生产系统”的开发方式，首批开发井包括5口采油井和5口注入井，设计原油日生产能力2.1万吨，天然气日处理能力600万立方米。中国海油子公司中国海油巴西石油有限公司持有Buzios油田一体化开发项目7.34%的权益，作业者Petrobras持有88.99%的权益，中油国际(巴西)公司持有3.67%的权益。

(二) 非常规油气产能建设情况

2023年，中国油气产业非常规油气开发建产成果突出。页岩气实现效益开发，为绿色低碳转型作出突出贡献，开采技术达到国际领先水平；煤层气开发建产效益明显，成为非常规油气建产的重要组成部分；致密气开发技术进步明显，逐步实现效益开发；致密油开采成本持续降低；稠油采收率不断提高。

1. 非常规天然气产能建设情况

(1) 页岩气

2023年，中国页岩气产量达250亿立方米。岩气开采技术多路线并进，中深层生产基地不断巩固，深层持续突破，大幅提升了采收率，有效实现了稳产增产的战略目标。

中国石油西南油气田页岩气年产量达128.7亿立方米，累计产量达621亿立方米，全面建成千万吨级页岩气大气田。西南油气田在中深层页岩气规模开发方面积累了众多技术和经验，为页岩气效益开发开辟了广阔前景。截至10月21日，川南页岩气田累计产气700.25亿立方米，折合油气当量5579万吨，为中国首个累计产气量突破700亿立方米的页岩气田。川南页岩气田落实上覆地层复杂区，开发区资源动用率达95%；突出一体化工程设计，推广运用压裂工艺，深层页岩气钻井故障复杂率由开发初期的12.13%降低至3.65%。截至10月12日，西南油气田页岩气产量突破100亿立方米，达100.51亿立方米。长宁—威远页岩气田通过划分开发单元，针对性制定调整措施，钻获威215、自208等评价井，有力支撑长宁—威远区块全年稳产超95亿立方米。截至11月30日，长宁页岩气田累计生产页岩气突破300亿立方米，折合油气当量2390万吨；威远页岩气全年产量23.1亿立方米，累计产量达141.2亿立方米。

中国石化江汉油田天然气产量达73.3亿立方米。作为中国石化页岩气产量最大的气田，涪陵页岩气田始终秉持绿色发展理念，坚持科技创新，完成重点设备全国产化，有力支撑中国页岩气产业发展。涪陵页岩气田通过强化精细管理、新井试气效果提升和老井综合治理，气井利用率同比提升4.4%、采气时率同比提升5.3%，老井综合递减率同比下降1.2%。截至9月23日，涪陵页岩气田累产气突破600亿立方米。涪陵页岩气田优化放喷、气举、泡沫排水、抽油机排水采气等工艺，保持气田日产量在2000万立方米以上。涪陵页岩气田建成一批高产页岩气井，累计超1亿立方米的气井208口，累计产量超343亿立方米，占比达55.3%，其中焦页6-2HF井是中国累产最高的页岩气井，累计产气量突破4亿立方米。江东区块开发调整井焦页81-12HF井10月17日获高产工业气流23.41万立方米/日，焦页81-8HF井测试产量22.32万立方米/日。

（2）致密气

2023年，中国致密气产量超600亿立方米。中国油气企业持续在致密气效益开发方面取得进步，开采效率进一步提高，开采成本不断下降，产量稳步增长。

2023年，中国石油西南油气田致密气全年产量突破40亿立方米。西南油气田围绕致密气增储上产开展各项工作，推进致密气规模效益开发。天府气田致密气年生产能力突破34亿立方米，截至10月15日，天府气田致密气日产气量1001万立方米。截至11月1日，简阳区块永浅3平台11口先导试验井全面投运，合计定产超100万立方米/日，标志着四川盆地首座百万立方米致密气生产平台建成。金秋区块致密气井整体稳产能力较好，气井产能、井均 EUR、采气速度等开发指标均优于开发方案设计。西南油气田大力开展新工艺新技术试点应用，钻前工程平台施工周期提速 24%，平台平均投资下降 18%，单井平台建设周期提速 38%，集气站建设周期提速 20%，亿立方米产能投资控制下降 12%。

2023 年，长庆油田苏里格气田生产天然气突破 300.6 亿立方米，累计生产天然气超过 3300 亿立方米，日产气量突破 1 亿立方米，为改善生态环境质量贡献了力量。长庆油田形成了“六统一、三共享、一集中”管理模式和“四化”建设模式，创新形成五大技术系列 16 项关键核心技术，为非常规油气资源规模效益开发提供了样板，充分保障了苏里格气田年 300 亿立方米持续稳产。

中联公司晋西分公司坚持精细开发理念，不断统筹新井上产、老井稳产、措施增产。在临兴国际合作项目中，中联公司晋西分公司面对气藏地质构造复杂、致密气井稳产增产难度逐年提升等困难，通过优化试气井配产、高产井专项治理、低产井措施挖潜、平台增压、老井补层等措施，累计成功压裂 97 井次，投产新井 75 口，新建产能 155 万立方米/日，日产量突破 450 万立方米/日，已累计增产 7700 万立方米。

（3）煤层气

2023 年中国煤层气超 110 亿立方米，中浅层滚动开发稳步推进，深层实现重大突破，开发力度持续加大。

2023 年，华北油田山西沁水煤层气田产量达 22.5 亿立方米，同比增长 19%。华北油田依托沁水盆地丰富的煤层气资源，持续进行技术创新攻关，创建了高煤阶煤层气疏导开发方式，使新建水平井单井日产量大幅提高，高产井比例达 48%以上，产能到位率达 95%以上。华北油田深化煤层气理论认识，坚持工程地质一体化，优化井位设计、钻井、压裂等关键技术，煤层气整体产量保持快速上升势头，日产气量达 680 万立方米。

中国石油煤层气公司在深层煤层气开发上取得突破性进展，实现了深层煤层气中阶、高阶效益开发。煤层气公司加快推进深层煤层气上产，产量结构发生转变。煤层气公司日产气量中纯煤层气占比由 2023 年初的 47%提高至 70%，9 月 26 日，煤层气公司日产量达 1000 万立方米，创历史新高。截至 9 月，煤层气公司深层煤岩气产量突破 400 万立方米，深层煤岩气高效开发示范区已被纳入国家级重点工程、国家级示范区。煤层气公司加快效益建产，累产超过千万立方米的深层煤岩气井达 24 口。大吉区块先导试验和一期 10 亿立方米产能建设持续推进，日产气量突破 300 万立方米。截至 11 月 7 日，大吉 55 井累产突破 1031 万立方米，成为鄂东盆地累产最高的深层煤岩气直井。截至 11 月 23 日，煤层气公司年产气量首次突破 30 亿立方米，产气量达 34 亿立方米。深层煤层气试验直井 SJB10-39 井成为中国首口中煤阶深层煤层气万方直井，是继高煤阶深层煤层气领域获得重大进展后的突破。

中国海油煤层气规模开发取得巨大进展，实现了煤层气效益开发。2023 年 8 月 16 日，潘河薄煤层气开发项目全面投产，标志着中国薄煤层气大规模开发取得新突破。该项目位于山西沁水盆地南部，累计建设 212 口薄煤层气井，单井最高日产达 1.1 万立方米，平均日产量超 2500 立方米。

中联公司晋西分公司通过优化采排管理和技术攻关，推动增储上产。该公司结合地质工程与生产动态，将气井分为压后自喷井、排采即见气井和常规排采井三类开展分类管理工作，借鉴致密气与浅部煤层气开发生产经验，采取自喷—泡沫助排和排水采气工艺，优化不同类别气井生产方式与排采制度，形成了“缓慢降压、阶段稳产、合理提产、适时入网”的排采原则，深煤层气稳产井达产率超 80%。

2. 非常规石油产能建设情况

（1）致密油

致密油开采技术沉淀效应显现，理论认识不断完善，多种路线均取得突破，施工效率不断提高，逐步实现效益建产。

辽河油田围绕普通稠油化学驱研发高分子量表活剂，降低原油黏附功提升洗油效率 27.1%，海 1 块 4 井组转驱后日产油由 28 吨增至 70.9 吨，含水率下降 16.3%，采收率提高 16.5%，助推海外河油田日产时隔 5 年重上 700 吨。

渤海油田实施地震地质一体化工程，建立多尺度三维“双甜点”模型，实现区块有效动用。渤海油田按照逐级分类原则，开展选块选层评价，实现义 109、义 283 等区块有效动用储量近千万吨，占渤南北带未动用规模储量的 40%。渤南油田义 282 块 2023 年增产原油 8600 余吨，同比增加 90.3%，实现了渤南北带深层砂砾岩油藏效益开发，义 282 块产能建设方案部署设计的 12

口井全部顺利投产，平均单井日产油 7. 3 吨。

江苏油田借鉴非常规压裂改造思路，采用“造缝—蓄能—渗吸”一体化压裂工艺，优化前置蓄能、分段压裂、多级暂堵方案设计，肖 17、永 48、富 125 三个致密油平台 7 口压裂井储层改造体积较常规压裂提升 50%，累计产油超 8000 吨。

延长石油公司首批整装开发的致密油、页岩油大平台陆续进入投产阶段，83 口致密油页岩油钻井任务全部完成，其中 40 口顺利结束压裂作业。延长油田下寺湾桥探 30 平台平 1 井日产油突破 100 吨；定边罗平 30 平台投产 3 口井日产油 60 吨；吴起 20-82 平台平 3 井自喷日产油 40 吨。

青海油田风西区块产能建设 15 口水平井，针对Ⅳ、Ⅴ两个油组的 9 口井压裂已实施完毕，其中 8 口井平均单井日产油达 14. 5 立方米，单段压裂成本下降了 20%，标志着风西低饱和度致密油压裂逐步实现了效益开发。

河南油田以注水及压裂为基础实现上产，以组合管柱工艺等方式洗井实现增产，以市场化运作降低成本，在 WT24-1 井实施分层注水、分层压裂等增产新工艺后，该井日产原油量提升 40%。

（2）稠油

中国各油气公司在稠油开发方面多措并举，持续获得相关技术突破，实现了油藏的有效动用。

中国石油辽河油田在普通稠油化学驱方面取得突破，实现了页岩油气效益开发。辽河油田在海 1 块试验区成功实施普通稠油化学驱试验，该试验区日产原油由转驱前的 25. 7 吨提升至 66. 7 吨，综合含水率下降 10. 6%，增加可采储量近 100 万吨。辽河油田海 1 块化学驱试验区动用程度提高 10%，油井见效率达 93%，试验区产量优于方案设计的 5%，增油降水势头持续向好。

吐哈油田鲁克沁采油管理区通过分层系调整和打破直井开发效益差区块实施水平井动用，在 3 个区块进行优化部署，新建产能 4. 5 万吨。吐哈油田重点做好复合吞吐技术攻关，保持多轮次注气吞吐效益达标，2023 年实施注气吞吐 148 井次，增产 3. 63 万吨；加大低产低效井潜力研究，增产 1. 37 万吨，夯实增储稳产基础。

大庆油田通过技术攻关，实现稠油区块累计产油 2300 吨。大庆油田采油十厂对第八作业区长 81-1 区块运用蒸汽热采技术，开展地下稠油油藏开采。长 81-1 试验区 8 口井水平井日产油达 8 吨，直井日产油达 2.2 吨。

渤海油田采用“稠油热采”开发模式，为渤海油田上产 4000 万吨提供重要支撑。渤海油田自主研发了耐温 350℃防砂封隔器技术、耐温 350℃同心管射流泵一体化技术、350℃稠油热采水泥浆体系，实现了稠油的有效建产。渤海油田旅大 5-2 北油田一期项目于 2023 年 6 月全面投产，是中国海上首个规模化特超稠油油田，一期开发项目共有 26 口热采井，见产需经历注热、焖井、放喷，再到射流泵产油四个阶段，单井见产约需一个月时间。

（三）油气开发技术进步分析

2023 年，中国油气开发技术在压裂技术、非常规油藏开发技术、智能化开发技术等方面取得长足进步并积极开拓相关技术的应用场景，顺应了时代潮流，为中国油气行业高质量发展提供了坚实基础。

1. 压裂技术

压裂技术不断取得突破，为中国油气开发向高层次发展提供保障。

中国石油长庆油田苏里格气田首创液氮泡沫技术，标志着压裂新工艺先导试验取得重要成果。氮气泡沫压裂工艺新技术在苏 14 区块一口侧钻定向井先导试验顺利完成，共注入液氮 255 立方米，携砂量 78.4 立方米，用水量仅 370 立方米，试气无阻流量达 42.92 万立方米/日，相较常规压裂工艺节约了 50%的用水量，试气效果提升了 20%以上。

江汉油田积极突破重建井筒重复压裂技术，提高涪陵页岩气田老区采收率。7 月 17 日，焦页 21-3HF 井圆满完成重建井筒和储层改造施工，试获 11.28 万立方米/日高产气流，标志着全国产化重建井筒重复压裂技术日益成熟，有效支撑国内页岩气田老区开发增储上产。通过国产化技术替代，施工成本控制在 2500 万元以内，实现了效益开发。

中海油服创新采用干粉变黏压裂液体系，有效支撑神府深煤层大气田最大井台压裂施工作业。中海油服各井采用“大排量+高黏液+多级粉砂段塞+绳结暂堵”等综合措施，加强近井裂缝处理，形成“主裂缝”通道，控近扩远，形成近井简单、远井复杂的裂缝网络。针对井场空间受限、液体携砂性能较差等一系列难题，创新采用干粉变黏压裂液体系，逐步扩大压裂规模，实现了深煤层井每天1口的压裂进度，累计节约完井周期10天，持续推动陆上完井压裂达到新高度。

胜利油田积极应用渗吸蓄能压裂技术，实现油藏的有效动用。胜利石油工程井下作业公司应用渗吸蓄能压裂技术，使胜利油田孤东采油厂GD281-X18井日产油量提升至13.6吨，平均增油109.23%。渗吸蓄能压裂技术是在压裂造缝时，将渗吸剂注入油层，利用渗吸剂的化学特性，增强岩石的亲水性，进而减少束缚油的黏性，使其剥离下来，在裂缝中自由流动。同时，对于微纳米孔喉中的束缚油，通过让纳米渗吸剂与孔隙充分接触，利用毛细管力将油滴置换出来，进而提高采收率。

2. 非常规油藏开发技术

长庆油田持续深耕致密油藏水平井渗流场重构二氧化碳重复压裂驱油技术。长庆华庆油田致密油藏山156区块首口水平井井筒重构+二氧化碳重复压裂+压裂驱油剂试验井SP8-8顺利完井，共压裂20段60簇，注入液态二氧化碳2400吨，闷井阶段压力扩散平稳，较常规工艺高出4.5兆帕，标志着老油田体积压裂与气驱、化学驱等提高采收率技术持续融合，水平井渗流场重构压裂驱油技术进一步迭代升级。投产的2口试验井增产稳产效果显著，其中CP50-15井日产油由2吨提升至17.5吨，生产2年累增油突破1万吨，累产油达1.13万吨；CP46-21井日产油由2.5吨提升至12吨，生产7个月累产油达2600吨。

吐哈油田在鲁克沁油田积极推进减氧空气吞吐提高采收率技术，实现了稠油的有效驱动。该技术通过将过滤氧气后的空气注入地下，配合起泡剂产生大量泡沫。减氧空气泡沫具有较高的黏度，能够有效驱动稠油，同时泡沫破灭后产生的气体可通过重力超覆等作用扩大波及体积，两者协同作用可大幅度提高采收率。鲁克沁稠油减氧空气泡沫驱采收率由6.8%提高至10%，全生命周期内部收益率达26.5%。

新疆油田蒸汽辅助重力泄油（SAGD）井下大功率电加热启动技术获得突破，助力稠油绿色低碳开发。新疆油田风城油田重18井区双水平井SAGD井组FHW3120完成注汽井、生产井井下大功率电缆下入工作，顺利投产。SAGD

技术转型升级是实现超稠油高效开发的必由之路。稠油电加热辅助 SAGD 技术的成功应用，配合新疆油田丰富的光电、风电资源，以电代汽、绿色开发替代传统燃气锅炉，大幅减少了蒸汽使用量和二氧化碳排放，降低了稠油开发成本，具有广阔的应用前景。

胜利油田研发出低效水驱稠油渗透降黏驱油剂，为多种难动用稠油油藏高效开发提供了技术支撑。针对低效水驱稠油开发难题，胜利油田分析解聚降黏机理，采取技术措施分散胶质沥青质，研发出具有水相增黏和油相降黏功能的渗透降黏驱油剂。该驱油剂被注入深部稠油储层后，可有效乳化深部稠油，实现对油水流度的科学调控，可大幅提高采收率。该驱油剂在滨南采油厂、孤岛采油厂等低效水驱稠油油藏应用中，收到良好效果，累计增油 5.1 万吨。

中国石油西南油气田采用多缝压裂技术实现致密气提产增效。西南油气田围绕致密气压裂提产关键问题，持续优化完善多缝压裂技术，保障致密气持续提产提效。2023 年，西南油气田完成压裂测试 15 口井，井均测试日产量超过 40 万立方米。西南油气田优选长效纤维及石墨烯纳米材料耦合剂，构建三维网络结构提升支撑剂充填层稳定性，攻关形成支撑剂高效铺置技术，室内实验及模拟评价表明支撑缝长较常规工艺提高 26%、支撑剂临界出砂流速提升 1 倍以上，有利于致密气井提产和防砂控砂。累计开展支撑剂高效铺置工艺先导试验 10 井次，完成测试 7 井次，井均无阻流量超过 95 万立方米/日，较常规工艺提高 10%，提产成效显著。

3. 智能化开发技术

中国油气行业充分把握数字化和智能化趋势，以满足新形势下对中国油气的开发建产要求。

长庆油田积极利用智能化技术，大力推进智慧油田建设，推动油气大规模开发。长庆页岩油开发分公司应用首个全生命周期页岩油物联网云平台，建成首座无人值守联合站，持续推进庆城油田 300 万吨页岩油开发示范基地智能化配套工程建设，以数智融合推动页岩油管理变革和效率提升。华 H100 平台在开发中创新应用智能高效排采、集成撬装增压、智能无杆举升采油、智能高效电加热、多井式智能自动计量、油气水三相计量等智能化先进技术，大幅提高劳动生产率。智能无杆采油技术的水平井与常规油井相比，产油能力增加超过10倍，地下实际开采储层辐射面积超26平方千米。

胜利油田面向油气全链条开展智能化技术攻关，打造油田数字化、智能化新产业，全面建设数智油田。胜利油田正理庄管理区加速推进信息技术与生产经营深度融合应用，建立起以智能卡口、无人机智能巡检系统和智能AI巡检系统为核心的智能油田管控系统，实现了高效决策。无人机智能巡检系统可及时发现井场、管线风险并及时预警。智能AI巡检系统针对盘根漏油、工装检测、皮带打滑、悬绳器脱、光杆松脱、柱塞泵漏水等6项内容进行监测，彻底摆脱了人工巡检，提高了风险防控精准度。管理区在15个重点卡口配置视频联网监控识别，提高了油区治安水平。

中国海油积极推进油气生产智能化建设，保障了油气建产安全高效。中国海油在生产领域开展以“智能油田、智能工程、智能工厂”为主题的数字化转型示范建设。其中，天津分公司秦皇岛32-6油田为中国海油建设的海上智能油田，通过数字技术优化了组织机构，简化了工作流程，生产效率将提升30%、操作成本降低5%~10%，开创了新型的海上油气开采运营模式。中国海油开发应用海上钻井作业安全风险监测系统，具备实时感知、超前预警、联动处置和系统评估等新型安全能力，测试版系统已在陆丰15-1油田和渤中29-6油田成功试点应用。

4. 其他技术成果

绿色非酸性清垢体系解堵技术。该技术系胜利油田开发，胜利油田在现河采油厂史深100区块史3-7斜更11井通过实施超分子非酸性清垢体系顺利解堵，日产油较原来增加1.1吨。该井没有实施动管柱作业，大幅降低了作业费用。第一代非酸性清垢体系已在滨南采油厂、现河采油厂等低效水驱稠油油藏实施147井次，单井节约作业费5万~8万元，经济措施有效率82%，应用前景非常广阔。

固体泡沫调剖剂相关技术。该技术系河南油田工程院开发，并以“一种固体泡沫调剖组合物、固体泡沫调剖浆料及其制备方法、调剖方法”获得国家知识产权局专利授权。针对稠油注气开发过程中的井间汽窜问题，该工程院研制形成了一种可固化的泡沫调剖剂，具有抗压强度高、封堵有效期长的特点。

该项技术在河南油田稠油油藏 3 口井进行试验，平均注汽压力提高 73.7%，累计增油超 400 吨。

滑套装置相关技术。该技术系西南油气分公司开发，并以“滑套装置和包含其的压裂管柱”获国家知识产权局授权。水平井体积压裂是实现非常规油气资源有效开发的主体技术，与全通径无级滑套一体化建井技术结合，可简化工序、降低成本，具有无须动用火工品、压裂效率高、可降低储层伤害的优势。此项技术通过特殊防护结构设计及高黏度液体填充占位，能够在高温高压条件下保证全通径无级滑套内外筒之间不进入杂物，使全通径无级滑套能够顺利开启，保障作业安全。该滑套装置已在一体化建井技术中实施 50 余口井，所有滑套均顺利开启，保障了压裂作业顺利开展。

二、2024 年中国油气开发产业展望

2024 年，中国将大力提升油气开发力度，确保原油稳产增产，天然气较快上产，加强能源产供储销体系建设，助力油气在新型能源体系中发挥更大作用。中国将大力推动油气勘探开发与新能源融合发展，积极扩大油气企业开发利用绿电规模，探索形成多能互补、融合发展新模式。在新能源资源丰富且体制机制创新有利的油气田区域，构建低碳或零碳油气田示范工程，为油气行业的清洁低碳转型提供支撑。确定创新驱动发展的核心地位，进一步加速油气开发的数字化和智能化进程。

（一）总体思路

1. 石油开发的总体思路

2024 年，中国的石油开发将以实现绿色、低碳转型为核心目标，着重在技术创新、数字化与智能化方面作出突破，以提高开发过程的效率和环境友好性。全力推进建设国家石油供给保障基地，推动在资源富集区域加大投资、规模建产。加强深海油田开发，加快建设海洋强国。深入推进页岩革命，推动页岩油成为原油稳产的战略接替。同时，将加大对传统石油开发与新能源融合发展的推进力度，探索多能互补、融合发展新模式，以优化能源结构，提升能源利用效率，加大 CCUS 技术推广应用力度，积极稳妥推进行业绿色

低碳转型，为国家的碳中和目标作出贡献。

2. 天然气开发的总体思路

2024 年，中国的天然气开发重点将放在提升产能、推动高质量发展和实现与新能源的融合上，以重点项目为着力点，确保完成全年天然气增产保供任务。深入推进页岩革命，推动页岩气实现二次跨越发展。通过技术创新、系统优化以及数字化和智能化手段，中国将努力提升天然气开发和利用的效率，降低成本。

（二）发展目标

2024 年，中国的油气开发目标将是一个多方面的集合，旨在提升国家的能源安全并推进"双碳"目标的实现。中国将着重提升油气产能，确保国内原油产量长期稳定在 2 亿吨水平以上，天然气年产量快速上升至 3000 亿立方米并长期稳产，天然气自给率不低于 50%。同时，根据《加快油气勘探开发与新能源融合发展行动方案（2023—2025 年）》的指导，中国将大力推动油气勘探开发与新能源融合发展，积极扩大油气企业开发利用绿电规模，加大油气开发与新能源融合的技术创新攻关力度，特别是在低成本太阳能光热应用、油气田储能（电与热）技术、分布式微电网和综合能源智慧管控等领域，以促进油气产业的绿色、低碳发展。通过这些综合措施，中国在 2024 年的油气开发上将进一步促进数字化和智能化的应用，推动油气行业实现高质量、可持续的发展。

（三）政策展望

1. 加大油气资源开发上产力度，提升能源安全保障水平

在加快规划建设新型能源体系的新阶段，油气资源是不可或缺的重要组成部分，挖掘油气增供潜力、保障国家能源安全仍然是中国能源发展的首要任务。2024 年，深海油气资源将成为重点关注领域。特别是在资源富集的海域，国家将加大投资力度，集中进行大规模的开发。2024 年，页岩气的开发将进一步加速，页岩油也将逐步成为原油稳产的新方向。与此同时，CCUS 技术作为降低碳排放的关键技术将得到更为广泛的应用。此外，老油气田如大庆和胜利，也将继续得到国家的强力支持，以确保其产量的稳定。

2023 年 4 月发布的《2023 年能源工作指导意见》明确了化石能源在国家能源结构中的基础地位，特别是原油和天然气项目的重要性。其中，玛湖、富满、巴彦和渤海的原油产能项目，以及陕北、川南、博孜—大北的天然气产能项目，被确定为重点推进的项目。在考虑全国的能源布局时，“五油三气”所指的关键盆地及海域的油气资源被列为首要的开发对象。对于老油气田，保持其稳定产量被视为核心任务。同时，国家也力争在陆地深层、深海、页岩油气勘探开发及 CCUS 在原油绿色低碳发展中的应用方面，取得科技与工程的突破。

2023 年 7 月，国家能源局召开了“2023 年大力提升油气勘探开发力度工作推进会”。会议进一步明确了依托重点项目加强国家油气供应保障基地的策略，特别是在资源富集的地域，计划加大资金投入，系统地进行勘探，并逐步推进生产。此外，对深海油气的勘探开发也给予了高度的重视，并期望能够加强国家在此领域的技术与能源布局。对于页岩资源，政府计划进一步推动技术创新，期望页岩气能实现更高效的生产，而页岩油则作为一个潜在的稳定原油生产来源受到了关注。

2. 加速新能源与油气开发融合，推动能源生产结构转型

2024 年，中国将大力推动油气勘探开发与新能源融合发展，积极扩大油气企业开发利用绿电规模。2023 年 2 月发布的《加快油气勘探开发与新能源融合发展行动方案（2023—2025 年）》（以下简称《行动方案》）指出，在 2025 年之前，借助油气领域促进新能源的高效利用，以满足油气田电气化增加的电力需求，减少勘探开发的自用油气，预计将增加约 45 亿立方米的天然气商品供应量。通过实施增压开采等措施，预计会增加约 30 亿立方米的天然气产量。借助低成本的绿色电力支持减氧空气驱动、二氧化碳驱动和稠油热采电加热辅助等三种次级采油技术，预计会增加 200 万吨以上的原油产量。同时，《行动方案》也强调了推动油气公司进一步发展新能源产业，以持续推动能源生产和供应结构的转型升级。努力推动陆上油气探索开发与风电和光伏发电的自消纳合作，包括风光发电的集中和分布式开发。同时，协调推进海上风电与油气探索开发的合作，以形成海上风电与油气田区域电力系统的互补供电模

式，逐步实现产业协同发展。

2023 年 9 月出台的《国家能源局关于组织开展可再生能源发展试点示范的通知》进一步指出，将推进海上风电与海洋油气田深度融合的示范项目。主要鼓励石油公司在海上油气生产平台周围 10 千米海域内建立风电场，探索海上风电与海洋油气的协同开发、近距离接入、绿色电力替代以及联合运维等综合发展策略，旨在创建一个海上风电与油气田区域电力系统的互补供电模式。该模式充分借助陆上油气田的风能和太阳能资源优势，建设条件良好且具备持续规模化开发的潜力，重点增强新能源的就地消纳能力。主要在大庆、长庆、胜利、塔里木、新疆、华北等油田推动风电和光伏发电的集中式开发，以支援油气勘探开发的清洁能源需求，加速替代燃料油气，提升油气采收率，从而显著提高油气商品的供应量。在油气矿区及其周边地区，积极发展油区内的风电和光伏发电分布式开发，特别是推广低风速风电技术，合理利用荒山丘陵、沿海滩涂等资源，推动风电的就地就近开发。在新疆、青海、甘肃等油气和太阳能资源丰富的地区，构建油气与太阳能同步开发综合利用的示范工程，充分应用太阳能聚光集热及储热技术，实现油气生产过程中的清洁供热，助推低碳油气的开发。

同时，《行动方案》指出，将增进油气勘探开发与新能源融合项目的备案效率。通过全国投资项目在线审批监管平台，处理风光发电、氢能地热等多能互补、源网荷储、微电网等新能源设施的备案手续。这些设施将用于油气勘探开发，并作为油气开发项目的产能建设配套，统一完成备案流程。

3. 积极打造低碳、零碳油气田，引领油气行业绿色转型

2024 年，在新能源资源丰富且体制机制创新有利的油气田区域，政府将持续推动构建一系列低碳或零碳油气田示范工程，为整个油气行业的清洁低碳转型提供有力支撑。能源发展与环境保护之间的关系变得日益紧密。要想实现可持续发展，就必须坚持在保护中开发、在开发中保护。中国政府已经明确提出，在油气开发与新能源融合发展的规划与建设中，始终将生态环境保护作为核心考量，而这也与全球的绿色、低碳发展趋势相一致。《行动方案》指出，将进一步促进油气勘探开发与新能源技术的深度融合，鼓励创新应用方式和优化体制机制，在保障能源供应的同时，有效降低天然气的自用量。

通过推广分布式能源的接入和应用，以期探索并创新新能源全产业链的开发利用合作模式。通过完成低碳油气田的建设和示范引领，展现新能源技术与清洁能源转型的重要窗口，为油气行业的清洁低碳转型提供实践基础与经验借鉴。此政策意图推动行业向更为环保、可持续的方向发展，为实现能源结构优化升级，以及降低环境影响提供有益探索。这种政策导向不仅有望推动能源的高效利用，也为油气行业的长期发展及其与新能源领域的合作提供了明确的政策指引和发展方向。

4. 坚持创新驱动发展，促进油气开发数字化、智能化

《行动方案》和《2023 年能源工作指导意见》等政策均明确了油气开发行业数字化和智能化的重要性，并确定了创新驱动发展的核心地位。2023 年 4 月，在国务院新闻办公室举行的“权威部门话开局”系列主题新闻发布会中，国家能源局局长表示，将采取一系列措施加快推动能源科技自立自强。具体而言，2024 年，或将通过“揭榜挂帅”和“赛马”等创新机制，激发油气企业之间的竞争，推动油气开发企业在核心技术和关键环节上取得突破，进而加快中国油气行业的自主创新步伐，并在一定程度上提高油气开发的效率。数字化和智能化是推动油气开发现代化的关键因素。例如，通过大数据和人工智能技术，企业能够更准确地分析地质数据，预测潜在的油气储量，从而降低勘探风险，提高勘探成功率。而且，智能化技术也能够在油气的开采、运输和加工等环节中发挥重要作用，例如通过智能监控系统提高设备的运行效率和安全性，通过智能优化算法降低能耗，提高生产效率。同时，2024 年，将进一步促进资金链和人才链的深度融合，为油气开发的数字化和智能化发展提供必要的资源保障。通过吸引更多的投资，以及培养和引进高水平的人才，油气企业能够获得更多的资本和技术支持，进一步加速油气开发的数字化和智能化进程。

同时，《行动方案》强调，2024 年将通过增强技术创新攻关力度促进油气开发与新能源融合发展。重点发展油气产能建设项目配套的低成本太阳能光热应用、油气田储能（电与热）技术、分布式微电网以及综合能源智慧管控等领域。提升风能、太阳能资源预测的准确性及风电、光伏发电功率预测的精度，增强风电、光伏发电适应电力系统扰动的能力，以保障油气生产的稳定运行。

中国油气工程技术服务产业分析与展望

2023年，中国经济企稳回升，市场预期明显改善，油气企业持续加大油气勘探开发力度，有力支撑了国内油气工程技术服务市场发展。展望2024年，国内各石油公司将继续保持稳健的投资战略，国内油气工程技术服务市场竞争会进一步加剧。

一、2023年中国石油工程技术服务市场现状

（一）国内油气工程技术服务行业稳中向好发展

受到美联储加息、OPEC组织等主要产油国减产政策等因素影响，2023年，国际油价保持中高位运行。2023年，北海Brent原油期货平均价格为82.17美元/桶。2023年初，全球多家石油天然气巨头纷纷宣布增加2023年的资本支出。随着国内经济全面恢复常态化运行，宏观政策效果初步显现，工业生产稳步恢复，进而促使国内原油和天然气产量稳步增长。2023年国内油气勘探开发投资预计在3900亿元左右。由此估算，2023年国内油气工程技术服务行业规模在2535亿元左右，同比增长9.6%左右。

（二）油气工程技术服务企业市场活跃度持续升高

国家能源局召开2023年大力提升油气勘探开发力度工作推进会，要求推动油气增储上产再上新台阶，推动在资源富集区域加大投资、集中勘探、规模建产，深入推进页岩革命。这些政策释放的积极信号给国内油气工程技术服务企业带来机会。2023年，杰瑞股份实现营业总收入139.13亿元，较同期增长21.94%，其在中国石油2023年第二季度压裂设备带量集中采购项目中成功全部中标，为中国页岩油气资源开发的电驱压裂规模化应用及压裂服务降本增效提供了可靠的技术保障。同时，随着疫情的缓解，各油气工程技术

服务企业海外市场业务也逐步回升。通源石油 2023 年上半年北美业务实现收入 4.11 亿元，同比增长 83.9%。这主要得益于通源石油美国子公司（The Wireline Group）泵送射孔技术达到全球领先水平，市场占有率迅速提升。石化油服在油气钻井技术服务方面取得重大突破。其公司的“跃进 3-3XC”井开钻，该井预计钻探深度 9472 米，将刷新亚洲最深油气井纪录。

（三）行业数字化、绿色低碳化运用和建设快速发展

从行业自身发展来看，油气工程技术服务企业纷纷加快数字化进程，以数字技术整合传统业务，信息化、数字化、智能化正在重塑行业格局和业态。“双碳”目标的提出也成为推动油服行业实施转型的压力和动力。企业一方面积极布局发展光伏、绿氢、CCUS 等清洁能源和非常规油气业务；另一方面以数字新业态和智慧场景为油气业务赋能。海油发展的“海洋石油平台运维工程数字化协同工厂”综合成本降低 20%。潜能恒信逐步创建油气人工智能板块，创新构建高精度地下三维空间大数据软件平台，建设智慧油田，为降低勘探风险，低成本发现油田、高效益开发油气田提供技术支撑。在“双碳”目标引领下，各油气工程技术服务企业的绿色工程稳步推进。海油发展的天津滨海东沽零碳园区综合能源示范项目落地，成为海上油田首个“负碳厂区”，持续推进产业低碳化。在二氧化碳捕集、利用与封存技术方面，各企业也在积极布局。石化油服的“齐鲁石化—胜利油田百万吨级 CCUS”项目输送管道全线贯通并一次性投产成功，这是中国首次实现液体二氧化碳长距离密相管输，补齐了中国 CCUS 全链条规模化发展技术短板。

（四）油气工程技术服务企业海外业务持续取得突破

国内油气工程技术服务企业近年来以优异的施工业绩和良好的品牌形象赢得业主高度认可。俄乌冲突发生后，国际能源市场格局发生重大变化，短期市场焦点发生较大转移，全球上游勘探开发投资规模整体有明显提升。国内油气工程技术服务企业纷纷顺应市场发展趋势，通过国际化叠加技术创新，不断拓展海外业务。海油工程 2023 年前三季度累计实现海外市场承揽额 76.35 亿元，同比增长 276%，海外市场成绩显著。2023 年，石化油服与沙特

阿美公司新签5.4亿美元钻(修)井项目、续签0.6亿美元三维地震采集项目;与科威特国家石油公司续签4亿美元钻(修)井项目。杰瑞股份2023年上半年的海外业务收入占比达46.43%,收入同比大幅增长77.63%。惠博普成功拿到马基努油田(Digital Signal 2,DS2)含水原油处理集输站升级改造设计采购施工(EPC)项目合同订单。

二、2023年中国石油工程技术服务行业问题

作为国家能源体系的支柱之一,2023年中国油气工程技术服务行业处于关键时刻。在国内和国际环境的综合影响下,这一行业面临了前所未有的机遇,同时也面临着来自行业转型、市场结构和外部风险等方面的更大挑战。

(一)油气工程技术服务行业的转型速度需要加快

在国内增储上产和"七年行动计划"的利好带动下,2023年中国油气工程技术服务行业面临较高的景气度。与此同时,国内油气工程技术服务企业在服务一体化、低碳化和数字化业务领域与国际先进企业之间仍存在差距。首先,国内的大部分民营油气工程技术服务公司规模较小,资本积累相对不足,尚未形成一体化服务模式。它们的主要业务领域局限于钻井、完井和油气设备等细分领域,与斯伦贝谢、哈里伯顿和贝克休斯等国际企业相比,缺乏多元化的服务能力。这种单一的业务模式可能导致客户的多样化需求未能满足,同时也阻碍了成本的降低、效率的提升,以及客户的风险管理和费用控制。其次,国内油气工程技术服务企业的低碳转型投资不及预期。虽然一些国内企业已经着手规划和部署可再生能源项目,但是清洁能源项目在整体业务中所占的比例仍然较低。最后,相较于国际先进公司,国内油气工程技术服务企业在数字化、智能化方面的水平相对较低,体现在数字化基础设施发展不足,如随钻测井技术的测量参数较少、性能不够强大、精度有待提高;关键技术存在差距,如旋转导向技术的稳定性和可靠性相对较低,应用水平有待提高;软件支持能力也需要改进,以提高数字化学科的开放性和灵活性。

（二）油气工程技术服务行业的市场结构需要改善

中国油气工程技术服务行业的市场结构问题日益引起关注。与国有油气工程技术服务企业相比，民营油气工程技术服务企业进入市场的时间较短。它们主要专注于为新开发的油气田或老油气田提供新增的业务服务。然而，这些民营油气工程技术服务企业在资源优势方面存在不足，这导致主要的市场份额被国有企业占据。此外，油气工程技术服务行业在市场准入、资金、人才等方面存在进入壁垒，进一步对民营企业构成了挑战。不合理的市场结构对市场竞争构成明显障碍。从2023年上半年的净利润来看，国内排名前五的油气工程技术服务公司分别为中海油服、海油发展、杰瑞股份、海油工程以及中油工程。值得注意的是，仅杰瑞股份一家民营企业跻身其中。从杰瑞股份在国内前五大油服公司的营收总收入中所占比重来看，它仅占据了相对较小的份额，这进一步凸显了市场结构不合理的问题。

（三）油气工程技术服务行业的风险应对能力需要提升

在全球化背景下，错综复杂的国际宏观环境给石油天然气行业的发展带来了诸多挑战，这进一步对油气工程技术服务行业产生了直接而深远的影响。首先，大国间的博弈和冲突，例如俄乌冲突的延续和巴以冲突的爆发，直接威胁全球能源安全，同时也引发了国际能源市场的不断波动。这种不确定性加剧了油气工程技术服务行业面临的外部风险，使其不得不重新评估战略，以适应快速变化的国际形势。其次，能源作为大宗商品，容易受到全球经济周期的影响。如果全球经济继续放缓，将导致投资者对大宗商品的需求减少，从而对能源市场产生负面影响。这使得油气工程技术服务行业将面临来自宏观经济波动的持续挑战，需要制定更为灵活的经营策略，以维持盈利和市场份额。最后，技术局限性也是国内油气工程技术服务企业亟待突破的问题，尤其在清洁技术和数字技术领域。为了取得技术领先，哈里伯顿实验室于2023年4月将3家清洁能源公司FuelX、LiNa Energy和Solaires纳入其“清洁能源加速器”计划。2023年9月，斯伦贝谢宣布开发可持续发展数字化平台，将为工业部门提供可持续发展数字化解决方案和为客户提供相关数字化产品和服务。总的来说，严峻的国际形势可能会加剧油气工程技术服务行业的下行风险，这需要油气工程服务企业采取提前部署多样化业务、积极参与国际合作等措施，以减轻外部不稳定性对业务的冲击。

三、2024年中国石油工程技术服务行业展望

2024年将是实现“十四五”节能减排目标的关键一年。为此，大力加快低碳化转型，提高数字化水平，实施创新驱动发展战略，提升自主创新能力，提高智能化水平，努力实现绿色、高质量、低碳化发展，是中国石油工程技术服务行业未来的发展趋势。

（一）持续加快数字化转型

全面加快数字化转型是中国石油工程技术服务行业势不可当的发展趋势。应用物联网、人工智能、传感器等技术，以实现数据的实时采集和处理。应用虚拟现实和增强现实技术，以提高勘探和开发的效率和准确性。例如，使用虚拟现实技术模拟油藏的地质结构和物理特性，帮助工程师更好地理解油藏的构造和特征。此外，加强数字化管理和运营，以提高生产效率和降低成本。

（二）大力推进绿电替代

“双碳”目标背景下，在坚持油气主业的同时，石油工程技术服务行业重视发展风电、光伏、地热业务，以替代油气生产过程中的化石燃料消费。将油气田生产与来自外部新能源基地的绿电充分结合，达到协同一体化运行目的，通过规模绿电供应替代油气田生产中的火电消费，以达到减碳目的。

（三）加强管理与协作、延伸产业链

通过节能降耗技术革新和强化责任监督等，杜绝产业链运行过程中的“跑冒滴漏”现象，堵塞管理上的漏洞，在节能的同时有效控制碳排放。树立节能降耗及控制排放理念，主动向用户领域延伸，以保证其努力和行为落地生效。此外，注重与全球知名石油工程技术服务公司开展合作，致力于开发具有突

破性的节能技术，继而推动节能减排。

（四）研发及创新低碳技术，强化节能减排技术

在低碳技术创新方面，石油工程技术服务行业应加强联合科研机构、高校及科研基地等进行低碳技术研发与创新。如利用天然气水化合物、新一代生物质能材料等来研发低碳能源技术。加强石油能源的低碳技术研发，逐渐淘汰并关停污染严重、技术落后、能源消耗高、产品质量差及污染严重的企业，大力研发及创新以降低单位能耗。

（五）加强石油工程技术服务行业结构调整

加快石油工程技术服务行业结构升级，降低石油能耗投入及消耗，推进石油工程技术服务行业的规模经济与集约经济。通过产业集群形成石油工程技术服务产业基地，通过专业化、技术化及规模化生产，创新生产线技术、设备技术及工艺技术，降低相关产品的单位成本，促进石油工程技术服务行业产业结构升级，加强产业结构整合，从而降低石油能源能耗投入及消耗，促进石油工程技术服务行业的可持续发展与协调发展。

（六）加大重点基础前瞻技术攻关

以深层页岩油气、致密油气为对象，研究流固热多重耦合下岩石微观力学特征及裂缝延伸规律，解决高效钻井、缝网压裂难题。深化人工智能、微电子、新材料（量子、纳米、石墨烯、智能）等与石油工程技术的融合研究，开发随钻智能油气识别、智能监测、智能流体和智能压裂技术，培育自动化智能化石油工程技术。探索微波、冲击波、超高压破岩，纳米机器人油藏探测，页岩油原位改质和井下油水分离等技术，为科技创新和颠覆技术培育提供支撑。

中国炼化产业发展分析与展望

2023 年，炼化行业产能增长缓和，无序增长势头逐渐得到控制，整体运行进入良性发展阶段。重点项目提质增效，炼化行业产业布局调整持续优化、加速推进。整体来讲，炼化产业正向资产布局和资产结构持续调整，“油转化”和“油转特”进程加速，一体化程度和深度正不断推进。高碳的炼化行业将继续积极推进数字化建设，加快绿色低碳转型。随着减油增化和低碳转型加速，“油转化”、低碳化关键及核心技术的支撑作用将愈加凸显。预计中国炼化产业低碳发展政策将加快出台，“双碳”目标下炼厂与新能源将融合发展，国家发展和消费升级将推动炼化产品需求结构优化，同时，智慧、清洁、安全、高效的智能炼厂将加快建设。

一、2023 年中国炼化产业发展状况

2023 年，在“双碳”目标下，中国炼化行业积极推进绿色低碳发展，并加速产业的数字化建设。此外，随着炼化技术的发展，炼化产业呈现出较高的集中度和技术装备水平。

据中国石油和化学工业联合会数据统计，2023 年中国原油表观消费量达 77178. 5 万吨，同比增长 8. 5%，对外依存度达 1. 7%。天然气表观消费量 3907. 2 亿立方米，同比增长 7. 5%，对外依存度为 0. 9%。成品油表观消费量 38698. 8 万吨，同比上升 15. 5%，其中汽油表观消费量 14910. 2 万吨，同比增长 11. 3%；柴油表观消费量 20365. 2 万吨，同比下降 12. 3%；煤油表观消费量 3423. 4 万吨，同比增长 73. 6%；合成树脂表观消费量 13300 万吨，同比增长 3. 1%；合成橡胶表观消费量 1340. 4 万吨，同比上升 8%；乙烯表观消费量 3386. 6 万吨，同比增长 12. 5%；烧碱表观消费量 3854. 9 万吨，同比增长 6%。

2023 年中国炼油产业原油产量 20891. 5 万吨，同比增长 2%。成品油产量 42835. 8 万吨，同比增长 16. 4%，其中生产汽油 16138. 4 万吨，同比增长

10.1%；生产柴油 21729 万吨，同比下降 13.3%；生产煤油 4968.4 万吨，同比增长 68.3%。2023 年化工产业重要产品中，乙烯产量 3189.9 万吨，同比增长 6%；硫酸产量 9580.0 万吨，同比增长 3.4%；烧碱产量 4101.4 万吨，同比增长 3.5%；合成树脂产量 11901.8 万吨，同比增长 6.3%；合成橡胶产量 909.7 万吨，同比增长 8.2%；化肥产量 5713.6 万吨，同比增长 5.0%；化学农药原药产量 267.1 万吨，同比增长 2.8%。

（一）炼化产业盈利能力上升

根据中国石油和化学工业联合会数据统计，2023 年中国炼化产业主营业务盈利能力上升，其中，炼油业增加值同比增长 8.3%，增速比上年回升 16.3 个百分点，由负大幅转正；化工行业增加值同比增长 9.2%，增速比上年提高 3.6 个百分点。2023 年炼化产业的利润总额为 660.96 亿元，其中炼油业累计实现收入和利润分别为 4.96 万亿元和 656 亿元，同比分别增长 2.1%和 192.3%。化工行业累计实现收入和利润分别为 9.27 万亿元和 4862.6 亿元，同比分别下降 2.7%和 31.2%，石化化工专用设备制造业累计实现收入和利润分别为 2862.1 亿元和 204.7 亿元，同比分别增长 9.9%和 26.2%。

（二）炼化产业加快推进数字化建设

2023 年 3 月 28 日，为贯彻《中华人民共和国国民经济和社会发展第十四个五年规划和 2035 年远景目标纲要》，落实《“十四五”原材料工业发展规划》，推动炼化行业高质量发展，国家能源局发布《国家能源局关于加快推进能源数字化智能化发展的若干意见》，提出要释放能源数据要素价值潜力，提升能源数字化智能化发展水平。为此，要加快行业转型升级、推进应用试点示范、推动共性技术突破、健全发展支撑体系、加大组织保障力度。2023 年，国内炼化行业数字化转型继续推进。

2023 年 2 月，茂名石化上线了中国石化设备一体化应用（一期）建设项目，该项目围绕挤压机、泵群等设备状态监控应用和炼化装置新一代巡检应用，探索融合、共生、互补、互利的合作新模式。项目依托 5G 工业互联网、人工智能等技术，克服疫情的影响，在北京、上海和茂名三地共同开发挤压机状态监控、泵群状态监控、“5G+”新一代巡检等应用（App），建立 50 种挤压机故障、15 种泵群故障智能分析诊断模型，实现了重要设备数据高频监测和故障诊断预警跨网传输。同时，实现了 2 套试点装置基于人员定位、劣势化趋势、数据自动比对的新一代巡检，助力提高设备长周期运行和现场安全管理水平。燕山石化坚持智能管理。2023 年 3 月，齐鲁石化重点智能化转型项目——炼油厂第三常减压装置智能化技术改造项目顺利中交。该项目于 2022 年 1 月正式开工，建设包括常减压工艺数字孪生模型、智能常减压平台、智能控制系统在内的装置智能化运行设施，开创了数字孪生技术在炼化行业的首次应用。项目投用后，将显著提升装置经济效益、能源利用效率与安全平稳运行水平，预计每年可增效 2608 万元。

（三）炼化产业集中度和技术装备水平显著提升

2023 年，中国炼化行业在重点领域取得了一大批科技创新成果。2023 年 2 月，寰球工程公司作为国内自主乙烯技术“领头羊”，牵头承担的中国石油集团公司重大科技专项“大型乙烯关键技术升级与工业应用（大乙烯二期）”顺利通过验收。寰球工程公司研发了强化传热高效炉管、裂解炉余热回收等高效节能技术。目前，这些技术成功应用于广东石化 19 个新建或改造乙烯项目的 63 台裂解炉。每台裂解炉年可减少燃料气消耗量 2%，产汽率提高了 10% 至 30%，乙烯产量提高了 5%。2023 年 2 月，中国石油石化炼化一体化项目 120 万吨/年乙烯装置投料试车成功，这是中国石油自主开发的适应多种原料的大型乙烯成套技术的成功应用。2023 年 9 月，卫星化学股份有限公司发布关于 α-烯烃中试技术开发科技成果通过鉴定的公告。该技术整体达到国际先进水平，1-辛烯纯度指标优于国内外同类产品水平，高产 1-辛烯技术填补了国内空白，具备了进一步开发、设计、建设万吨级工业化装置的基础。通过持续开展“大炼油一期”“大炼油二期”等重大专项技术攻关，中油工程开发出大型炼厂总体优化技术，以及常减压、催化裂化、延迟焦化、加氢裂化、汽柴油加氢、固定床渣油加氢、连续重整等 27 套主要炼油装置成套技术工艺包，结合已掌握的技术，炼油自有技术占有率达 96%，基本实现了主体炼油装置自主技术的系列化全覆盖。

（四）炼化产业加快绿色低碳发展

“十四五”期间，绿色和低碳对炼油产业发展提出了新要求。2023 年 10 月 10 日，为统筹引导中国炼油行业绿色创新高质量发展，国家发展改革委、国家能源局、工业和信息化部、生态环境部等四部门联合发布《关于促进炼油行业绿色创新高质量发展的指导意见》，明确强调要积极引导炼油过程降碳、推进清洁能源替代，加快绿色低碳发展。2023 年，中国炼化产业的绿色低碳转型取得了新进展。

2023 年 7 月，由中国石油华东设计院负责设计的潍坊弘润石化科技有限公司 120 万吨/年流化床灵活焦化装置产出合格产品，生产的低热值瓦斯气成功并入全厂工艺加热炉及锅炉燃料气系统，装置运行平稳。流化床灵活焦化是一种重油加工工艺，能够将劣质重油转化为液体产品及清洁低热值瓦斯气，副产少量石油焦，工艺过程密闭环保，生产的低热值瓦斯气可作为全厂工艺加热炉和锅炉的燃料，能够显著降低全厂燃料气成本。2023 年上半年，该公司化工敞口切液点异味治理、一催化装置抽真空加剂操作等 10 个环保项目按时完成，氨氮、颗粒物排放量同比分别下降 12.9%、12.6%，人工发现异味次数同比降低 48%。在能耗物耗方面，独山子石化也保持行业领先的地位，2023 年 7 月，乙烯一部百万吨裂解装置 9 号炉采用新型燃烧器节省燃料气用量 104 千克/时。

（五）炼化产业结构调整和转型升级持续推进

2023 年，中国炼化产业结构调整持续推进，石油行业正在进行新一轮的产业转型升级，“减油增化”激发市场活力。以中国石油为例，2023 年前三季度，公司加工原油 10.44 亿桶，同比增长 16.5%，生产汽油、煤油、柴油 9245.1 万吨，同比增长 19.4%；生产化工产品商品量 2610.5 万吨，同比增长 11.2%。炼化和新材料业务实现经营利润 278.12 亿元。2023 年 3 月，广东石化炼化一体化转型升级项目正式开工建设，该项目包括 120 万吨/年乙烯等 14 套化工装置，200 万吨/年柴油吸附脱芳等 2 套炼油装置，配套新建和改造部分炼油装置单元及相应的公用工程、储运和辅助生产设施。2023 年 5 月，广东石化炼化一体化项目全面投入商业运营。该项目每年可加工原油 2000 万吨，生产乙烯产品 120 万吨、对二甲苯 260 万吨，并配套建设 30 万吨级原油码头和 5000~10 万吨级产品码头，工艺配置 41 套。2023 年 10 月，广西石化炼化一体化转型升级项目 27 万吨/年环氧丙烷（PO）联产 60 万吨/年苯乙烯（SM）装置在广西钦州港开工。该项目包括乙苯、过氧化、环氧化、PO 精制、苯乙醇脱水，苯乙烯精制等工业单元和公用工程及辅助设施，主要产品为环氧丙烷和苯乙烯。POSM 是广西石化炼化转型升级项目的重要装置，完善了下游产品，丰富了产业链。

二、2023 年中国炼化产业面临的问题

2023 年，我国炼化行业在复杂多变的经济环境中运行。首先，其营业收入和利润总额均出现了下降的情况，这表明行业的整体盈利能力有所下滑。其次，出口额和进口额也出现了下降，表明国内外市场对石化产品的需求均有所减弱。最后，在国际局势不稳定和“双碳”目标的大背景下，国内炼油产业依然面临着产能过剩、低碳转型、结构优化、安全生产等巨大挑战。

（一）炼化产业产能过剩问题进一步加剧

2023 年，随着经济逐步恢复，炼化项目投资加码，国内新建、改建、拟建的大型项目集中涌现，炼化产能过剩问题进一步加剧。例如，2023 年 2 月 21 日，海南炼化 100 万吨/年乙烯项目投产，每年能为下游提供 200 多万吨化工新材料产品；2023 年 2 月 27 日，广东石化全面投产，拥有 2000 万吨/年炼油、120 万吨/年乙烯、260 万吨/年对二甲苯的产能。国家统计局资料显示，2022 年我国原油加工量为 6.76 亿吨，同比增长 2.9%，炼油产能达 9.2 亿吨/年；2023 年原油加工量为 7.35 亿吨，同比增长 9.3%，炼油产能达 9.36 亿吨/年，炼化能力过剩愈演愈烈。2021 年，“十四五”规划中首次提出，“国内原油一次加工能力控制在 10 亿吨以内”。2023 年 10 月 25 日，国家发展改革委、国家能源局、工信部、生态环境部四部门联合发布《关于促进炼油行业绿色创新高质量发展的指导意见》，明确提出到 2025 年，国内原油一次加工能力控制

在10亿吨以内，千万吨级炼油产能占比55%左右。这表明中国的原油产能过剩已成为整个炼化行业不得不正视的现实问题。

首先，全球经济环境的变化也加剧了中国炼化产业的产能过剩。随着全球经济增长放缓，尤其是主要经济体的增长动力减弱，对化工产品的需求增速放缓。而中国作为全球最大的化工产品生产和出口国之一，受到的影响尤为显著。其次，全球化石能源需求的减少也对中国炼化产业造成冲击。随着全球各国对可再生能源的重视和投资，石油需求增速放缓，这对以石油为主要原料的炼化产业构成挑战。最后，中国新能源汽车的快速发展，也在一定程度上减少了国内对石油产品的需求。

（二）炼化产业低碳转型形势仍然严峻

自2020年9月我国确定“双碳”目标以来，国家出台多项政策明确了低碳发展的刚性要求。据中国石油和化学工业联合会预测，随着行业持续发展，2029年石化行业碳排放预计将达12.34亿吨的峰值。《2030年前碳达峰行动方案》《工业领域碳达峰实施方案》《石化化工重点行业严格能效约束推动节能降碳行动方案（2021—2025年）》等方案的陆续出台，都对炼化行业低碳发展提出了具体要求，炼化行业面临低碳发展的巨大压力。

炼化产业纳入碳市场困难重重。炼化产业的产业链非常长，上游至油气勘探和石油的开采，中游包括储运、炼制，再到下游的石化化工，而下游炼化产业也有完整的上中下游产业链，从基础化工原料（三烯三苯），到合成树脂、橡胶等中游化工原料，最后到塑料制品、橡胶制品等下游消费品。由于产业链结构复杂、上下游关联紧密，对于炼化产业来说，纳入碳市场所涉及的配额分配、核算方法、核算因子等会比电力市场更难。这意味着，除了需要行业建设统一、完善的行业标准体系，也需要炼化企业自身重视意识、管理和技术层面上的挑战。此外，炼化企业由于生产流程复杂，产品种类众多，且面临经常性的生产调整，普遍缺乏系统、成熟的碳资产核算管理方法与工具，碳资产管理能力提升也面临挑战。从技术层面来看，炼化产业工艺流程复杂，实现减碳路径的方法众多，包括降碳技术、零碳技术和负碳技术，其低碳转型的挑战在于重新平衡并探索多种技术组合进行减排。

（三）炼化产业结构深度优化仍面临重大挑战

随着炼油产能持续过剩，延长产业链成为炼化企业新的生产经营模式，由此，新的炼化一体化项目也在不断规划及陆续建成。目前已规划的有裕龙石化、古雷石化、北方华锦、天津南港、岳阳等炼化一体化项目，炼化一体化炼厂总数将扩充至33家。中国虽然具有建设1000万吨/年级炼油、100万吨/年级乙烯以及芳烃装置的技术和能力，但是缺少高端炼化产品生产技术。炼化企业科研机构创新能力不足，目前仍停留在吸收国外技术的阶段，使得炼化产品集中在中低端，高端石化产品仍需要从国外大量进口。要改变现状，企业需要根据市场的变化制定生产工艺路线并提高自主创新能力，利用企业自身优势，加大科研投入，建立科研人员培养体系，在稳定生产符合国标的汽柴煤油产品以及化工原料的同时，注重高端石化产品的研发，减轻高端石化产品的进口压力。另一个值得高度关注的现象是，近几年我国炼化企业"减油增化"取得了一定的成绩。如，独山子石化坚持技术突破的发展战略，持续加大产品研发创新力度，实现多元化、高端化发展。掌握自主技术是提高市场竞争力的重要抓手，关键核心技术必须牢牢抓在自己手里。为实现世界一流现代化石化基地的建设目标，独山子石化鼓励以科技创新驱动生产效能提升，加强关键核心技术攻关，目前已建成了原油评价、合成树脂、合成橡胶三大研发中心。

（四）炼化产业安全生产仍不可忽视

炼化产业的安全生产是一个备受关注的重要议题，无论是从人员安全、环境保护还是经济可持续性的角度来看，都不容忽视。在炼化产业中，涉及石油、化工等领域，其生产过程具有高风险性和复杂性，因此安全生产问题具有特殊的重要性。首先，炼化产业的高风险性质使得安全生产至关重要。在炼化行业中，生产过程通常伴随着高温、高压、易燃易爆等特点，这些特性增加了事故发生的概率和严重性。一旦发生事故，可能会导致严重的人员伤亡、设备损坏，甚至环境污染。例如，装置失控、泄漏、爆炸等事故都可能造成灾难性的后果。因此，炼化产业必须采取一系列严格的安全措施，以确保工作环境的安全性和稳定性。其次，炼化产业的生产过程复杂多样，涉及多种化学反应、工艺流程和设备操作。这种复杂性同样增加了事故发生的风险，操作失误、设备故障或监控不力都可能导致事故的发生。为了确保安全生产，企业必须建立严格的安全管理体系，包括培训员工、制定安全操作规程、定期检查设备，以及实施紧急应对计划。此外，炼化产业的事故可能对周围环境造成严重影响。化学物质的泄漏或排放可能导致大气污染、水体污染以及土壤污染，给生态系统和人类健康带来潜在威胁。环境保护已成为国际社会的共同关注，而炼化产业作为一个潜在的环境风险源，必须采取一切措施来预防和应对事故，减少对环境的负面影响。在经济层面上，炼化产业事故可能造成巨大的经济损失。一旦发生事故，不仅需要承担人员伤亡和环境损害的赔偿责任，还可能导致生产停滞、清理污染和设备维修等巨额开支。这对企业的财务状况和可持续发展都构成威胁。因此，为了维护自身的经济稳定性，企业必须重视安全生产，并投入充分的资源来防范事故。最后，政府需对不符合安全生产规定的企业采取有力处罚措施，包括罚款、停产整顿等。炼化企业必须积极配合政府监管，确保自身的合规性。

三、2024 年中国炼化产业展望

2024 年，面临地缘政治冲突加剧、一体化水平不高、“双碳”目标约束以及产能结构性过剩等问题挑战，预计中国炼化产业低碳发展政策将加快出台，“双碳”目标下炼厂与新能源将融合发展，国家发展和消费升级将推动炼化产品需求结构优化，同时，智慧、清洁、安全、高效的智能炼厂将加快建设。

（一）炼化产业低碳发展政策将加快出台

2024 年，在国家提出能耗“双控”向碳排放总量和强度“双控”转变这一新的考核办法后，炼化产业将会抓紧推动节能与清洁生产，实现节能与减污降碳协同效应，并通过逐步缩小重点产品能耗基准水平和标杆水平之间的差距来进一步促进能效提升。此外，生态环境部办公厅已发布《关于做好 2023—2025 年部分重点行业企业温室气体排放报告与核查工作的通知》，将石化、化工、建材、钢铁、有色、造纸、民航等重点行业，年度温室气体排放量达 2.6

万吨二氧化碳当量(综合能源消费量约1万吨标准煤)及以上的重点企业纳入年度温室气体排放报告与核查工作范围。根据早期规划，包括石化、化工在内的全国8个高排放行业在“十四五”期间都将逐步被纳入。因此，预计2024年下半年或2025年全国碳市场行业或将面临扩容，即石化行业参与碳市场交易的步伐必将加快。

(二)“双碳”目标下炼厂与新能源将融合发展

国家发展改革委《关于促进炼油行业绿色创新高质量发展的指导意见》提出，将推动炼油行业与可再生能源融合发展，鼓励企业大力发展可再生能源制氢；落实原料用能和可再生能源消费不纳入能源消耗总量和强度控制政策，落实资源循环利用、生物质能源利用等税收优惠政策；鼓励企业积极探索研究太阳能供热在炼油过程中的应用，鼓励企业因地制宜，优先采用公用电、集中供热、天然气、新能源分布式发电和源网荷储一体化等方式逐步降低煤炭消费比例，提升可再生能源消纳水平。预计2024年，炼油企业将积极推进炼油过程降碳，实施清洁能源、绿电替代项目，在绿氢炼化(强化加氢工艺选择性，实施氢气网络系统集成优化，降低制氢装置碳排放)、CCUS(探索开展制氢尾气及催化裂化烟气二氧化碳直接转化、二氧化碳和甲烷干重整、二氧化碳加氢制油品和化学品)等技术方面提前布局工业化、规模化示范项目。

(三)国家发展和消费升级将推动炼化产品需求结构优化

新能源汽车助推中国传统交通燃料消费达峰，而化工产品需求仍将持续增长，现有炼油装置要坚决做好“减油增化”，转型升级仍是企业长期生存的必由之路。中国工业发展将由重工业向新基建和高新技术产业倾斜，产业环境的新变化将为炼化行业，特别是乙烯产业链的下游消费创造更大空间；构建新发展格局等重要战略部署，将加速填补乙烯产业链高端产品空白，降低高端聚烯烃的对外依存度，并加速下游产业升级，进一步拓展消费空间。随着中国乡村振兴步伐的加快、城镇化率的提高、人均GDP的提升，化工产品的内生需求将会快速增长。新能源汽车的快速发展挤占了成品油消费空间，但催生了高刚性、高抗冲聚丙烯和聚烯烃热塑性弹性体等助力汽车轻量化发展的新材料和电池材料的消费需求等。此外，中国通用材料过剩、高端材料供应不足的结构性短缺矛盾逐步缓解，但亟须进一步提升高端新材料的创新自主研发能力。

（四）智慧、清洁、安全、高效的智能炼厂将加快建设

2024年，炼化企业会在原有基础上继续加速智能化建设进程，推动炼化技术与现代信息、新材料、先进制造技术深度融合，加强创新链和产业链对接，提高清洁油品、特色油品、化工原料、化工产品的生产灵活性，实现规模化、集约化发展。例如：中国石化九江石化、洛阳石化等大力推动数智化改造、绿色化转型等重点工作，加快打造世界领先绿色智能炼化企业。中国石油昆仑数智总承包的广东石化全厂智能化项目上线，开启了新一代炼化企业智能工厂的新里程。昆仑数智锚定高水平科技自立自强、创新引航、技术赋能，并积累了独具特色的智能工厂解决方案和产品方案，为智能工厂建设提供有益的借鉴。此外，可依托打造的数字化平台，加快探索开展炼油企业碳排放计量、监测试点，加快构建炼油企业碳排放与产品碳足迹数据库。

中国油气管道产业发展分析与展望

油气管网作为国家重要的基础设施和民生工程，在国家能源战略中处于重要位置。随着国家管网公司的成立，油气管网运营改革将持续推进，油气管网的规划也将进一步完善，天然气的基础建设将步入快车道，油气管道智能化、信息化和国产化水平将不断提高，交易中心将在未来的油气管道的改革中发挥重要作用。

一、2023 年中国油气管道产业发展分析

2023 年，油气市场消费稳步增长，天然气资源供需基本保持平衡，国家多项规划和政策密集发布，国家政策对油气管道相关公司业绩的影响较大。按照国家政策的要求，油气主干管网、管道互联互通、储气库和 LNG 建设步伐依然很快，油气管道技术向自主化、数字化和智能化发展，省级天然气管道公司和油气企业体制改革逐步深化。

（一）国家多项油气管网政策发布

为了确保天然气供应稳定，2023 年，国家出台了各项天然气相关政策，包括健全油气管道设施公共开放监管流程、完善油气“全国一张网”、深化油气储备体制改革、优化天然气消费结构等政策，此外，国家还出台了绿色低碳、能源数字化、智能化相关政策，详见表 1。

表 1　2023 年油气管道相关产业政策

时间	政策措施	颁布单位	政策内容
2023 年 1 月 18 日	《2023 年能源监管工作要点》	国家能源局	健全完善油气管网设施公平开放监管事项核实清单和监管工作流程，服务天然气保供稳价，加快出台天然气管网设施托运商准入规则，开展典型省市天然气用气结构专项核查

续表

时间	政策措施	颁布单位	政策内容
2023年2月9日	《能源行业信用信息应用清单(2023年版)》	国家能源局	对于油气管道的信用监管措施为：A. 包容审慎监管；B. 简化监管程序；C. 列为重点监管对象，实施重点监管；D. 实施严格监管，专项整治列为重点监管对象
2023年2月15日	《天然气管网设施托运商准入与退出管理办法(征求意见稿)》	国家能源局	推动天然气管网设施公平开放，规范天然气管网设施的使用及托运商管理，维护公平竞争市场秩序
2023年2月21日	《智能检测装备产业发展行动计划(2023—2025年)》	工业和信息化部等七部门	针对油气储运、生产加工、氢能利用等应用场景关键设备和部件安全、连续、高效的检测需求，实现生产作业参数、产品质量分析、关键设备和部件运行、生产环境安全监测等关键环节的智能检测
2023年3月8日	《2023年能源行业标准计划立项指南》	国家能源局	2023年能源行业油气标准计划立项重点方向为：B1 油气勘探开发、储运、炼制及石油产品、B2 油气基础设施、B3 能效提升、B4 碳减排
2023年3月8日	《关于进一步加强节能标准更新升级和应用实施的通知》	国家发展改革委	在能源领域，加快煤炭清洁高效利用、新能源和可再生能源利用、石油天然气储运、管道运输、输配电关键设备相关节能技术标准研制
2023年3月28日	《关于加快推进能源数字化智能化发展的若干意见》	国家能源局	推动油气管网的信息化改造和数字化升级，推进智能管道、智能储气库建设，提升油气管网设施安全高效运行水平和储气调峰能力
2023年4月6日	《2023年能源工作指导意见》	国家能源局	完善油气“全国一张网”，重点建设中俄东线南段、西气东输三线中段、西气东输四线、川气东送二线、虎林—长春天然气管道等重大工程
2023年4月20日	《推进IPv6技术演进和应用创新发展的实施意见》	工业和信息化部等八部门	推进生产网络和数据网络演进升级，聚焦电力系统监控、油气管道传输监测、油气炼化监测等重点环节

（二）油气主干管网、管道互联互通、储气库和LNG建设步伐加快

1. 原油管道建设稳步推进

2023年，中国原油管道建设稳步推进。巴彦油田铁路专用线竣工，乌干

达 Tilenga EPSCC 项目管线进入全面实施阶段，绥中 36-1 原油陆岸终端厂累计外输原油突破 1.6 亿吨，“深海一号”二期工程竣工。

巴彦油田铁路专用线顺利通过中国铁路呼和浩特局集团有限公司竣工验收，于 2023 年 9 月中旬全面进入投产试运行阶段。石油工程建设公司承建的乌干达 Tilenga EPSCC 项目管线打火开焊，于 2023 年 8 月 22 日进入全面实施阶段。绥中 36-1 原油陆岸终端厂投产 23 年来已累计外输原油突破 1.6 亿吨，拥有亚洲最大原油处理集输能力，保障了国家能源安全及环渤海地区经济发展。其中，中国海上最大自营油田绥中 36-1 油田、中国海上首个大型规模化稠油热采油田旅大 21-2 油田、亚洲最大海上“四星连珠”平台锦州 25-1 南油气田等一批“明星油田”所产原油都输送至此进行集中处理。

“深海一号”二期关键控制性工程——海底长输管道位于海南陵水海域，于 2023 年 6 月 22 日完工。该项目是中国最长的深水油气混输管道，标志着中国深水长输海底管道铺设能力和超深水装备技术实现重要突破。

综上所述，海外和国内输油管道的建成或投产，将为国际原油的进口和国内原油的运输提供有力保障。

2. 成品油管道建设稳步推进

2023 年，中国成品油管道建设稳步推进。锦州—郑州成品油管道工程干线开工，北海—南宁—百色成品油管道增输改造工程全面开展。

锦州—郑州成品油管道工程干线雄安新区段管线迁改工程于 2023 年 1 月 15 日开工。该工程线路长度 70 多千米，设计压力 8 兆帕，沿线新建保定阀室（含清管功能）1 座、其他阀室 6 座。锦州—郑州成品油管道工程是国家重点工程和“北油南运”干线管网的重要组成部分，建成后将与兰郑长成品油管道互联互通，在中国中原腹地形成更加完整的成品油供应中枢网络。

北海—南宁—百色成品油管道增输改造工程南宁西站项目于 2023 年 7 月 15 日开工。项目建设可有效改善西南五省的成品油管道运力，扩大管道输送的覆盖区域，缓解成品油资源紧缺情况。

综上所述，成品油管道建设将有助于成品油供应和周边地区的发展。

3. 天然气主干管道建设和互联互通情况

2023 年，中国天然气管道建设及互联互通工作依然在稳步推进中，且已取得显著成效。

（1）华北和东北地区天然气管道建设和互联互通

2023 年，中国华北和东北地区天然气管道工程主要包括蒙西管道项目一期工程、中俄东线天然气管道工程项目、大庆油田庆哈管道与中俄东线联通项目等。

2023 年 6 月 29 日，蒙西管道项目一期工程（天津—河北定兴）成功投产。蒙西管道全长 1279 千米，本次投产的蒙西管道一期工程总长 413.5 千米，起自天津 LNG 临港分输站，终至河北保定定兴分输站，最大管径 1016 毫米，设计输量 66 亿立方米/年。该项目对于促进国内外天然气资源在京津冀地区灵活调配、更好保障国家能源安全和经济安全具有重要意义。

中俄东线嫩江支线天然气管道工程正式开工。该项目开工于 2023 年 9 月 20 日，管道起自齐齐哈尔支线富裕分输清管站围墙外 2 米，终到嫩江末站，线路全长 195 千米，其中嫩江段 56.2 千米，设计输量为 8.63 亿立方米/年，设计压力 6.3 兆帕。项目建成投产后，将为黑龙江省能源保供再添底气，为全省社会经济发展、保护人居环境注入强劲动力。

中俄东线与苏皖管道（江苏滨海 LNG 输气管线）正式联通。2023 年 9 月 28 日，苏皖管道互联互通工程顺利完成，每年转供能力为 75 亿立方米，标志着国家管网集团中俄东线、西气东输一线、川气东送一线、青宁管道、苏皖管道等 5 条天然气主干管道在江苏境内全部互联互通，进一步增强中国长三角地区天然气资源保供能力。

大庆油田庆哈管道与中俄东线于 2023 年 12 月 22 日正式连通。大庆—哈尔滨天然气输送支线（大庆—双合段）是中俄东线天然气管道工程“一干四支”支线之一。该支线始于中俄东线大庆分输站，止于庆哈双合首站。该项目为保障黑龙江地区民生用气、促进经济发展增添了新的动力。

综上所述，华北地区天然气管道的建设对有效发挥 LNG 接收站和储气库对华北地区的调峰保障作用具有重要意义；东北地区天然气管道的建设进一步增强了黑龙江省以及中国长三角地区的天然气资源保供能力。

（2）华东地区天然气管道建设和互联互通

2023 年，华东地区的天然气管道工程主要包括国家管网泰青威管道与山东管网互联互通工程项目、六横 LNG 外输天然气管道项目等。

国家管网泰青威管道与山东管网互联互通工程正式开工。该项目于 2023 年 9 月 15 日正式开工，起点为济青复线平度分输清管站，终点为泰青威管道高密分输站，线路总长 37.9 千米。项目建成后将进一步提升山东省天然气管网输送能力，形成天然气管道气源互联互通格局，为山东部分地区天然气安全平稳供应提供保障。

六横 LNG 外输天然气管道项目于 2023 年 9 月 26 日获浙江省发展改革委核准批复。项目主体起自浙能六横 LNG 接收站和中国石化六横 LNG 接收站，经过六横首站，出站后进入海底管道，设计压力 10 兆帕，管径 1016 毫米，项目新建 1 座站场、1 座阀室，设计输气能力 205 亿立方米/年。六横 LNG 外输天然气管道承担了将沿海 LNG 气化后输往省级干线管网进而向浙江省用户供气的重要职责，是宁波、舟山、温州三大 LNG 接收站集中区域外输通道建设核心。

综上所述，华东地区天然气管道建设和互联互通，不仅能够提高天然气保供能力，还能满足沿海 LNG 资源外输需求，对保障天然气稳定供应及国家战略具有重大意义。

（3）西北地区天然气管道建设和互联互通

2023 年，西北地区的天然气管道工程主要包括西气东输四线天然气管道工程、塔里木油田博孜—大北区块地面骨架工程天然气外输管道项目以及古浪—河口天然气联络管道工程等。

西气东输四线天然气管道工程新疆段主线路管道焊接正式完成。2023 年 10 月，西气东输四线天然气管道工程新疆段主线路管道焊接正式完成，整个工程预计 2024 年 10 月建成，每年可向中东部地区输送天然气 300 亿立方米。西四线建成投产后，将进一步完善中国西北能源通道，提升中国天然气管网系统管输能力。

塔里木油田博孜—大北区块地面骨架工程天然气外输管道成功投产。2023 年 7 月 18 日，位于拜城县境内的中国石油塔里木油田博孜—大北区块地面骨架工程天然气外输管道成功投产，该外输管道将和天山南部已建的 5 条输气管道实现互联互通，串联起博孜、大北、克深、克拉等多个大型主力气田，构建起天然气外输大动脉，对增产保供和联动调峰具有重要作用。

古浪—河口天然气联络管道工程于2023年10月26日实现“绿色”投产。古浪—河口天然气联络管道工程实现“绿色”投产。该工程起点为西气东输二线、三线古浪压气站，终点为涩宁兰双线河口压气站，线路全长188.4千米，设计输气量50亿立方米/年，设计压力10兆帕。管道投产后，将在兰州市及周边地区形成由西气东输管道系统和涩宁兰管道系统组成的“双气源”供气格局，进一步完善西北地区多通道供气网络。

综上所述，西北地区天然气管道的建设及互联互通对中国充分利用国际油气资源、实现开放条件下的能源安全具有重大战略意义。

（4）华南及西南地区天然气管道建设和互联互通

2023年，华南及西南地区的天然气管道工程主要包括潜江—韶关输气管道广西支干线（衡阳—桂林）工程、海西天然气管网二期工程（福州—三明段）站场工程三明分输清管站项目、漳州LNG接收站外输管道工程延伸段工程、氹仔至澳门半岛天然气过海管道项目、川气东送二线天然气管道工程、中贵线播州东支线管道项目工程和广西LNG外输管道复线（百色—文山）工程项目等。

国家管网集团潜江—韶关输气管道广西支干线（衡阳—桂林）工程于2023年9月5日投产。国家管网集团潜江—韶关输气管道广西支干线（衡阳—桂林）工程正式投产。广西支干线起自湖南衡阳分输站，止于广西桂林输气站，线路全长447千米，管径813毫米，设计压力10兆帕，途经两省（区）三市，设计输量25亿立方米/年。该工程有助于改善中东部地区能源结构，为该区域经济社会转型升级增添“绿色动力”。

海西天然气管网二期工程（福州—三明段）站场工程三明分输清管站开工。2023年10月8日，该项目正式开工，标志着国家管网首次向闽西北革命老区输送清洁能源，为实现福建天然气“市市通”迈出了坚实的一步。该项目将新建6座分输站，管道里程约286千米，管径813毫米，设计压力7.5兆帕，年输气量约16亿立方米。项目建成后，将为闽西北地区稳定提供优质高效的清洁能源，实现天然气管道覆盖全省的战略规划目标。

漳州LNG接收站外输管道工程延伸段开工建设。2023年3月1日，该项目在福建省漳州市南靖县开工建设。该延伸段管线起自漳州 LNG 外输管道程溪联络站，终点与西气东输三线(东段)漳州分输清管站连通，全长 45.5 千米，设计压力 10 兆帕。天然气经延伸段管线进入全国骨干油气管网，可进一步提升“全国一张网”的供气保障能力，为中国能源结构优化调整作出积极贡献。

氹仔至澳门半岛天然气过海管道于 2023 年 5 月 19 日通气，标志着澳门天然气主管网全域贯通，形成了“粤澳天然气管网三通道”互联互通的供气格局。氹仔至澳门半岛的天然气管网实现互联互通、双向互供，年输送能力达 1 亿立方米，可以充分满足澳门未来城市发展需求。

川气东送二线天然气管道工程于 2023 年 9 月 15 日正式开工，全长 4269 千米，建成投产后，川气东送管道系统将每年为长江经济带多提供超 200 亿立方米的天然气，可供上亿户家庭使用。替代标煤 2660 万吨，减少二氧化碳排放量约等于每年种树 40 亿棵，提升了天然气在中国一次能源消费结构中的占比，以清洁能源惠及千家万户。

中贵线播州东支线天然气管道项目于 2023 年 8 月 6 日开工。该项目起自遵义市播州区遵义南首站，线路经三岔镇、龙坪镇、团溪镇，新建站场 2 座(龙坪镇分输站、团溪镇分输站)，设计压力 6.3 兆帕，管径 323.9 毫米，总投资约 1.2464 亿元。该项目为遵义市播州区东部四镇(龙坪镇、团溪镇、铁厂镇、西坪镇)及周边区域提供稳定可靠的气源供应而建设，有利于当地经济社会良性发展。

广西 LNG 外输管道复线(百色—文山)工程项目获国家发展改革委核准批复。其沿线经过广西百色市田阳区、右江区、那坡县，云南文山州富宁县、广南县、砚山县。线路全长 344.4 千米，设计管径 508 毫米、设计压力 10 兆帕、设计输气能力 10 亿立方米/年。项目建成后，可实现广西、云南天然气管道互联互通，有效解决云南、广西气源单一的问题，对于提升两省(区)能源供应保障能力、促进能源结构向清洁低碳转型等具有重要的意义。

综上所述，华南地区天然气管道建设和互联互通，不仅可以增强天然气供应保障能力，对沿途所经省区市的经济转型、民生福祉也具有积极的促进作用；西南地区天然气管道的建设对于提升能源供应保障能力、完善能源基础设施互联互通、促进国家能源安全战略的落实、促进能源结构向清洁低碳转型等具有重要意义。

（5）华中地区天然气管道建设和互联互通

2023 年，华中地区的天然气管道工程主要包括国家管网西气东输三线湖北段工程项目、西气东输中开线与平泰线互联互通工程等。

国家管网西气东输三线湖北段工程主体完工。2023 年 8 月 19 日，总长度 248.9 千米的国家管网西气东输项目三线湖北段主体全线贯通。作为西气东输三线中段(中卫—吉安)天然气管道的重要组成部分，该项目起自枣阳联络压气站，沿线途经湖北枣阳市、随县、京山市、天门市、仙桃市 5 个市县。年输气量为 250 亿立方米，保障了湖北省整个天然气的能源供应。

西气东输中开线与平泰线互联互通工程于 2023 年 10 月 23 日建成投产。该项目于 2022 年 5 月开工建设，北起中开线开封末站，南至平泰线杞县分输站，全长 25.4 千米，设计压力 10 兆帕，设计输气量 30 亿立方米/年。项目建成投产后，将实现西气东输一线、平泰线及中开线之间相互转供，有效增强中开线天然气供应的灵活性和稳定性。

综上所述，华中地区天然气管道的建设优化了天然气管网调峰能力，有助于更加高效地调配资源。

4. 储气库建设加速推进

由于中国天然气资源分布不均和供需关系不均衡，天然气地下储气库的建设具有重要意义。2023 年，中国石化、中国石油等储气库建设项目依然在持续推进中，这些项目的建设将为各地区平稳供气、构建更为健全的能源体系提供有力保障。

中国石化天然气分公司黄场储气库王储 1 井正式投产。该储气库位于湖北省潜江市，于 2019 年正式开工建设，设计总库容 48.09 亿立方米。目前，该储气库一期一阶段项目正加速推进，预计将于 2026 年全部建成投产，投产后将进一步增强储气调峰能力，对优化区域能源结构、推动地方绿色发展、保障华中地区天然气稳定供应具有重要意义。

中国石化中原储气库群白庙浅层储气库项目正式开工。该储气库位于山东东明县白庙油区内，项目主要施工内容包括新建注采站 1 座、丛式井场 2

座、单井采气井场10座、检测井场1座及联络管道16.8千米。项目建成后将为中原储气库群的天然气储气、保供、调峰能力提供强大支撑，对保障国家能源安全、确保华北地区安全供气起到重要作用。

中原储气库群东部气源管道工程顺利投产。该项目全长23.9千米，包括一条干线、两条联络线，东接山东管网南干线，西连文23、文96储气库，是山东沿海LNG资源输送至中原储气库群的重要通道。该项目的顺利投产，对进一步完善国家天然气产供储销体系、最大限度发挥中原储气库群的应急调峰作用、保障华北地区天然气供应、促进地方经济发展具有重要意义。

中国石化卫11储气库持续注气中。该储气库位于河南省濮阳市中原油田。当前，卫11储气库有11口注采井全部处于开井状态，最高日注气量达350万立方米。卫11储气库作为中原储气库群的“主力军”之一，对有效调节天然气管网气源缺口压力、有力保障天然气供应起到重要作用。

华北油田储气库群开始注气生产。华北油田储气库群位于河北省廊坊市境内，由距离首都最近的京58储气库、全国最深的苏桥储气库、国内首批模块化建设的文23储气库组成。库群46口注气井最高日注气量达1412万立方米，创历史新高。3座储气库已全部开始注气生产，预计采气量将突破20亿立方米，为缓解国内天然气供需矛盾、保障能源安全发挥重要作用。

中国石油储气库公司首个合资库张兴储气库成功投产注气。该储气库地处江苏省淮安市，是一座盐穴储气库。储气库现有溶腔总体积约450万立方米，以后每年新增溶腔体积150万立方米以上，项目建成后，将成为全国最大的盐穴储气库，标志着国内盐穴储气库一注一排连通井原创技术工程化应用取得突破，利用连通老腔改建储气库成为现实。

中国石油相国寺储气库持续建设中。该储气库位于重庆市北碚区和渝北区交界处。目前，该储气库已建成22口注采井、11座注采站、2座集输场站、1座集注站、超过170千米天然气长输管道，累计注气158亿立方米、采气128亿立方米，目前已具备日采气3100万立方米能力。对更高效应对季节调峰、应急保供任务，对进一步提升国家能源安全保障能力起到重要作用。

吐哈油田温吉桑储气库群温西一储气库正式开井采气。该储气库群位于新疆维吾尔自治区鄯善县，是中国西部地区第一个低孔低渗低产强非均质性复杂气藏型储气库群，也是西气东输管道重要的配套保障工程。该项目的实施标志着国家重点能源建设项目、中国西北地区首个储气库群正式加入“保供大军”，为中国石油冬季天然气保供注入新动力。

吐哈油田温吉桑储气库群温八储气库顺利试注投运。该储气库位于吐鲁番市鄯善县七克台镇温米油田，是温吉桑储气库群的二期工程，此次注气系统建设的主要工程包括集注站内工艺系统连头，新建集配气阀组 1 座及配套工艺、通信自控设施，新建 2 千米注采气集输管线 1 条，建设 8 座注采井场及配套单井管线。该项目建成后对进一步完善西北地区天然气“产供销”体系具有重要现实意义。

中国石油双台子储气库双向输气管道工程成功投产。该储气库位于盘锦市清水镇，管道长约 50 千米，设计压力 10 兆帕，输气能力 6810 万立方米/日，双台子储气库对提升进口天然气在东北及环渤海地区的灵活调配能力、增强东北地区和京津冀地区天然气供应的稳定性具有重大而深远的意义。

综上所述，2023 年华东、华北、华中、西南、西北和东北地区的储气库项目建设也在稳步推进中，预计将有力提高中国各地区天然气调峰保供能力，对保障国家能源安全、优化能源结构、有效推进区域低碳清洁发展具有重大现实意义。

5. LNG 建设步伐加快

在 LNG 建设方面，2023 年中国京津冀、长三角、珠三角、山东和四川等多地进行 LNG 扩产新建项目，这些项目的建设为各地区平稳供气提供保障。

京津冀地区 LNG 项目集中在北京、天津和唐山地区。一是北京燃气天津南港 LNG 应急储备项目一期投产。该项目位于天津滨海新区，一期工程于 2020 年 3 月 24 日开工建设，包括 1 座接卸能力为 500 万吨/年的 LNG 码头，最大可靠泊载运量为 26.6 万立方米的 LNG 运输船舶，以及 4 座 LNG 储罐、气化能力为 6000 万立方米/日的接收站气化设施和配套汽车装载设施、1 条长 217 千米天然气外输管线。目前，该项目一期工程已成功投产并正式进入试运行阶段，对提高京津冀地区的天然气供保能力，推动京津冀地区经济发展具有重要作用。二是唐山 LNG 再次双罐同时顶升成功，由四建储运工程公司承建的唐山 LNG 工程项目内罐安装工程，共 4 台 20 万立方米低温储罐顶升全部完成，比施工计划“8·30”节点提前两天完成顶升，由此迈向工程建设新的里程碑。三是中国首个千万吨级 LNG 接收站一期工程投产，唐山 LNG 项目规划建设 20 座 20 万立方米储罐，1 座周转能力 1200 万吨/年的接收站码头及配套设施，核准时是国内设计储存能力最大的 LNG 项目。四是天然气分公司天津 LNG 接收站 7 号储罐建成中交。五是中国石化天津 LNG 接收站气化外输天然气创历史新高。2023 年，中国石化天然气分公司天津 LNG 接收站本年度气化外输天然气超 86 亿立方米，同比增长 19%，气化外输量创历史新高，86 亿立方米天然气可供 9000 多万户家庭用半年，为地区经济发展和生态环境改善提供了有力保障。

长三角地区 LNG 项目主要集中在浙江舟山、江苏连云港、浙江温州、安徽安庆、江苏徐州地区。一是在舟山港，国内首单港口外锚地大型散货船“船对船”LNG 加注作业顺利完成，这标志着中国在 LNG 加注区域和船型多样化上取得双突破。二是全球最大的 LNG 运输加注船“海洋石油 301 号”在顺利靠泊中国海油宁波“绿能港”码头后，完成保税 LNG 装载。三是江苏连云港石油临洪加能站 LNG 销量 2023 年突破 1 万吨，成为该公司 2023 年首座 LNG 销量万吨站。四是温州 LNG 接收站安全平稳接卸首艘船舶，标志着该站投料成功。这是国家天然气基础设施互联互通重点工程、长三角一体化发展重点项目。四是安庆石油首座 LNG 综合加能站投运。五是“中车造”可换装船用 LNG 燃料罐箱投入运营。由中国中车研制的国内首批 40 英尺可换装船用 LNG 燃料罐箱在“宏远—徐州号”和“宏远—武汉号”两艘 5000 吨级 LNG 动力集装箱船的搭载下驶出徐州港码头，此举拉开了中国可换装船用 LNG 燃料罐箱首次实现商业化运营的帷幕。此次首航的 LNG 动力集装箱船采用全国首次尝试的换罐补给方式，标志着全国首创的“LNG 换罐补给模式”正式进入船舶燃料补给市场。

珠三角地区 LNG 项目主要集中在深圳、广州、珠海、香港、福建地区。一是广东大鹏 LNG 接收站累计接卸量突破 1 亿吨，成为国内接卸量最大的 LNG 接收站。二是中国船舶沪东中华交付全球最大江海联运型 LNG 船，这是继中国首艘国产大型 14.7 万立方米 LNG 船“大鹏昊”号之后，为同样位于深圳大鹏湾区域的华安 LNG 岸站配套的第一艘 LNG 船，是沪东中华建造的以大鹏湾为背景命名的第四艘 LNG 运输船，也是沪东中华 2023 年完工交付的首艘

LNG 船，全面开启 LNG 船产能倍增战略实施新征程。三是国家管网集团深圳 LNG 应急调峰站项目 T-2201 储罐成功升顶。四是中国首艘、全球最大 LNG 运输加注船“海洋石油 301”8 月 3 日在广州港锚地，成功为全球最大吨级双燃料超大型油轮提供保税 LNG 加注服务，中国国际船舶 LNG 加注产业步入世界前列。五是在广州港锚地全球最大 LNG 加注船“海洋石油 301”号成功加注国际航行船舶“马兰狄俄涅”轮。六是 LNG 船舶首次靠泊停驻广州港区，这意味着广州将正式具备接收 LNG 船舶的能力，广州地区从此将结束无 LNG 应急保障的历史，为推动大湾区经济社会发展和南沙核心区建设注入强劲动能。七是广州 LNG 应急调峰气源项目一期 6 月底投产，该项目的全面建成，将确保广州市建立独立自主采购和多路气源并存的全方位供应保障体系，摆脱长期处于气源供应末端的被动处境，确保区域能源供应安全，化解广州地区无燃气应急保障的突出矛盾，提升广州地区燃气安全稳定供应能力，为广州市推进能源结构调整、助力粤港澳大湾区发展起到积极的促进作用。八是 5 座全球最大 LNG 储罐“落户”粤港澳大湾区，这代表金湾“绿能港”二期项目实现主体结构完工，向项目投产运营又迈出关键一步。该项目建成后，将大幅提升粤港澳大湾区和华南地区的天然气调峰保供能力。九是香港 LNG 项目成功实现首船卸料和管线通气，标志着近年来香港特别行政区规模最大的海上能源基础设施建设项目成功进入试运行阶段。十是石油天然气基础设施重点工程——漳州 LNG 接收站外输管道工程延伸段在福建省漳州市南靖县开工建设，该工程是国家管网集团漳州 LNG 接收站的配套工程，建成投产后将打通又一条海气登陆新通道。

山东地区主要集中在青岛、龙口和烟台地区。一是青岛 LNG 接收站 27 万立方米储罐全部建成完工。该储罐由中国石化自主研发，是目前国内容积最大、首座完工的超大型 LNG 储罐，投用后将大幅提升华北地区天然气供应保障能力。二是天然气分公司青岛 LNG 接收站顺利完成国内首台 LNG 挺杆起重机出厂试验，标志着中国石化 LNG 接收站关键设备国产化取得重要突破。三是龙口 LNG 项目 2 号储罐气顶升作业圆满成功。四是四建储运工程公司承担的烟台西港 LNG 工程项目 T210 储罐穹顶与承压环闭合衔接，实现储罐穹顶气顶升圆满完成，至此，该工程项目所承担施工的 3 台 20 万立方米储罐全部完成气顶升。

四川地区由石油工程建设公司中原设计公司 EPC 总承包的中国石化首座标准化 LNG 撬装站——四川中京燃气撬装站建设工程，一次投产成功该项目全站设备撬装比例达 90%，天然气液化率达 98%，日处理天然气能力超 10 万立方米。

综上所述，LNG 储气设施的建设，缓解了各地区的季节供应难题，补充了管道天然气的不足，对节能减排和保供具有重大意义。LNG 基础设施与管道的连接也将成为未来天然气管网互联互通的重点。

（三）油气管道技术向自主化、数字化和智能化发展

1. 中国油气管道的自主研发技术持续发展

2023 年，中国油气管道技术的自主化发展持续深入，在定向钻穿、自动化焊接和检测技术等方面成果显著。

在定向钻穿方面，管道局完成孟加拉国首条海洋管道工程，创造“海陆定向钻穿越”和“航道后深挖沟”两项世界纪录。与此同时，该项目海上“双通道”单点系泊系统安装完成，打破了西方国家技术垄断，填补了国内空白。在自动化焊接方面，管道局研究院自主研发的 CPP900-TWR 管道全位置自动氩弧焊机，采用 360°管道全位置连续焊接根焊工艺，标志着中国管道自动焊技术实现提档升级；另外，其开展的“山地全自动焊施工配套技术”攻关，在国际上首次实现山地大坡度全自动焊高质量、高效率、机械化连续施工“零”的突破。在检测技术方面，管道漏磁内检测是针对管道内外壁腐蚀、焊缝异常等常见缺陷进行的一项专业检测技术，西南油气田公司在管道漏磁内检测技术领域实现了向自主化发展的新跨越，其自主研发的基线检测器搭配漏磁检测器的运用，不仅实现了对管道凹陷变形与管道缺陷的“全面体检”，还可准确获取管道中心线三维坐标轨迹，从而实现精准检测。

油气管道关键技术的自主化创新对保障油气管道安全、提高生产效率、打破国际垄断有着重要意义，有助于中国油气管道平稳运行、提质增效，推动管道技术整体发展。

2. 中国油气管道的智能化建设

2023 年，中国油气管道的智能化在管道设计及智慧管网建设、管理方面

均有较大进展。

在管道设计方面，超大口径三管同沟敷设技术首次在西气东输三线中段工程实现现场应用，填补了行业空白。在智慧管网建设、管理方面，管道局设计院自主研发的 WisPipeline 载体平台，完成了中缅油气管道静态数据和动态数据高效融合，实现了管道实体数字化、一体化和可视化；管道局管道设计院还与百度云智(北京)科技有限公司共同组建易度智慧(成都)科技有限公司，该公司将聚焦油气管道及储运行业的数字化智能化解决方案，为其提供“行业知识+前沿技术”的增值服务，建立起行业集约式的创新孵化和服务赋能中心；河南油建围绕管道智能内封堵技术、智能化工地等技术深入研发，对提升油气管道智能化施工水平、带动产业发展具有重要意义。

油气管道技术的智能化发展将激发更多新技术的研发和实施，推动管道技术在管道设计及智慧管网建设、管理方面的发展，进而推动中国油气储运行业进一步发展，通过智能化抢占市场高地，提高全球市场竞争力。

3. 中国油气管道的防腐、输氢和深海管道建设技术

2023 年，中国油气管道技术在管道完整性管理技术，输氢、输二氧化碳管道技术以及深海管道建设技术等方面有了较大进展。

在管道完整性管理技术方面，中俄东线唐山联络压气站增加计量界面工程完成工艺管道除锈和防腐作业，标志着管道局高质量完成了中俄东线唐山联络压气站改造任务。

在输氢、输二氧化碳管道技术方面，管道输氢是实现氢气大规模、长距离、低成本运输的重要方式，9.45 兆帕全尺寸非金属管道纯氢爆破试验在位于哈密的国家管网集团管道断裂控制试验场成功实施，标志着国内首次高压力多管材氢气输送管道中间过程应用试验圆满完成，为中国今后实现大规模、低成本的远距离纯氢运输提供技术支撑，填补了国内高压力纯氢测试平台空白；国家管网集团组织开展的国内首次二氧化碳管道全尺寸爆破试验取得圆满成功，为中国掌握百万吨级二氧化碳输送管材研制、管道设计和建设技术提供了重要的数据支撑，标志着中国在碳捕集利用与封存(CCUS)技术研究领域取得重大突破性进展，为全球二氧化碳管道安全建设和运行提供重要技术保障。

在深海管道建设技术方面，中国海油首创“水下生产系统+浅水导管架处理平台+深水半潜式平台远程操控系统”油气开发模式，超深水大气田“深海一号”二期关键控制性工程——508毫米海底长输管道铺设完工。这是中国最长的深水油气管道，标志着中国深水长输海底管道建设能力和深水装备技术实现重要突破。这条海底管道是专为“高温高压强腐蚀油气流混输”量身定制的，创造了中国海管壁厚新纪录。同时该项目团队自主研发了国内首套大管径大壁厚海管全自动焊接装备工艺，创造了国内508毫米深水海管铺设速度纪录。此外，管道局成功实施国内首例厚壁大口径、高配重深水高难度海上水平弯头施工，涉海涉船业务再获技术突破。

（四）油气管道行业持续推进体制改革和管理创新

油气管网改革的总体目标是通过构建全国互联互通的油气管网体系，将全国油气能源统筹调配，促进油气市场向规范化、市场化迈进，创新引进多元化的供应主体，激发市场活力，建立公平开放的平台，提高全行业的运行效率，降低终端用户的能源消耗成本。此次改革的一个重点方向是“管住中间，放开两端”，即管住全产业链中最核心的中间运输配送环节，放开可以竞争的上游勘探开发和下游加工出售服务环节，通过平等竞争激活市场创造力和活力。2023年中国全面深化油气管网改革，主干天然气管道全面公平开放，着力推动天然气市场化改革，加快实施油气管道数字化转型。

1. 全面深化油气管网改革

国家管网明确提出“两个一以贯之”“做大一张网、做实一中心、做强一公司体系”的改革思路，出台了集团直属企业改革试点、深化三项制度改革、财务垂直管理、对标世界一流管理提升等20余个专项改革方案，形成了以“一本账、一清单、两张表、三检查”为核心的机制，稳步推进油气管网体制改革，为为期3年的油气管网改革高质量高标准收官提供了坚实的保障和稳固的支撑。

在推动重建组织形态方面，国家管网通过实施“四个优化”方案，清除旧管理体制存在的障碍，激发新业态模式下的发展动能，不断推进治理体系改革，提升现代化治理能力。首先，重改董事会建设模式，完善法人治理体系，规范化企业治理。其次，推进“四个优化”，即市场化、专业化、共享化和区域化，优化组织结构体系组建模式，全面提高整个企业组织的工作效率。再次，建立健全管理规章制度体系，建立“管理制度化、制度产品化、产品平台化、平台数字化”的新发展思路，围绕业务流程建立“1+23+N”的制度体系，强化规范制度执行与制度优化，提升风险评估与监测预警体系，提升风险管控能力。最后，对管理体系进行系统习惯评定与提升，对标国际一流管输企业，聚焦管理体系重点目标，需要固定相应的评级指标等。

在重塑发展布局方面，2023 年继续加速构建“全国一张网”，发展过程坚持“全国一盘棋”。2023 年以来，中国大力推动油气管网基础建设，加速建设投产了一大批国家重点研究项目。2023 年全年新建油气管道主干道里程突破 2500 千米，创历史新高。全长 583 千米的国家“十四五”规划石油天然气发展规划重点项目——西气东输四线天然气管道工程，新疆段主线管道正式完成焊接。整个工程预计 2024 年 10 月全面建成，每年可向中东部地区输送天然气 300 亿立方米。截至 2023 年上半年，累计开工建设项目 170 个，新建项目焊接里程超 1 万千米，建成具备投产条件管道里程 11300 千米，天然气管道里程增长 21%、一次管输能力增长 40%，互联互通转供能力增长 57%。2023 年前三个季度，国家管网集团建设总里程超过 2500 千米，同比增长了 30%，创历史新高。

在激励机制改革方面，将任期制和契约化管理落到实处，细化评价颗粒度，使评价体系更加完善更加细致。推进管网招聘机制市场化改革，100%公开招聘，多渠道引进“高精尖缺”的高层次人才；推动职级体系创新建设，建立了“管理、专业、技术、技能”四个职位排序；持续深化薪酬分配机制改革，建立与效益、效率和安全指标挂钩的工资总额决定机制，强化管理人员业绩考核与绩效奖金挂钩兑现。

2. 持续推动天然气市场化改革

2023 年 7 月 11 日，中央全面深化改革委员会第二次会议审议通过了《关于推动能耗双控逐步转向碳排放双控的意见》《关于进一步深化石油天然气市场体系改革提升国家油气安全保障能力的实施意见》和《关于深化电力体制改革加快构建新型电力系统的指导意见》等政策文件。针对石油天然气，中央深改委会议提出，要围绕提升国家油气安全保障能力的目标，针对石油天然气体制存在的突出问题，推进油气行业全链条体制机制改革，确保稳定可靠供应。此次会议从深化石油天然气市场体系改革、加大市场监管力度、深化油气储备体制改革等方面对今后油气发展提出了指引。

近年来，中国天然气产业发展十分迅速，无论是在供给侧还是消费侧，均保持强劲发展势头。2023 年，中国天然气产量达 2297.1 亿立方米，同比增长 5.8%；页岩气产量为 250 亿立方米，同比增长 4.17%；煤层气产量为 139.4 亿立方米，同比增长 17.78%；煤制气产量达 67.1 亿立方米，同比增长 9.55%。

持续推动深化石油天然气体制改革，相关部门为推动天然气管网建设和互联互通，大力提倡运销分离，制定了长途管输最高收益率、城市燃气配气最高收益率等限制性政策。从市场空间看，目前中国人均天然气消费量不足 200 立方米/年，与世界平均水平还存在较大差距，与美国、欧洲等发达国家或地区的差距更大。这意味着，中国天然气需求还有很大增长空间。中国天然气成本长期居高不下，制约着天然气产业市场空间的扩大。天然气产业要实现可持续发展，不仅需要政策推动，还需要产业自身通过不断降低成本，提高自身的市场竞争力。

预计 2040 年前，中国天然气产业将处于快速增长期，新增天然气消费需求可能逐渐集中到发电领域，消费峰值可能达 5000 亿~6000 亿立方米；在 2040—2060 年，为实现碳中和目标，中国天然气产业很可能进入平稳发展期，消费规模或将逐步下降，在能源消费结构中的占比也将呈下降趋势，但总体消费规模还将维持在 3000 亿~4000 亿立方米，逐渐在新兴能源体系中担当稳定性电源的“辅助角色”。

3. “咨询+产品”模式加快实施数字化转型

中国石油管道局设计院制定以流程管理为目标、以客户为中心的转型模式，逐步建立起了以数据为核心、以数据管理为目标的企业运营管理模式。以效益为核心，以实用为目标，以人才为核心，通过流程的持续优化与变革，实现业务管理从职能化到网络化、标准化到信息化、数字化到智能化的转变，打造“小机关、大服务”管理新模式。

在中缅油气管道、中俄东线天然气管道、尼贝原油外输管道等多个项目中，管道局设计院在油气储运孪生体模型建设、工程全数字化交付服务等方面探索出多套适用于油气储运行业的最佳解决方案；研发了以 WisPipeline 为核心，包括建设期管理平台、WisCenter 数据中台等在内的系列产品，逐步形成"咨询+产品"的新业务模式。

二、2024 年中国油气管道产业发展展望

油气管网承担着国家统筹能源配置和现代化运输体系的重任，在中国资源储备战略中的位置也越来越为人瞩目。随着国家管网公司的成立，天然气"全国一张网"持续推进，油气管网的规划也将进一步完善，天然气的基础建设将步入快车道，油气管道技术向数字化、智能化持续迈进，促进中国标准"走出去"。

（一）继续推进天然气"全国一张网"

2023 年以来，中国大力推动油气管网基础设施建设，一批国家重点项目加速建设、顺利投产。国家管网集团目前形成了"四大战略通道"和"三纵三横"管网布局，形成了"西油东送、北油南运、西气东输、北气南下、缅气北上、海气登陆"的供应格局，包括西南、西北、东北三大路线及海上进口天然气，"全国一张网"的基本骨架已经形成。在进一步推进管网环境公平开放方面，国家管网集团将逐步建立更加公平开放的市场环境，以需求为导向，以过程公开、竞争公开为导向，接受全社会监督，打造公平公开的竞争环境。在进一步扎实推进管网公平开放过程中，集团将一方面保障现有服务机制体制，根据市场需求严格评价，建立统一的标准体系，无差别地向提出管输服务需求申请的客户分配热门管段管容，引导建立市场化管输托运机制；另一方面将不断优化工作流程，使流程清晰、责任明确，在问题处理过程中，加强沟通，不断提升用户的服务体验，为长期合作打下坚实基础。

在未来，国家管网集团将进一步深化"全国一张网"建设，坚持"全国一盘棋"，加强油气管道运输服务能力，激发"X+1+X"油气市场活力，切实保障

国家油气能源供应，为保障国家能源安全、高质量实现“双碳”目标贡献一份力量。

（二）油气管道技术向数字化、智能化持续迈进

为了增强油气资源的安全保障能力，国内油气管道系统逐渐由 SCADA（数据采集与监控系统）阶段发展到数字管道阶段，中国石油以中俄东线天然气管道为试点，提出“全数字化移交、全智能化运营、全生命周期管理”的油气管道智能化发展理念，标志着中国油气管道智能化发展进入了新阶段。随后，在中俄东线天然气管道、董东原油管道、苏皖管道、神安管道等油气管道建设中，以国家管网集团为主的建设主体均进行了智能化建设创新成果的全面推广和大范围应用。在目前仍在建设的西气东输四线工程中，国家管网集团按照“标准化设计、集约化采购、机械化施工、数字化交付、智能化运营和创新引领”的理念，加强建管融合，全力开展技术创新、施工创新、管理创新，该工程将成为中国油气管道智能化发展的标志性建设成果。目前，油气管道智能化已发展到以“全数字化移交、全智能化运营、全生命周期管理”为特征的第三阶段，初步具备了稳定可靠、成本可控的特点。预计 2024 年开工、建设、投产的油气长输管道将充分结合管道项目特点，充分发挥并融合油气管道智能化管理体系优势，运用大数据、物联网、人工智能等单一或融合技术，实现油气长输管道从建设期到运营期的数字化、网络化和智能化管理。

（三）加速推进油气管道标准国际化

中国在管材、管道设计系数、管道施工、腐蚀防护、SCADA 控制系统、储运装备和储运设施等硬件软件标准方面，大量采用 ISO 等国际标准，已经基本达到国际先进水平；在管道的运行管理方面，随着管道完整性管理理念、方法、技术和标准的引进、消化吸收和全面应用，管道的运行管理、标准技术水平整体上也已经与世界先进水平相当。

近年来，在油气管道完整性管理和管材等技术领域的国际标准制修订工作中，中国实现了多个零的突破，并进入稳步有序的发展阶段。中国主导、

参与编制油气管道领域国际标准，标志着中国油气管道的设计、管理技术、管材技术等均得到了国际社会的广泛认可，具备了在全世界推广应用的条件，标志着中国在石油管道完整性管理、管材领域中的国际影响力和国际话语权得到了显著提升。

在中俄东线穿越时期，中国与俄罗斯直接采用两国管道建设标准中的最高标准作为施工标准，保证了项目顺利、高效完工；同俄罗斯的第二批、第三批、第四批标准互认工作也在有序推进；中国还同土库曼斯坦等国签订了标准互认协议；另外，以中国标准为基础，中外联合研制外文版优选技术标准，大大促进了中国标准“走出去”。

合 作 篇

2023 年，世界地缘政治风险不断加剧，世界经济在探索中缓慢前行。随着中国深度融入全球发展大势，国际能源事务话语权逐步增强，“一带一路”正在汇聚成世界能源治理、共同发展的机遇之路、繁荣之路。中国油气企业在国际市场中立足优势，积极开拓进取，在海外大额订单签订、高端油服业务、油气合作机制建设、油气全产业链合作、推动“一带一路”油气产业绿色低碳转型和人民币国际化方面取得不俗成绩。同时，以中曼石油为代表的民营企业凭借自身实力在国际市场打造出亮眼名片。展望 2024 年，中国油气国际合作将不断拓展广度，挖掘深度，以“一带一路”为契机，探索更加多元化油气合作机制和能源治理模式，实现共赢发展。

从中国对外油气贸易来看，2023 年整体原油进口量大幅上涨、对外依存度明显回弹，平均进口单价大幅下降。成品油进口量显著增长，进出口价格显著下降，出口配额大幅增长，进出口种类变化明显。管道天然气价格远低于液态天然气，液态天然气仍有很大的优势。预计 2024 年，随着 2030 年碳达峰目标的临近，原油进口量将呈明显下降趋势，成品油进口价格可能持续上涨，天然气仍将表现出强劲的增长态势。

中国油气产业国际合作分析与展望

2023 年是世界政治局势风云变幻、世界经济面临后疫情时期复苏发展的一年。这一年，面临国际政治经济环境发生的深刻复杂变化，中国油气企业主动融入全球发展治理，充分发挥技术、管理、市场等优势，与世界各国能源转型发展需求对接，推动国际油气合作向全方位、深层次、多领域发展，构建多元化、更安全、有保障的国际能源供应体系。

一、2023 年中国油气产业国际合作概况

2023 年恰逢“一带一路”倡议提出十周年暨第三届“一带一路”国际合作高峰论坛举办，中国企业在与“一带一路”共建国家油气合作的广度、深度方面均有优秀表现，并在推动人民币国际化方面迈出扎实一步。中国油气行业牢牢把握能源保供稳价首要任务，保障了能源安全稳定供应，有力支撑了经济增长。在巩固传统市场、开拓新市场和高端油服产品国际供应方面亦有不俗业绩。在绿色低碳转型背景下，油气企业在开展海外业务的同时，注重企业环境—社会—管理(ESG)多维度发展，强调当地人文发展和环境保护，获得国际合作方的赞誉。

（一）中国石油国际油气合作成果

2023 年，中国石油持续推进更大范围、更高水平、更深层次的国际合作实践，致力于打造集勘探开发、管道运营、炼油化工、工程服务等业务于一体的完整产业链。通过持续优化市场布局，深耕规模高端市场，深化重点项目运行，强化技术引领，中国石油海外合作的质量和效益齐增加。

1. 管道局沙特项目哈维亚产能区域成功投产

2023 年 1 月 31 日，沙特 NGCP 项目扩建的哈维亚 GGM 集输站 2 条新建天然气管线并气投产成功，哈维亚产能区域投产首战告捷。GGM 是该油气产

能区的核心场站，是连接上游产气区和下游用户的关键设施，是沙特阿美在加瓦尔油田的产能提升计划的第一优先级。哈维亚区域在攻坚阶段，以超强执行力加快实现哈维亚区域的投产条件，为日后天然气沙特项目的顺利开展开创良好开局。

2. 工程建设有限公司首次进入道达尔非洲油气工程市场

2023 年 2 月 17 日，工程建设有限公司（CPECC）与道达尔能源公司签约乌干达 Tilenga 油田站内储罐 EPC 项目（简称储罐项目）。这是继 Kingfisher 油田项目第三工作包 EPC 项目后，CPECC 成功进入的又一系统外油气工程市场。储罐项目的成功中标，标志着 CPECC 在非洲区域首次成功进入道达尔担任作业者的油气工程市场，为 CPECC 做强做优主业、拓展乌干达后续市场奠定了坚实基础。

3. 渤海装备北美市场出口额大幅增长

2023 年 3 月 8 日，渤海装备 12 台弯游梁抽油机从天津港启运，发往北美市场。该公司克服疫情给国际市场带来的不利影响，并在中非、南美也取得了较好成绩。北美市场订单的突破有助于渤海公司在采油装备设备领域持续开拓海外市场，持续加大“走出去”步伐，努力提升国际市场知名度和占有率。

4. 宝石机械公司签订国际高端出口项目

2023 年 3 月 9 日，宝石机械公司与中国石油技术开发有限公司合作，成功中标阿布扎比国家钻井公司 10 套钻机项目。宝石机械结合绿色低碳理念，为用户量身定制 10 套 5000 米混合动力沙漠快速移运钻机。该项目的成功中标，是宝石机械积极拓展国际合作领域的又一重要成果和具体实践，为公司推进绿色低碳转型升级、持续打造品牌竞争力、建设世界一流综合性能源装备公司奠定了坚实基础。

5. 西部钻探签订哈萨克斯坦高端市场大额合同

2023 年 4 月 5 日，西部钻探签订了哈国高端市场 SOZAK 油田 3 口井大包合同，合同额 756 万美元。SOZAK 油田作为高端高效市场，其 3 口井大包合同的签订，为克孜洛尔达项目部完成年度生产经营任务奠定了坚实基础，上钻工作也已同步全面展开。

6. 西部钻探开拓格鲁吉亚新市场

2023 年 4 月 27 日，西部钻探正式签订格鲁吉亚钻井、录井、固井工程服务亿元人民币合同大单。这是西部钻探首次进入西亚格鲁吉亚市场。格鲁吉亚社会环境稳定，油气市场前景广阔，项目经济效益可期。该项目的顺利签约，为中国石油海外业务高质量发展打造新的效益增长点。

7. 渤海装备首次斩获欧洲油田注汽锅炉订单

2023 年 5 月 10 日，渤海装备公司成功获得阿尔巴尼亚油田 18 吨注汽锅炉订单，首次进入欧洲市场。注汽锅炉是稠油热采工艺的重要装备，欧洲订单的斩获标志着该公司以过硬的产品技术、严密的生产组织和高标准的质量管控，提升公司在欧洲市场的影响力，为拓展隔热油管、热采井口等产品和稠油装备一体化服务业务出口创造良好示范效应。

8. 东方物探卡塔尔 OBN 项目施工顺利结束

2023 年 6 月 6 日，由东方物探公司海洋物探处承担的卡塔尔 OBN 项目施工顺利结束。该项目是东方物探海洋业务时隔 10 年再次进入卡塔尔海上勘探市场成功运作的第一个 OBN 项目，该项目的成功运作，为卡塔尔的油气勘探开发提供了可靠的数据支持和经验依据，为东方物探公司海洋业务在卡塔尔探区乃至整个中东市场的继续推进奠定了坚实基础。

9. 渤海石化装备首次中标白俄罗斯配件订单

2023 年 6 月 8 日，渤海石化装备中标白俄罗斯一家炼厂的 2 台滑阀配件订单，攻关东欧市场取得突破性进展。白俄罗斯炼厂滑阀以往整体上全部采用欧美产品，此次渤海公司的成功竞标打破了欧美公司垄断东欧配件市场的格局，为中国油气企业拓展东欧配件市场、提升国际合作能力创造了良好开端。

10. 西南化工销售开辟出口东南亚市场新通道

2023 年 6 月 22 日，西南化工销售公司 67 吨四川石化 L5E89 聚丙烯产品通过云南临沧清水口岸出口到东南亚地区，这将有助于进一步拓展西南化工销售与下游客户的合作，提高合成树脂产品的创效能力，搭建产运销一体化出口平台，持续开展化工产品出口业务，不断提高国际化运营水平。

11. 渤海钻探中标哥伦比亚技术服务项目

2023 年 6 月 28 日，渤海钻探与哥伦比亚甲方签订综合技术服务合同，成功进入哥伦比亚技术服务市场。该公司把市场开发工作作为第一要务，在稳固传统市场的基础上，把越来越多的目光和精力放在哥伦比亚等新兴市场开发上。该技术服务合同的签订彰显了中国油气企业在国际油服市场的实力，有助于油气企业开展多种合作模式推进国际市场开拓。

12. 大庆油田续签伊拉克大额服务合同

2023 年 7 月 5 日，大庆油田装备制造集团力神泵业有限公司成功续签超 3 亿元的潜油电泵一体化服务合同，合同期 5 年。该公司连续 12 年潜油电泵市场占有率达 100%，此次续签大额服务合同，进一步稳固了在伊拉克市场的占有率，提升了中国油气企业装备制造能力和技术服务水平以及在中东市场的持续开拓能力。

13. 新疆油田实现非洲市场新突破

2023 年 7 月 15 日，新疆油田成功获得尼日尔 Agadem 油田二期生产运维项目合同，合同期限为 3 年。Agadem 油田二期项目是新疆油田在非洲市场的新突破，是中国石油“十四五”期间海外重点投资项目，也是新疆油田实现海外业务高质量发展的“助推器”。

14. 长城钻探中标伊拉克压裂项目亿元大单

2023 年 8 月 30 日，长城钻探成功中标伊拉克哈法亚油田亿元压裂项目，这是长城钻探海外市场首个压裂总包一体化项目。长城钻探立足“重振国际”战略，走总包一体化道路，拉动全产业链发展，以伊拉克储层改造市场为切入点，深耕伊拉克各区域市场，实现海外压裂市场破冰，有助于通过伊拉克压裂项目的突破撬动中东压裂市场，提高装备制造水平和油服领域国际合作规模和范围。

15. 中油测井射孔枪获美国市场持续订单

2023 年 9 月 5 日，中油测井西南分公司测井射孔枪凭借技术优势和品牌口碑，以每周供给一批次的频率成功向美国市场销售射孔器材。与美方的持续订单合作有助于稳定维护射孔器材的国际销售市场，实现射孔器材销售领域的国际市场拓展和高效合作。

16. 长城钻探伊拉克祖拜尔项目首口井作业圆满完成

2023 年 9 月 5 日，长城钻探伊拉克祖拜尔高端技术服务项目首口井测试一体化作业圆满完成。这是长城钻探公司进入意大利埃尼公司在伊拉克高端技术服务市场的首口井作业，此次首口井作业的圆满完成有助于持续提升长城钻探的品牌竞争力，为双方深入合作奠定了良好基础，为长城钻探稳固国际市场贡献力量。

17. 中国石油首次向欧洲供应混兑生物航煤

2023 年 9 月 7 日，国际事业伦敦公司将 7000 吨混兑生物航煤从荷兰鹿特丹港运往阿姆斯特丹的卸货码头，这是国际事业伦敦公司成功向欧洲航空公司销售的首单混兑生物航煤，也是中资企业首次直接向欧洲终端客户供应生物航煤，标志着中国石油生物航煤国际贸易业务链进一步延伸。

18. 阿姆河土库曼斯坦天然气项目获得百万立方米高产工业气流

2023 年 10 月 26 日，阿姆河天然气公司位于土库曼斯坦阿盖雷气田的 Aga-101D 井测试喜获超百万立方米高产稳定工业气流，生产天然气 111 万立方米/日、凝析油 9.2 立方米/日，为公司增储上产增添了新动力。阿姆河天然气项目是中国石油拥有 100%权益的海外最大天然气合作项目，此次高产工业气流的获得为该公司稳定海外天然气资源池、深化中土能源合作夯实了基础。

（二）中国石化国际油气合作成果

2023 年，中国石化统筹推进深耕老市场和积极开拓新市场，如巩固中东、非洲市场份额和喀麦隆等老油田的提质增效，自主研发的石化产品出口新增欧洲市场。不断拓展技术服务领域和规模，以技术实力赢得油服领域大额订单，通过创新管理理念和措施引领国际合作项目高质量发展。

1. 国勘公司成功中标哈萨克斯坦勘探区块

2023 年 1 月 13 日，国勘公司成功中标哈萨克斯坦萨乌特斯勘探区块，区块面积近 3000 平方千米。国勘哈萨克斯坦公司组织团队研究勘探方案，落实工作流程，最终在 5 家有实力的竞争者的竞标中获胜，这有助于国勘公司资产结构进一步优化并积累宝贵勘探经验。

2. 河南油田研究院签订墨西哥项目技术服务合同

2023 年 2 月 1 日，河南油田研究院与国工墨西哥子公司签订 Ebano 项目技术服务合同。项目以裂缝型油藏储集体精细刻画及稠油油藏精细开发技术，力争实现 Ebano 浅层孔隙—裂缝型泥质灰岩普通稠油油藏稳产增效，从而为河南油田成功开辟海外技术服务市场、不断拓展技术服务领域和规模、打造长期稳定的国际合作样板项目打下基础。

3. 江汉石油工程公司中标沙特阿美测试服务项目

2023 年 2 月 10 日，江汉石油工程公司成功中标沙特阿美钻修井部测试服务项目。凭借工艺流程、施工质量、安全执行标准、服务经验等方面优势，江汉石油公司在与 12 家国际知名油服企业的激烈竞争中脱颖而出，赢得了中东钻修井测试服务市场份额，为日后该领域的国际合作积累了经验。

4. 江汉石油工程公司签约阿尔及利亚钻井项目

2023 年 2 月 17 日，江汉石油工程公司国际合作公司与阿尔及利亚 ENAFOR 公司钻井项目合同正式签约。面对各种超预期风险和压力，该公司阿尔及利亚项目部积极采取分包合作模式，着力突破市场瓶颈，经过 8 个月的技术商务磋商，最终与 ENAFOR 公司签订了合同。该项目的成功签订有助于巩固非洲市场钻井服务合作。

5. 华北石油工程西部分公司完钻沙特工区首口气探井

2023 年 3 月 31 日，华北石油工程公司西部分公司 SP260 钻井队用时 63.5 天，圆满完成沙特工区首口气探井 RISH-222020 井钻井施工任务。该任务的圆满完成为探明区块储层地质资料和油气性质、进一步推进 RISH 油田效益开发提供有力支撑。

6. 经纬胜利地质录井公司中标科威特亿元大单

2023 年 4 月 14 日，经纬公司胜利地质录井公司成功中标科威特国家石油公司“5+1”年浅井综合录井服务项目，合同额超 1 亿元人民币。该公司凭借自身信誉、施工经验、服务业绩、技术实力、客户满意度和合理的商务报价，在 11 家国际知名油服公司竞标商中脱颖而出。该项目合同的成功签订有助于该公司提升国际竞争力，积累国际大额订单项目竞标经验。

7. 中原石油工程公司中标非洲某区固井项目

2023 年 5 月 26 日，中原石油工程公司非洲公司固井项目部中标非洲某区“2+1”年固井项目。该项目部积极巩固与业主的长期合作关系，不断向纵深拓展市场，连续第二次中标该区“2+1”年固井项目，为完成未来 3 年生产经营任务奠定了基础。

8. 炼化工程与沙特阿美签订 Amiral 项目 EPC 合同

2023 年 7 月 5 日，炼化工程集团与沙特阿拉伯国家石油公司签订 Amiral

项目 P5AC 包工程 EPC 总承包合同，该项目合同金额约 7.2 亿美元，是目前中国石化在沙特地区独立承揽的最大金额的炼化工程总承包项目。此次项目合同的成功签订有助于炼化工程集团进一步延长产业价值链，助力沙特阿美实施石油化工战略。

9. 华北石油工程伊拉克项目新井开钻

2023 年 7 月 18 日，华北石油工程伊拉克项目 HBGC-102 钻井队首口井顺利开钻。作为该公司最早进入伊拉克施工的队伍之一，HBGC-102 钻井队不断加强甲乙双方的沟通协作，以多年安全、高效的施工业绩赢得合作方赞许。此次首口井顺利开钻有利于提升华北石油工程深耕伊拉克市场的国际合作能力。

10. 南京工程与沙特阿美签订材料供应协议

2023 年 7 月 21 日，南京工程公司与沙特阿美公司成功签署了 RPO31 号材料供应协议。该协议的签署有助于推动南京工程公司海外采购业务发展，对该公司在拉斯坦努拉地区业务的拓展具有重要意义。

11. 国勘喀麦隆项目海上老油田获新发现

2023 年 7 月 21 日，国勘公司喀麦隆项目部署的浅海重点探井 LIMA15 井在中深层 S5 发现油层并连管投产成功。该公司针对老油田的难题，组建了具有丰富国际海洋作业经验的工程团队，攻克了诸多钻完井技术难题，确保了顺利完钻交井并成功投产。此次成功投产标志着海上老油田中深层系勘探取得重大突破，为海外老油田的勘探工作积累了经验。

12. SINOPEC 牌漂粉精首次出口欧洲

2023 年 7 月 24 日，325.71 吨 SINOPEC 牌漂粉精（次氯酸钙）从深圳盐田港顺利发往葡萄牙，这是中国石化自主品牌漂粉精首次出口欧洲市场。此次与葡方的国际贸易合作推动了中国石化境内外一体化协作，拓展了中国石化的品牌影响力，提升石化优势产品全球市场份额。

13. 石勘院设计的哈萨克斯坦老油田 4 口方案井顺利投产

2023 年 9 月 15 日，由石油勘探开发研究院（简称石勘院）设计的哈萨克斯坦 Z 油田 4 口方案井顺利投产，新井日产油均超过设计预期。此次老油田方案井的顺利投产提高了储量动用程度，实现了哈萨克斯坦老油田效益的进一步开发，彰显了石勘院的国际老油田勘探领域技术能力。

14. 联合石化与阿联酋天然气业务实现首笔人民币结算交易

2023年10月11日，联合石化与阿联酋阿布扎比国家石油公司天然气业务实现首笔人民币结算交易。此次国际天然气业务合作推动了人民币国际化进展，为中国石化加深与"一带一路"共建国家合作、增进互信，高质量共建"一带一路"贡献力量。

（三）中国海油国际油气合作成果

2023年，中国海油海外业务遍及亚太、中东、美洲、欧洲、非洲、远东六大区域40多个国家和地区，其中"一带一路"净产量占比超50%，在"一带一路"沿线累计投资超520亿美元。中国海油加快国际市场的拓展和彰显国际油服技术实力，仅在两个月时间内即斩获56亿元海外订单，展现了中国海油在全球完整的服务链条和强大的海上石油服务装备能力，加强国际化布局，助力海外业务高质量发展。

1. 中国海油与伊拉克签订钻井总包服务合同

2023年2月1日，中海油服与振华石油东巴石油有限公司在伊拉克首都巴格达签署东巴格达油田南段项目32口井钻井总包服务合同，项目周期2年。此次合同的签订，是中海油服继27口井钻井总包服务合同和电缆测井与射孔服务合同之后，第三次获得该区块作业合同，进一步巩固了中海油服在伊拉克钻井总包一体化服务领域的市场份额，为推动中海油服在伊拉克油气合作向更宽领域、更深层次、更高水平发展奠定了基础。

2. 中国海油与国际多家石油公司签订天然气系统合同

2023年2月1日，中国海油巴西有限公司与巴西国家石油公司成功签署天然气处理系统合同，并与壳牌、高浦能源、雷普索尔、中国石化合资公司等4家管输方完成桑托斯盆地天然气输送系统合同签约。自此，中国海油成为巴西首家实现非股东自主销售天然气的石油公司，成功跻身巴西主要天然气供应商之列。中国海油Buzios油田10%份额的天然气实施自主销售，这也是中国海油海外首个管道天然气自售项目。

3. 中国海油完成加拿大液化天然气项目交付

2023年5月29日，中国海油承建的全球首例一体化建造液化天然气工厂——加拿大液化天然气项目的 157 个外围工程模块全部交付。项目在全球首创核心工艺模块和管廊一体化建造模式，既可以提高经济效益，又在环保方面具有明显优势。此次与加方的天然气项目合作提高了中国海油在国际天然气合作领域的数字化可视化建造技术水平和项目管理效率，对于进一步提升中国清洁能源工程制造能力、助力全球能源行业绿色低碳发展具有重要意义。

4. 中国海油高端油气装备助力乌干达石油项目开发

2023 年 7 月 28 日，由中国海油自主研发的旋转导向钻井与随钻测井系统“璇玑”和 ELIS 电缆测井系统，高质量完成了乌干达翠鸟油田和蒂伦加油田的首口井全井段作业。“璇玑”和 ELIS 系统本次在乌干达首次作业成功，不仅全方位验证了两项技术的可靠性，也为中国自主研发的高端油气装备在海外规模化作业积累了宝贵经验。

5. 中国海油与巴西国家石油公司将在多领域深化合作

2023 年 8 月 28 日，中国海油与巴西国家石油公司在北京签署战略合作框架协议，双方将在油气勘探开发、炼油化工、工程建设和油田服务、绿色低碳、原油贸易等领域深化合作。此次战略合作框架协议的成功签订，巩固了中国海油在巴西的市场份额，增进了与巴方的油气田合作互信，推动了中国海油国际合作的纵深化发展。

6. 中海油服与挪威签署钻井平台服务大额合同

2023 年 9 月 1 日，中海油服全资子公司 COSL Drilling Europe 与挪威两家国际石油公司签署钻井平台服务合同，其中固定期限合同金额共约为 47 亿元。该合同的签订是重要客户对中海油服低排放钻井平台安全高效、适合未来运营需求的充分认可，有助于该公司通过长期战略联盟扩大与客户的伙伴关系，为进一步巩固和开拓北海地区市场提供坚实的基础。

7. 中国海油与墨西哥签订陆地一体化技术服务合同

2023 年 10 月 10 日，中海油服全资子公司 COSL Mexico S. A. de C. V. 与墨西哥地区一家大型石油公司签署了陆地一体化技术服务合同，合同金额约 9 亿元。这次合同是公司海外市场取得的重要突破，推动公司实现由“钻井业务为主”到“装备与技术并重”的转型升级，形成“装备+技术”双翼驱动的新业务发展格局。

8. 中海油服新型低油水比合成基钻井液在乌干达成功应用

2023 年 10 月 11 日，中海油服新型低油水比合成基钻井液（BIODRILL S 体系全球首次应用 60：40 油水比）助力乌干达道达尔 Tilenga 项目安全优质完成三口开发井作业，满足乌干达政府的环保和技术要求，得到了乌方高度认可。此次和乌方的合作为中国海油拓展基钻井液的国际市场打下基础。

9. 中国海油与哈萨克斯坦签署战略备忘录

2023 年 10 月 16 日，中国海油与哈萨克斯坦国家石油天然气公司签署战略合作备忘录。双方约定在油气勘探开发、油田服务等领域加强合作，并为后续全面合作确立机制平台。此次签约标志着中国海油与哈国石油公司的伙伴关系得到实质性深化。

（四）其他国际油气合作成果

民营油气企业抓住“一带一路”机遇，巩固原有市场份额，并开启与高油气资源禀赋国家的合作，拓展了天然气供应来源。在油气技术服务方面，民营企业以技术和装备合作为契机，推动双方油气贸易领域往来。同时，国际知名油气公司入股中国油气企业，增加了民营企业参与国际油气合作方式的多样性，有助于提升中国民营企业的海外影响力。

1. 中曼哈萨克斯坦坚戈油田 408 井顺利投产

2023 年 3 月 1 日，中曼坚戈油田会战施工的首口井 408 井，经过射孔、气举等施工作业后，成功获高产油流，进入试生产阶段。该井日产原油 21.7 吨，它的成功试产，正式拉开了中曼坚戈油田会战上产的序幕，并创下了坚戈油田有史以来最快钻井纪录。此次成功投产有助于中曼石油为日后全面打好新井上产和老井稳产攻坚战提供宝贵经验。

2. 沙特阿美收购荣盛石化 10%股权

2023 年 3 月 27 日，荣盛石化与沙特阿美的全资子公司 Aramco Overseas Company B. V. 签署了股份买卖协议，沙特阿美以 246.05 亿元人民币战略入股荣盛石化。此次协议的签订推动了双方各自战略目标的实现和长期的可持续发展，也将为荣盛石化开拓海外市场奠定坚实基础，有助于荣盛公司快速提升海外市场影响力。

3. 中创油联与墨西哥完成合作签约

2023年6月6日，中创油联与墨西哥石油天然气联盟（Oil & Gas Alliance）完成合作签约。双方约定，墨西哥石油天然气联盟将作为WOGE展会的协办单位，与中创油联紧密合作，深度参与海南展会及同期各项大会和活动。中创油联将与墨西哥石油天然气联盟在海上油田装备、技术及其贸易和科研交流方面展开更多的互动与对话。此次双方的合作将有力助推两国能源及装备制造业的创新与实践，为促进双方经济贸易持续发展贡献力量。

4. 新奥股份与切尼尔能源签署20年LNG购销协议

2023年6月27日，新奥股份新加坡子公司与切尼尔能源签署了长期LNG购销协议。根据协议，新加坡子公司每年向切尼尔能源采购约180万吨LNG。本次长协是新奥股份与切尼尔能源自2021年天然气领域的首次合作后签署的第二份LNG长期购销协议。此次合同的履行将有利于公司优化资源池结构，拓宽资源供应渠道，进一步提高天然气供应能力。

5. 中曼石油与伊拉克BECL公司签订大额钻井工程服务合同

2023年7月16日，中曼石油与伊拉克Basra Energy Company Limited（BECL）公司签订钻井工程服务合同，合同金额预计约3.90亿美元（约合27.96亿元人民币）。本次合同签订有利于进一步加深与BECL公司的合作关系，进一步巩固中曼石油在伊拉克市场的品牌优势，并将对该公司2024—2028年经营业绩产生积极影响。

6. 杰瑞装备与瑞典阿法拉伐集团签署战略合作协议

2023年9月22日，烟台杰瑞石油装备技术有限公司（简称杰瑞装备）与瑞典阿法拉伐集团签署战略合作协议，双方将协同开拓海工业务，在海洋工程、高端装备制造、新能源等领域，建立优势互补、资源共享的战略合作关系。此次战略合作协议的签署，推动双方国际合作迈上新台阶，有助于提高杰瑞装备经营欧洲市场的能力。

7. 中曼石油获得伊拉克油气田开发及作业资质

2023年11月1日，中曼石油公司收到伊拉克石油部伊拉克石油承包商资质办公室（Petroleum Contracts and Licensing Directorate，PCLD）出具的信函，确认公司已成功通过伊拉克油气田开发及作业资格审批，正式获得伊拉克油气田开发及作业资质。此次油气田开发资质的获得有利于中曼石油巩固伊拉克市场份额。

二、2023 年中国油气产业国际合作分析

（一）中国油气产业国际合作出现的机遇

2023 年，国际局势风云变幻，变局之下蕴藏机遇。失去欧洲油气市场后，俄罗斯在油气出口方面向中国持续加码，开启中俄油气产业合作新篇章。与此同时，叙利亚总统访华、“一带一路”倡议提出十周年、“双碳”进程加快等重要事件同样为中国进一步参与油气产业国际合作开辟道路。

1. 俄乌冲突促进中俄油气合作进一步深化

作为油气资源大国，俄罗斯一直致力于将资源优势转化为经济效益。伴随着俄乌冲突不断升级，以及欧美国家对俄制裁力度加大，俄罗斯—亚太贸易圈也在加速形成，油气产业贸易格局持续变化。2023 年 5 月 12 日，俄罗斯总理米舒斯京签署政府令，批准关于俄罗斯通过远东线路向中国输送天然气的政府间协议，并将相关法案提交至国家杜马审议。10 月 19 日，俄气公司总裁阿列克谢·米勒与中国石油董事长戴厚良在北京举行工作会议，双方签署《东线天然气购销协议附加协议》，在 2023 年底前向中国增加俄罗斯天然气供应量。以上均反映了中俄双方在油气合作方面的良好进展。对俄方而言，俄乌冲突长期化造成的三大经济压力亟须通过油气贸易来缓解，且结算过程中“去美元化”进程的加速有利于减缓欧美国家对俄施加的压力。

对中方来说，与俄罗斯保持紧密的油气合作关系有助于在战略上获得稳定且经济的油气供应来源，以应对局部冲突可能造成的石油进口成本飙升情况，从而缓解国内能源市场的压力。中国大量进口油气的需求，与俄罗斯拓宽油气出口路径、降低油气运输成本、实现油气大量稳定出口的意向相契合，因此成为俄罗斯积极谋求合作的对象。中方油气企业应当抓住历史契机，推动中俄油气合作深化发展。此外，俄罗斯对中国在油气基础设施方面的技术创新和应用水平表示肯定，这有利于将中俄的油气技术合作转化为投资合作，进一步拓宽合作渠道和方式，完善油气合作机制，在当前复杂多变的局势下

保障双方共同关心的利益。

2. 叙利亚总统访华开启中叙油气合作新篇章

应习近平主席邀请，叙利亚总统巴沙尔·阿萨德于2023年9月21—26日来华出席第十九届亚洲运动会开幕式，此行是阿萨德自2004年以来首次访华。两国元首共同宣布建立中叙战略伙伴关系，全面推进各领域友好合作，这是两国关系史上的重要里程碑。叙利亚具备一定的油气资源储备，地理位置十分优越，毗邻地中海，与石油资源丰富的伊拉克接壤，是连接欧洲与亚洲的重要桥梁。同时，叙利亚在东地中海盆地区域的油气潜力较大，因此中叙在能源领域的合作具备十分广阔的前景。

以美国为首的西方国家陆续对叙利亚实施制裁，包括禁止进口叙利亚原油和石油产品、对叙石油出口相关融资和保险进行限制等。而在叙利亚内战问题中，中方始终支持叙反恐立场，呼吁尊重叙主权和领土完整，这将为中叙开展油气产业合作奠定基础。同时，中方坚持在叙利亚战后重建工作中继续发挥积极作用，有利于推动中叙战略伙伴关系持续向好发展，促进中东地缘政治格局的调整和重塑。中方能源企业应借助利好政策、把握关键机遇，以建立中叙战略伙伴关系为契机，积极参与叙利亚油气项目投资，加强中叙在油气领域的双边友好合作，实现与资源国的互利共赢。

3. “一带一路”倡议推动油气企业国际合作行稳致远

2023年是中国提出共建“一带一路”倡议十周年。油气合作作为“一带一路”建设的重要内容，在油气勘探开发、跨境通道建设等方面取得了丰硕的成果，为高质量共建“一带一路”作出了重要贡献，且油气合作成果仍在不断涌现。例如，第三届“一带一路”国际合作高峰论坛期间，中国石化与哈萨克斯坦油管委员会签署了关于哈萨克斯坦聚乙烯项目公司的入股协议，以参与哈萨克斯坦最大的聚乙烯项目。这表明中国石油化工行业借助“一带一路”建设平台不断拓宽国际油气市场，谋求共赢发展。

值此十周年之际，“一带一路”建设方兴未艾，其发展仍能够为中国油气企业参与国际合作提供大量机遇，主要体现在：第一，“一带一路”沿线汇聚了俄罗斯、中亚国家以及中东地区的多个油气资源国和超级油气盆地，所蕴藏的已探明技术可开采油气总量占全球总量一半以上。中方应在巩固已有合作成果的基础上，推动"一带一路"共建国家油气合作进一步走深走实，不断拓展油气合作区域，拓宽油气进口来源，在顺应沿线内陆资源国出口多元化意向的同时，进一步保障中国能源安全。第二，"一带一路"建设推动了中国与资源国合作方式的优化升级，实现了从重油气资源、重上游领域的倾向性合作，逐步迈向上下游一体化的全产业链合作，合作范围广泛覆盖炼化、管道和工程技术服务等内容。随着能源转型要求的不断提高，中国油气企业应着重推进与资源国的合作形式从单一资源输出向全面化、纵深化发展。第三，目前，国有油气企业在战略型油气合作中仍发挥骨干作用，但民营油气企业的力量也在不断凸显。与国企相比，民营企业在机制灵活度、项目开发速度等方面具备一定优势，可依靠"一带一路"建设向纵深发展获得更多合作机会，促进油气合作主体多元化。

4. "双碳"目标助推天然气领域国际合作深化

在低碳转型背景下，油气企业的整体成本增加，行业的整体成本也随着碳减排压力的增大而上升。油气企业在从上游开采、储存、运输到终端用户的全过程中，都需要尽量降低经营活动产生的碳排放，这将使油气企业主动降低石油在生产业务中的占比。而从化石能源转向非化石能源的过程并非一蹴而就的，天然气作为迈向清洁能源的过渡能源，在能源转型的过程中发挥了重要的桥梁和支撑作用，是在中短期内有效保障中国能源安全的现实选择。因此，油气企业应当把握能源转型过程中大力发展天然气的关键机遇，在加大国产气勘探开采力度的同时，加快天然气基础设施建设，积极拓展合作渠道，增强在 LNG 进口中的主动权和话语权，从而实现国内资源开发与国际资源进口的协同并进，保障中国在低碳转型过程中的能源安全。

5. 技术创新助推国际油气合作迈上新台阶

全球新一轮能源技术革命蓬勃发展，技术创新成果持续涌现，不仅帮助中国在油气勘探开发和炼制等传统技术合作方面实现了深层次突破，也为低碳、减碳和固碳等新兴技术合作奠定了基础，以科技创新为引擎，推动构建油气科技创新合作机制。2023 年 3 月下旬，渤海装备石化装备公司获得乌兹别克斯坦 MTO 项目的全套滑阀订单，这是渤海装备首次进入乌兹别克斯坦市场，依靠的便是曾获国家首届"科学大会奖"的单、双动滑阀技术优势。因此，国内先进成熟的创新性技术在海外的推广和运用，在很大程度上为油气资源的勘探开发提供了支持，从而增强了中国在国际油气市场的竞争力和话语权，进一步推动了中外油气合作发展。新冠疫情结束后，跨国公司与中国企业建立了更为紧密的战略合作伙伴关系，尤其在高端炼化、天然气基础设施和综合能源服务站等领域表现亮眼。因此，油气企业应抢抓机遇，加大研发投入，提升油气技术自主创新能力。

此外，在中国能源结构革命性转型的大背景下，绿色技术的创新及应用推动了油气与绿色能源的产业融合发展，“油气+光伏”“油气+风能”和“油气+地热”等项目集群建设稳步推进。油气企业顺应当前能源发展趋势，主动调整经营策略，在以天然气为过渡能源的同时，积极拓展新能源业务，重点突破数字化、氢能利用和 CCUS 等关键核心技术，推动中国能源绿色低碳高质量发展，开辟油气产业国际合作新格局。

（二）中国油气产业国际合作面对的挑战

2023 年，受俄乌冲突、巴以冲突等突发性地缘政治事件的威胁，全球能源供需格局持续演变，所造成的不确定性因素给中国参与油气产业国际合作带来较大挑战。

1. 俄乌冲突持续升级威胁油气产业国际合作稳定性

2023 年俄乌冲突不断升级，冲突长期化趋势越发清晰，促使全球地缘政治格局发生改变，助长美国能源霸权。虽然从中长期来看，这场危机将倒逼欧洲乃至全球各国推进能源低碳转型进程，加快发展绿色清洁能源，但在短期内，石油等化石能源在全球经济发展中的战略地位不会改变，国际油气市场的供需博弈也将持续演进。俄乌冲突爆发以来，全球能源治理体系的公平性出现了倒退的现象。在此背景下，能源东道国与消费国之间缺乏有效的协调合作，能源供给侧与消费侧之间的隔阂增大，供需关系出现明显割裂，给油气产业的国际合作带来较强的不确定性。目前俄乌冲突战争走向尚不明朗，美国对中东局势进行外部干涉所引发的地区冲突风险不容忽视，国际油气合作的稳定性和有序性依然面临严峻挑战。

2. 巴以冲突给中国油气产业国际合作带来新的挑战

2023 年 10 月 7 日，巴勒斯坦和以色列爆发新一轮军事冲突，中东局势再度陷入动荡。就当前战争形势而言，此次巴以冲突对油气市场影响有限，引发石油危机的可能性较低，冲突暂未呈现出长期化趋势，且海湾地区多国并不希望战争局势扩大，因此巴以冲突给油价带来的影响应当是短暂有限的。然而，伊朗和美国的进一步动向依然是至关重要的不确定性因素。伊朗对战争的外部干预在很大程度上牵动着美国的动向，作为全球市场重要的石油出口国之一，伊朗若采取实际行动支持哈马斯、卷入巴以冲突，美国可能实施的石油出口制裁举措将推高国际油价，同时存在油气运输重要航线被封锁阻断的概率，从而使油气市场和油气产业国际合作遭受冲击。

以色列近海地区拥有丰富的天然气资源，已成功实现了从天然气净进口国到出口国的转型，近年来在国际天然气市场的影响力持续上升。中国能源企业已与包括以色列在内的中东多国开发建设了持续稳定的油气合作项目，油气合作关系呈现良好发展态势。然而巴以冲突等突发性地缘冲突加剧了中东局势的不确定性，冲突如果持续扩大化，不仅会冲击中国油气企业在以色列广泛的能源建设和项目布局，也将给中国油气企业深耕中东油气市场带来挑战。

3. 油气产业国际合作数智化亟需复合型人才

数字化转型和智能化建设能够助力油气产业提高开采利用效率，优化生产经营环节，实现高质量发展，因此数智化已成为全球油气产业发展的必然趋势和普遍共识。然而，人工智能和油气产业两个领域涵盖学科较广，领域之间存在知识壁垒，且复合型人才培养难度大、成本高、周期长，给人工智能在油气业务领域落地带来一定障碍。随着油气产业国际合作向纵深发展，各国对具有人工智能和油气双重领域背景人才的需求急剧上升，拥有该类复合型人才储备的国家无疑能够在国际合作中占领先机，掌握话语权和主动权。然而，中国油气企业作为领域内的新进入者，数智化起步较晚，当前支撑传统油气业务进行数字化转型和智能化建设的人才储备较为短缺，在“走出去”的过程中处于相对劣势的地位。同时，部分传统油气企业对提升经营管理水平的重视程度较低，企业内具备数字化经营管理能力的人才队伍建设严重滞后，无法满足油气企业参与国际高端合作项目的现实需要，这对中国的人才培养、产学研用提出了更高要求。

4. 油气产业链及供应链脆弱性显现，断链、短链和缺链风险不容忽视

油气产业在全球经济交互渗透背景下形成的全球化产业布局和一体化产

业特征，对油气产业链和供应链的稳定性提出了更高要求。具体来看，油气产业链由勘探开发的上游供应环节、存储运输的中游环节及炼化、销售并至终端消费的下游环节构成。一方面，在传统油气产业链中，油价作为最核心变量，对链条整体传导过程起着至关重要的作用，因此当前国际油价的持续震荡波动和未来走势的不确定性威胁着油气产业链的平稳运行；另一方面，外包模式和专业化分工的持续推进，在提高要素配置效率的同时也加剧了油气产业链的断链风险。油气供应链被定义为一个涵盖生产、供应、运输和存储的复杂网络体系。各国通过深化油气产业国际合作，来提高油气供应链的韧性、响应度和整体效率，从而满足不断增长的油气需求。然而，由于油气产业链和供应链均为多环节、多主体、多区域、多阶段的综合性网络，且各环节之间关联日趋紧密，其中任何一个节点的风险都将快速扩散至其上下游节点，这种链条风险的可传导性最终会导致链条断裂。当前各类“黑天鹅”“灰犀牛”事件频发，西方国家推行“脱钩断链”，进一步凸显了油气产业链和供应链系统的脆弱性，使中国参与油气产业国际合作面临更多不可控因素。

同时，新冠疫情、地缘政治冲突等突发性外部冲击，以及中美、美俄等大国间双边关系的不确定性，都加剧了各国对于油气产业链、供应链能否实现平稳运行的担忧，从而更趋向于追求油气产业的独立化和自主可控，这种合作意愿的降低可能会给中国开展国际油气产业投资和项目合作带来不利影响。

三、2024 年中国油气产业国际合作展望

2023 年，国际原油市场经历了过山车般的波动。从 2022 年每桶 40 美元左右，到 2023 年 3 月的每桶 100 美元以上，国际油价在短时间内实现了翻番。这一方面是受全球疫情得到控制、经济逐步复苏的影响；另一方面也与市场对美联储加息预期的变动、美元汇率的波动，以及地缘政治紧张局势的升级等因素有关。在这个复杂的国际形势下，中国必须深入分析全球局势，进行科学预判，以确保国家的能源安全。在复杂的油价市场背景下，中国需采取有效措施，以在竞争中取得优势。因此，2024 年中国油气国际合作可能呈现以下趋势：

（一）地缘政治风险下将开展多元化国际油气合作方式

2022 年的俄乌冲突尚未结束，2023 年 10 月 7 日，巴勒斯坦和以色列爆发

新一轮冲突，给本就脆弱的全球地缘政治雪上加霜。2023 年，OPEC 面对低迷的油价市场和对原油需求见顶的预期，“OPEC+”联合大幅减产，以保油价、获高利，一度使得国际原油市场价格高涨。同年 9 月，美国为解决自己国内通货膨胀，刺激国内经济发展，采取了自 2008 年金融危机以来最大规模的加息计划，将利率提高到 2.5%。这一举动使得美元汇率飙升，新兴市场国家和地区货币大幅贬值、资本外流、金融市场波动、企业债务违约等。后疫情时代，全球经济低迷，国际局势暗涛汹涌，无疑给国际油气合作增添了新的挑战。

巴勒斯坦和以色列位于油气资源丰富的中东地区。中国国际碳中和经济研究院执行院长、对外经贸大学教授董秀成对《中国能源报》记者表示，“目前爆发石油危机的可能性很低，海湾国家不希望冲突持续扩大，冲突大概率不会延续太长时间，给油价带来的影响将是短暂的”。但是，巴以冲突一旦升级，可能会导致油气海运航线封锁，国际油价将大幅走高，加剧世界主要经济体本已严峻的通货膨胀危机。以色列近海地区蕴藏着大量天然气资源，冲突爆发后，以色列方面出于安全考虑要求美国能源巨头雪佛龙公司关闭了附近区域的 Tamar 天然气生产平台，欧洲天然气市场价格随之产生剧烈波动。因此，全球地缘政治动荡会持续冲击国际能源行业合作，即使各方结束军事行动，全球对油气市场信心也很难即刻恢复如前。2024 年，国际油气合作可能会以更加多元化的方式展开，以传统油气合作为基础，更多展开高新技术和新能源领域的投资及合作，为新能源布局提前做准备。

（二）完善“一带一路”下一个金色十年的传统和新兴领域油气合作机制

2013 年，共建“一带一路”倡议正式提出。截至 2023 年 10 月，中国共与 152 个国家和 32 个国际组织签署 200 多份合作文件，共建“一带一路”已先后写入联合国、亚太经合组织等多边机制成果文件，共建“一带一路”从中国倡议走向国际实践，从理念转化为行动，从愿景转变为现实，从谋篇布局的“大写意”到精耕细作的“工笔画”，为维护全球自由贸易体系和开放型世界经济和推动文明交流互鉴、世界和平发展增添新动能。能源合作是“一带一路”建设的重要领域，10 年来，中国以“三桶油”为代表的油气企业，通过投资、贸易、工程服务和产能合作等多种方式开展“一带一路”能源合作，沿线落地项目达上百个之多。2023 年 10 月 17—18 日，第三届“一带一路”国际合作高峰论坛在北京举行，高峰论坛举办期间，中国多家能源企业与海外油气公司和有关机构达成合作协议，例如，中国石化与哈萨克斯坦国家石油公司管委会签署了关于哈萨克斯坦聚乙烯项目公司的入股协议。

在 2023 年共建“一带一路”倡议 10 周年的契机下，中国与“一带一路”共建国家在油气领域探讨并签署了更加深入的合作协议。2024 年，在将已有成果落实的基础上，中国油气企业将以共商共建共享为原则，以油气为媒，继续深耕“一带一路”能源合作，不断完善能源双多边合作交流机制，巩固拓展油气传统领域合作，加快绿色新兴领域开发，在动荡不安的全球地缘政治背景下，切实保障中国能源安全。

（三）“碳关税”过渡期正式开启进一步推进油气绿色合作

2023 年 4 月 25 日，欧盟碳边境调节机制正式通过立法程序，于同年 10 月 1 日生效，并设置了过渡期，到 2026 年逐步实施。根据该法案，在货物贸易进出口环节中，欧盟将对碳排放水平较高的进口产品征收相应的费用或碳排放配额，因而该法案也被称作“碳关税”。“碳关税”是实现全球碳减排和《巴黎协定》控温 1.5℃目标的重要手段之一，同时也是一种新的“绿色贸易壁垒”。当下，碳价与能源价格高度耦合，叠加疫情、地缘政治冲突、夏季高温等因素，未来传统能源价格形势堪忧。

欧洲“碳关税”的设置对与欧盟贸易往来密切的国家，特别是作为欧盟第二大贸易伙伴的中国，或将产生较大影响。中国出口欧盟的石油石化产品数量较少，但总体金额不低，尤其是纳入征税范围的有机化学品和塑料及其制品所受影响较大。当前，欧盟碳市场、英国碳市场均覆盖石油和天然气行业。随着碳定价机制不断向油气资源国拓展，覆盖范围将逐渐延伸至油气全产业链，未来石油公司海外油气业务发展将面临严峻挑战。欧盟“碳关税”若落地，将引起其他发达经济体效仿，推出各自的“碳关税”政策，使得石油石化行业出口或面临更多“碳关税”。所以，碳交易逐渐成为能源公司在绿色低碳转型路上不容忽视的一项工作。例如，2023 年 5 月中国海油国贸英国公司在英国碳排放交易系统（UK-ETS）中的第一笔碳配额成功入账。因此，在各国气候政策不断趋严从紧的形势下，未来中国政府和油气企业一方面应积极参与布局海外碳市场交易，拓宽海外碳交易渠道，为油气企业国际化发展、降低碳减排履约成本做准备；另一方面在持续推动碳交易基础能力建设时，应针对海外碳市场与抵消机制发展形势、碳交易机制基本原理与核心要素、企业碳资产管理策略与履约交易实践等方面进行培训，培养低碳领域的从业人员。

（四）中阿油气合作将为全球提供能源治理新模式

阿拉伯国家拥有丰富的石油和天然气资源，以及规模巨大的石油天然气产量，是国际能源市场最重要的力量。根据2023年《世界能源统计评论》的数据，沙特阿拉伯、伊拉克、科威特、阿拉伯联合酋长国、利比亚、阿尔及利亚6个阿拉伯国家的剩余探明石油储量合计高达7024亿桶，占全球的40.6%。除了丰富的石油资源，阿拉伯国家也拥有丰富的天然气资源，仅卡塔尔一个国家，剩余探明天然气储量就高达24.7万亿立方米，占全球的13%以上，在全球液化天然气市场上地位举足轻重。在当前的能源结构下，阿拉伯国家将持续对国际石油、天然气市场产生决定性影响。中国作为全球最大的能源消费国和进口国，与阿拉伯国家的油气贸易十分密切。据中国国家海关总署的统计，2023年中国原油前十大进口来源国中，有5个阿拉伯国家。然而，巴勒斯坦和以色列的冲突、波斯湾潜在的动荡因素不得不令我们对油气安全更加警惕。所以，探索与阿拉伯国家的深度、广度和高度合作，对维护国内和国际石油及能源市场稳定有积极的作用。

中阿能源合作日益深化，中阿“油气+”合作模式深入推进，形成石油与天然气勘探开发、开采、炼化、储运等全产业链合作。2024年，一方面，着重提升合作的深度和高度，继续加强与阿拉伯国家油气贸易合作，并开展政府间、行业间以及学界的定期、不定期的对话和交流，全方位地交流信息，以探讨各种可能的策略和方法，协调相关国家的政策，携手努力，维护国际石油及能源市场的稳定；另一方面，着重提升合作的广度，以油气为基础，在其他领域如汽车、生物医药、矿业、家用电器、媒体和电商等，推动多形式的合作方式，形成更加紧密的合作共赢伙伴关系，并且加强在可再生能源和新能源等方面的合作，在助力阿拉伯国家将丰富可再生资源转化为能源过程中，推进合作的广度，推动全球能源转型，维护好国际石油天然气市场稳定。

（五）进博会在中外油气合作领域的平台作用更加凸显

在第六届进博会上，国内能源公司积极采购，屡现百亿大单，国际能源巨头集体亮相，在带来创新产品和技术的同时，也纷纷签署合作协议。中国海油与22家全球供应商签订进口合同和协议，签约金额再创新高，6年累计签约金额突破600亿美元。中国石油共与来自全球的22家合作伙伴签署采购协议，合同总金额超171亿美元，6年来累计与164家供应商实现1100亿美元采购签约。中国石化与来自16个国家和地区的38家合作伙伴签署了采购协议，采购签约金额达403亿美元。此外，国家能源集团、中国中化、中国能建等大型能源企业也积极采购。本届进博会规模再创历史新高，有超过3400家参展商和39.4万名专业观众注册报名，国际能源巨头更是纷纷亮相，展示创新技术和产品。

借助进博会平台，中外油气企业取得了显著的合作成果，为世界共享中国发展机遇贡献了重要力量，包括能源供应、技术创新、投资项目及环保可持续发展等方面。这些合作，不仅有助于确保中国的能源安全，提高生产效率，还为国际经济合作提供了新的机遇。这一系列积极成果不仅推动了油气产业的发展，也为全球经济繁荣创造了有利条件，实现了互利共赢的目标。2024年的国际油气市场可能更加多元化，中国有望在全球油气领域发挥更为重要的作用，为实现全球能源安全和可持续发展目标作出更大贡献。这一系列国际合作努力将进一步促进全球能源产业的互利共赢，共同应对全球性能源挑战。

（六）2024年国际石油价格仍将剧烈波动震荡

2024年，不确定性将是最大的确定性，国际能源市场还将持续动荡，能源地缘政治演变扑朔迷离，或许还会出现新的地缘政治事件，国际地缘冲突或将加剧，热点区域或热点国家还有可能出现，大国竞争博弈持续加剧，国际石油价格预计将保持波动震荡的特征，价格变化趋势仍将受到诸多不确定性因素的影响而充满明显的不确定性。从全球经济发展趋势来看，不确定性明显提高，西方发达经济体经济复苏依然乏力，大部分发展中国家经济增长面临压力，全球经济增长速度可能放缓，客观上难以支撑国际油价保持高位。从全球金融市场趋势来看，全球资本市场观望态度明显，主要经济体货币政策调整面临压力，股市和债市均呈现比较负面消息，投资人投资信心需要提振，美元走势可能趋强，客观上也不利于支撑国际油价高位。

从全球能源投资趋势来看，过去几年，由于能源转型压力，能源公司偏向于新能源投资，传统油气资本性投资减少，增储上产压力加大，产能增长乏力将逐渐显现。但是，在过去一年里，部分能源公司增大了传统油气投资，投资效果可能在2024年得到显现，油气产能可能得到一定程度的提升，进而扭转石油供应和需求之间的不平衡，石油生产能力不存在下降的趋势，客观上不利于支撑全球油价的高位运行。从产油国政策趋势来看，预计“OPEC+”将继续维持限产保价政策，石油减产协议将可能根据市场供需作出灵活调整，确保国际油价不要过低或过高，但是由于各成员国利益诉求存在差异，石油生产配额政策可能遇到挑战，不排除主要成员之间出现严重分歧，进而大大减小限产保价政策的执行力度。

（七）人民币在中国油气产业国际合作中的地位将上升

全球“去美元化”为人民币国际化带来重要机遇。美国将美元作为工具，推行霸权主义、单边主义、保护主义，国际社会对于“美元霸权”的担忧上升，积极推动“去美元化”进程，降低对美元的过度依赖。越来越多的国家，尤其是新兴市场和发展中国家，选择以人民币代替美元进行贸易和结算。

未来，中国将充分利用亚投行和“一带一路”建设项目等优势，依托国家间产能合作，推进中国油气相关产业和项目落地，最大限度实现人民币签单和人民币计价结算目标。同时，积极吸引更多有影响力的大型石油企业和国际投资者参与人民币计价结算的原油期货交易和其他金融项目，降低贸易合作成本和汇率波动风险。主动推进能源及其衍生品市场体系建设，不断完善上海原油期货规则制度，加快建立以人民币计价的“石油人民币”体系，积极构建人民币计价和结算的天然气交易体系，努力探索建立新能源人民币计价结算体系。

中国对外油气贸易分析与展望

2023年中国全年进口原油56429.1万吨，出口原油142.1万吨，原油净进口56287.0万吨，对外依存度为72.9%；2023年进口成品油4782万吨，出口成品油6283万吨(按海关总署数据口径核算)；进口天然气12050.1万吨，其中管道天然气4866.7万吨，LNG 7183.5万吨，天然气对外依存度为41.2%。2023年，原油进口量大幅上涨，对外依存度出现回弹，平均进口单价大幅下降。成品油进口量显著增长，进出口价格显著下降，出口配额大幅增长，进出口种类明显变化。管道天然气进口量年均上涨12.0%，管道天然气价格远低于液态天然气，液态天然气仍然是天然气进口的主要来源。预计2024年，随着2030年碳达峰目标的临近，原油进口量将呈明显下降趋势，成品油进口价格可能持续上涨，天然气仍将表现出强劲的增长态势。

一、2023年中国原油贸易分析与2024年展望

从原油进口来看，2023年的原油进口量较2022年和2021年同期有大幅提升，主要是由于疫情结束和经济复苏导致原油需求量大幅上升。原油进口价格受全球经济波动的影响降幅明显，使得中国原油进口成本随之降低。预计2024年中国原油进口量将会小幅缩减，原油价格将有回弹的可能。

（一）总体运行情况概述

2023年，中国原油进出口56571.2万吨，同比上升10.8%；原油进口56429.1万吨，同比上升11.0%；原油出口142.1万吨，同比降低30.8%。2023年，中国原油进出口总值3363.8亿美元，同比下降7.1%，其中原油进口均价为594.6美元/吨，同比下降16.2%，原油进口额3355.3亿美元，同比下降7.0%；原油出口额8.4亿美元，同比上涨41.3%；贸易逆差3346.9亿元，同比下降6.8%(见表1)。

表1　2021—2023年中国原油进口情况

时间	进口量/万吨	同比增长/%	进口额/亿美元	同比增长/%	平均进口单价/（美元/吨）	同比增减/%
2021年1季度	13922.6	9.5	561.8	-4.8	403.5	-12.9
2021年2季度	12146.0	-14.2	581.5	77.7	478.8	83.7
2021年3季度	12682.5	-13.9	670.7	48.4	528.8	72.0
2021年4季度	12572.9	-0.5	721.0	82.9	573.4	86.8
2021年合计	51324.1	-5.4	2534.9	43.8	493.9	48.7
2022年1季度	12784.9	-8.2	808.9	44.0	632.7	56.8
2022年2季度	12467.4	2.6	980.5	68.6	708.6	48.0
2022年3季度	11792.4	-7.0	895.3	33.5	760.4	43.8
2022年4季度	13794.1	9.7	912.6	27.8	721.5	25.8
2022年合计	50838.8	-0.9	3606.2	42.3	709.3	43.6
2023年1季度	13637.2	6.7	799.5	-1.2	586.2	-7.3
2023年2季度	14591.3	17.0	829.5	-15.4	568.5	-19.8
2023年3季度	14223.0	20.6	833.8	-6.9	586.2	-22.9
2023年4季度	13977.6	1.3	892.5	-3.2	638.5	-11.5
2023年合计	56429.1	11.0	3355.3	-7.0	594.6	-16.2

数据来源：中国石油和化学工业联合会。

图1显示了2021—2023年中国原油月度进口量。从图中可以看出，2023年1月，中国原油进口量较往年有所下降，从2月开始，原油进口量出现显著上升，2月至10月间，原油进口量均高于往年同期水平。从2023年全年来看，9月原油进口量达到峰值，为5280.4万吨；2月原油进口量最低，为4073.6万吨。

图2显示了中国2021—2023年原油月度进口价格的变化情况。可以看出，2023年原油进口价格总体较2022年有明显的下降。从月度情况来看，原油进口价格呈现倒“U”形的趋势，由2023年1月的593.6美元/吨下降至6月的541美元/吨，后上升至10月的661美元/吨。其中，1—8月平均价格维持在600美元/吨以下。9月原油进口价格大幅上升。11—12月，原油进口价格继续呈现略微下降趋势，由661美元/吨下降至607美元/吨。

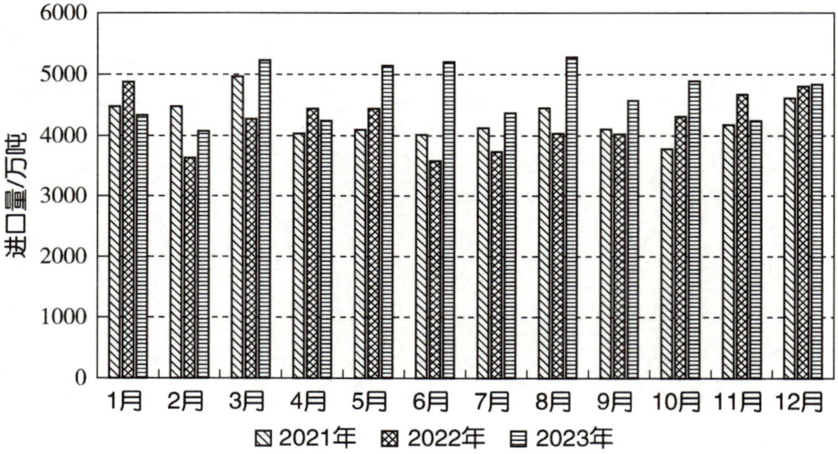

图 1　中国 2021—2023 年原油月度进口量

数据来源：中国石油和化学工业联合会

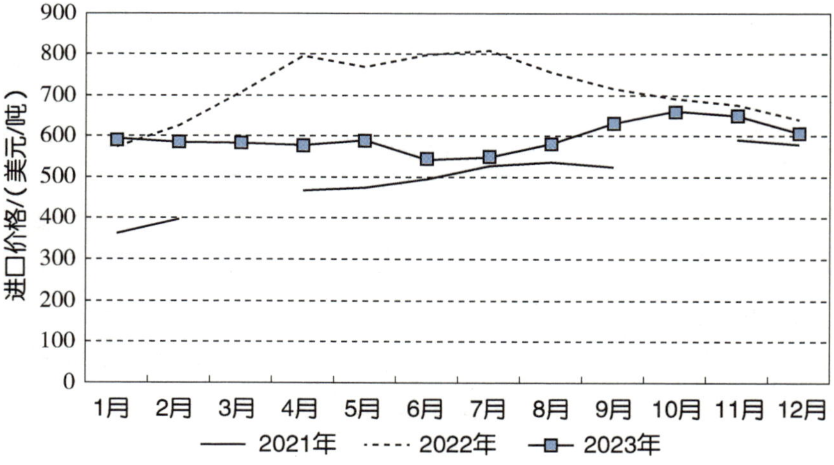

图 2　中国 2021—2023 年原油月度进口价格

数据来源：中国石油和化学工业联合会

（二）2023 年中国原油贸易的主要特点

1. 原油进口量大幅上升

中国作为全球最大的石油消费国之一，尽管拥有丰富的石油产量，但由于国内需求的稳步增长，仍需依赖外国进口以满足日益增长的石油需求。2023年，由于中国炼油厂的扩建和政府重启经济的举措，中国原油进口量创下了历史新高，平均每天进口155.4万吨原油，比2022年的139.3万吨/天增长了11.0%。

海关总署发布的数据显示，中国主要原油进口国包括俄罗斯、沙特阿拉伯、马来西亚、阿联酋、阿曼、巴西、澳大利亚和美国。其中值得注意的是，俄罗斯再次超过沙特阿拉伯，成为中国最大的原油供应国。这也在一定程度上表明，中国在确保国内石油需求的同时，与多个国家建立了稳固的贸易关系，以保障能源安全和满足经济增长的需求。

2. 原油对外依存度出现回弹

根据中国石油和化学工业联合会的数据，2023年中国原油进口依存度达72.9%，同比增加1.7%。继2022年原油对外依存度小幅下降后，再次呈现回升趋势。其中10月的原油对外依存度达73.1%，为全年最高水平，比2022年10月增加2.4%。

总体上看，这是中国能源消费的不断增加和国际经济政治局势变幻导致的。虽然2023年中国原油产量保持常态，总产量为20891.5万吨。为“稳油增气”，中国石油、中国石化和中国海油不断加大勘探开发力度，持续提高国内原油产量，但仍然难以改变中国“富煤贫油少气”的客观能源特点，随着后疫情时代中国经济的快速复苏和能源消费的增加，仍然存在对进口原油的高度依赖性。因此，从长远来看，为了维护中国能源安全，必须积极开发可再生能源，改善中国能源结构，从而从根本上降低中国原油对外依赖度，实现经济和能源同步发展。

3. 平均进口单价大幅下降

2023年，中国进口原油的平均价格为595.1美元/吨，较2022年下降16.5%。具体原因包括国际油价在上半年承受多方面压力，如俄乌冲突外溢、美联储持续加息、金融机构承压、部分中小银行破产以及美国债务违约风险加剧。特别是硅谷银行的关闭对国际油价造成重大打击，导致全球油价大幅下跌。

2023年10月爆发的巴以冲突以及11月沙特阿拉伯和俄罗斯宣布继续实

行石油减产措施，使石油价格略有回升，但整体而言，2023 年中国平均进口油价相较于 2022 年仍呈大幅下降趋势。这对中国原油进口成本产生积极影响，尤其是在全球能源市场的动荡背景下，中国有望更有效地维护国内能源稳定供应。

（三）2024 年中国原油贸易展望

1. 原油进口量涨幅将呈下降趋势

在巴以冲突及产油国集体减产的背景下，预计 2024 年油价将保持相对高位，这将直接影响中国原油的进口成本。这种趋势将在一定程度上成为中国原油进口的一项制约因素。同时，尽管疫情结束后需求有所恢复，但 2024 年石油需求量的大幅增长仍将面临一定的制约。在这种情况下，中国正在逐步加速可再生能源的发展，积极推动非化石能源在整体能源结构中的比例提升。随着 2030 年的临近，中国将更为迫切地实现碳达峰目标，这将促使中国进一步扩大可再生能源的消费量，降低对化石能源的依赖，从而抑制原油进口量的持续上升。

2. 俄罗斯保持中国原油进口第一大国地位

2023 年，俄罗斯再次超过沙特阿拉伯，成为中国第一大石油进口国。预计 2024 年，俄罗斯仍将是中国原油最大进口国。这既是因为俄罗斯拥有非常丰富的石油资源且与中国地理位置邻近，也是因为西方国家对俄罗斯的制裁措施导致俄罗斯原油供应商选择大幅降价，从而使得俄罗斯石油在价格上更具竞争力。此外，从俄罗斯的角度来看，中国被视为比欧洲更可靠的贸易伙伴。因此，预计中俄两国在 2024 年将继续深化石油贸易合作，中国将进一步增加从俄罗斯进口原油的比重。随着两国在贸易和能源方面合作的深化，双方在能源领域的战略伙伴关系有望加强。未来，中国或将继续努力推动能源多元化，提高可再生能源的比重，以降低对传统石油供应国的过度依赖，保障国家能源安全。

3. 原油非国营贸易进口允许量基本稳定

2023 年四批进口原油配额下发总量为 20364 万吨，相比于 2022 年的

24300 万吨有小幅下降。商务部公告显示，2024 年，中国原油非国营贸易进口允许量为 24300 万吨，与 2022 年持平，这也是自 2021 年以来原油非国营贸易进口量连续持稳的第四年。主要原因在于，2022 年参与产能置换的传统地炼炼油装置全部有序拆除；2023 年，民营大炼化进口原油配额下发比例已经涨到 40%，传统地炼则缩至 54%，原油非国营贸易进入了平稳发展期。这表明中国原油非国营贸易在 2024 年将继续保持相对稳定的发展态势。随着传统地炼的逐步淘汰和民营大炼化的进一步发展，原油非国营贸易的配额分配也呈现出更为合理和灵活的态势。这或许反映了政府在原油贸易领域进行结构性调整的努力，促使市场更好地发挥了资源配置效能。这一稳定的背景有望为民营大炼化企业提供更多的发展机遇，同时也有助于中国更好地适应国际原油市场的波动，确保能源供应的稳定。

二、2023 年中国成品油贸易分析与 2024 年展望

2023 年中国成品油市场贸易量持续下滑，成品油出口量为 6283.0 万吨，同比下降 16.8%，进口量为 4782.0 万吨，同比上涨 81.7%。2023 年，中国成品油出口配额大幅增长，导致成品油出口量同比显著增加；国内形势大幅转好，也使得进口成品油需求持续上涨。

（一）总体运行情况

2023 年，中国成品油进出口总量 11065.0 万吨，同比上涨 38.1%，其中：成品油出口总量为 6283.0 万吨，同比上升 16.8%；1 月成品油出口量达到峰值，为 649.0 万吨。成品油进口总量为 4782.0 万吨，同比上涨 81.7%；其中，12 月成品油进口量达到峰值，为 476.0 万吨。2021—2023 年成品油月度进出口情况如图 3、图 4 所示。

图 5 和图 6 是 2023 年主要成品油出口量和进口量以及变化情况。整体而言，各主要成品油出口相较于 2022 年同期呈上升趋势，其中，柴油在 2023 年 1—2 月同比上涨分别达到 972.2% 和 989.5%。从出口量上来看，成品油出口量最大的是燃料油，2023 年总计达 1991.1 万吨；其次是煤油，出口量达

1592. 9 万吨。从进口量来看，汽油、煤油和柴油整体上较 2022 年呈下降趋势，石脑油和燃料油整体上较 2022 年呈上升趋势。成品油进口量最大的是燃料油，2023 年总计进口 2819. 1 万吨。

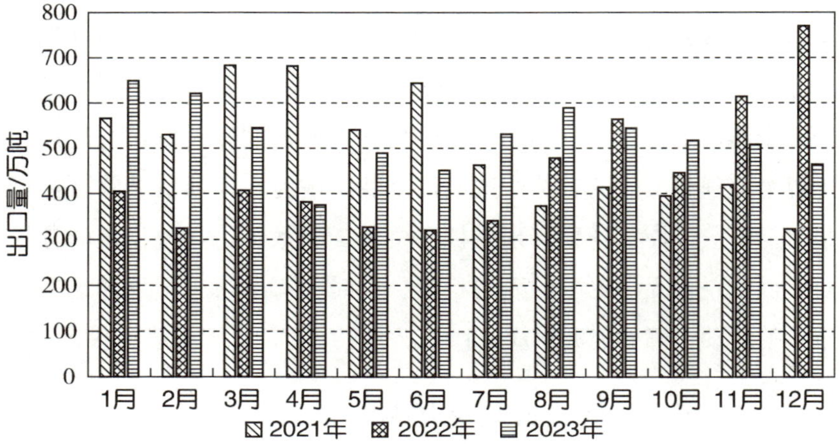

图 3　2021—2023 年中国成品油月度出口量

数据来源：中国海关总署

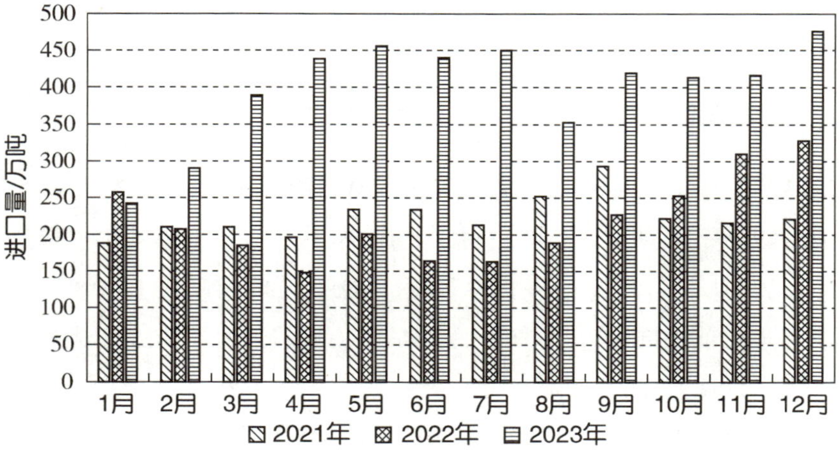

图 4　2021—2023 年中国成品油月度进口量

数据来源：中国海关总署

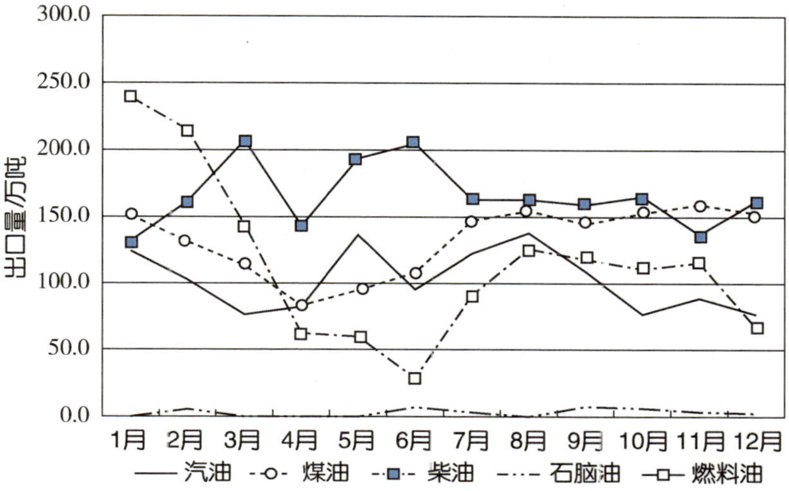

图 5　2023 年主要成品油出口量及变化情况

数据来源：中国石油和化学工业联合会

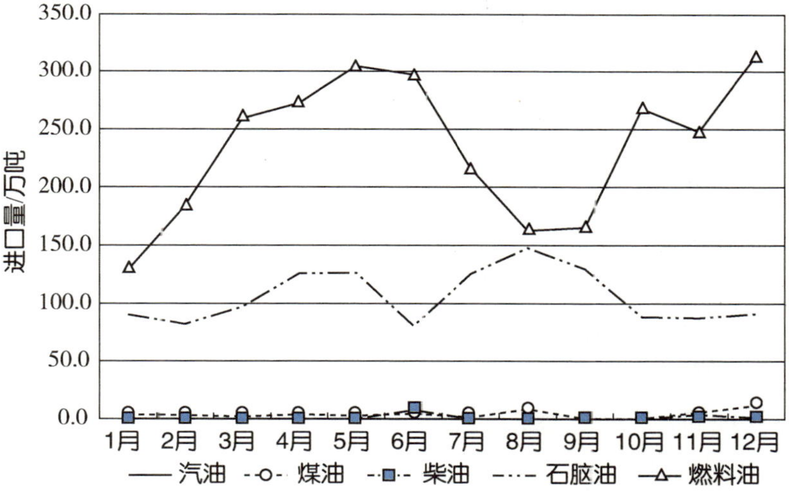

图 6　2023 年主要成品油进口量及变化情况

数据来源：中国石油和化学工业联合会

图 7 和图 8 显示了 2023 年成品油出口和进口的平均价格变动情况。整体上汽油和燃料油的出口平均价格较 2022 年同期有所下降。具体而言，汽油出口平均价格下降 12.5%，燃料油出口平均价格下降 15.0%；然而，煤油、柴

油以及石脑油的出口平均价格较 2022 年偏高，煤油出口平均价格上涨 32.4%，柴油出口平均价格上涨 10.1%。从成品油进口平均价格来看，整体上汽油、煤油和柴油的进口平均价格较 2022 年同期下降。具体而言，航空煤油进口平均价格下降 63.9%，柴油进口平均价格下降 77.4%。

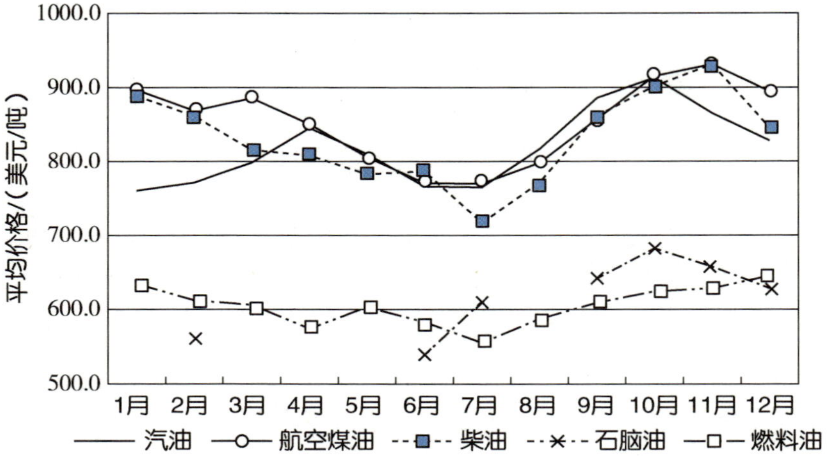

图 7　2023 年成品油出口平均价格

数据来源：中国石油和化学工业联合会

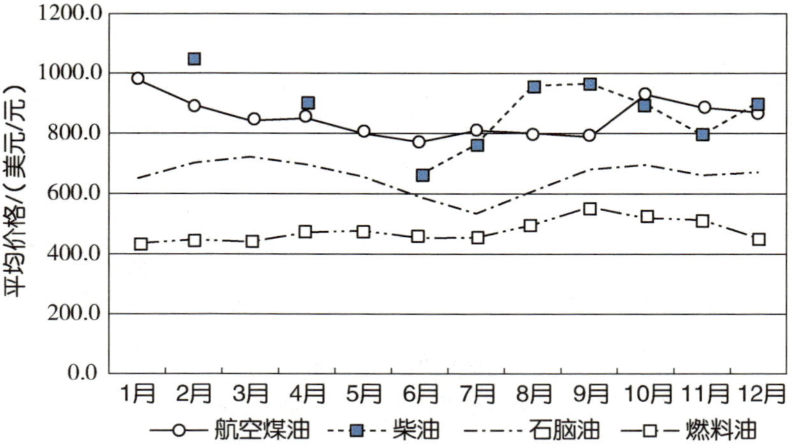

图 8　2023 年成品油进口平均价格

数据来源：中国石油和化学工业联合会

（二）2023年中国成品油贸易的主要特点

1. 成品油进出口量显著增长

受国家成品油出口配额大幅增长的影响，以及国内汽柴油价格出口利润保持高位的助推，国内成品油主体表现出积极的出口意愿，导致成品油出口规模大幅增长。这一趋势既反映了国内企业对海外市场的积极开拓，也是为了缓解国内成品油供应过剩的困境。成品油进口量同比也呈现明显增长。究其原因，一方面，中国在2023年成功摆脱新冠疫情的影响，国内需求快速增加，而国内供应难以满足不断增长的需求，推动了成品油进口量的上升；另一方面，自2022年底以来，中国一直在积极增加燃料油的购买量，这种燃料油被广泛用作炼油厂的原料，特别是中国对从马来西亚装运的折价俄罗斯燃料混合油有着稳定的需求，进一步推动了燃料油的进口量增加。这表明中国在满足国内需求的同时，通过灵活的贸易策略积极适应国际市场的需求和变化。

2. 成品油进出口价格显著下降

2023年成品油价格相较于2022年出现明显回落，这一趋势受到多方面因素的影响。2023年国内成品油调价进行了21轮，其中上调10次、下调8次、搁浅3次。这种价格波动主要源于以下几个层面：首先，全球原油市场面临的供大于求的压力相当严峻。随着新能源技术的不断发展，石油在全球能源结构中的比重逐渐下降。各国也在加大对新能源的投资力度，这使得石油需求相对减弱，从而对成品油价格形成下行压力。其次，石油产量持续增加，特别是美国页岩气革命推动了美国石油产量的不断攀升，给全球石油市场格局带来了重大变革，增加了市场供应，从而对成品油价格形成下行支撑。最后，2022年俄乌冲突导致的成品油大幅上涨对2023年成品油价格回落起到了一定的缓冲作用。随着地缘政治局势的相对缓和，市场对成品油的供需预期有所调整，也为价格回落创造了有利条件。综合所述，2023年成品油价格的回落趋势在一定程度上是全球能源结构调整、产量增加和国际关系缓和等多方面因素的综合体现。

3. 成品油出口配额大幅上涨

2023 年，国内共下发 3 个批次出口配额，总量共计 3999 万吨，较 2022 年总量增加 274 万吨，同比上涨 7.4%。其中第一批出口配额共计 1899 万吨，同比增长 46.08%；第二批出口配额共计 900 万吨，同比下降 25%；第三批出口配额 1200 万吨，同比上涨 140%。只考虑汽油、柴油和煤油，2023 年出口成品油总量为 4197.9 万吨，成品油配额完成率为 105%。

4. 成品油进出口品种结构变化明显

总体而言，与 2022 年相比，2023 年汽油、煤油和柴油的出口量均有显著增长。这表明中国积极响应国际市场需求，成品油的出口规模逐渐扩大。而在成品油进口方面，石脑油和燃料油是主要的进口品种。其中，煤油和柴油的进口量呈现明显下降趋势。这可能是由于国内生产能力的提升以及新能源技术的逐步应用，导致对煤油和柴油等传统燃料的需求相对减弱。这一发展态势反映出中国在成品油贸易中逐渐调整产品结构，更加注重出口高附加值、高品质的石油产品，同时减少对传统能源的依赖。这种调整不仅有利于提高中国在国际市场的竞争力，也符合国内对清洁能源和可持续发展的迫切需求。

（三）2024 年中国成品油贸易展望

1. 成品油进口价格或将持续上涨

2024 年，成品油价格或将持续下降。一方面，2024 年全球经济增速放缓，能源低碳转型提速，原油需求承压，导致 2024 年成品油价格上升动力不足；另一方面，“OPEC+”减产政策对油价的支撑作用逐步减弱，非 OPEC 国家原油产量保持增长，供应过剩预期增强，也会导致成品油价格进一步下降。此外，美联储降息可能性的加大将拉动美元指数走弱，黄金价格增长动能有限，原油投资者信心不足，地缘冲突、极端天气等事件频发，多重因素叠加将在短期内放大油价震荡区间。进一步地，炼油行业将继续推进绿色高质量发展。“双碳”目标严控新增炼油产能，汽油产能扩张受限。柴油库存处于相对高位，加之有序淘汰落后装置，柴油产量或迎小幅下降。国内经济回升向好，有望提振成品油消费市场活力。新能源汽车市场持续发力，交通运输及居民生活用油清洁替代加快，汽油供需趋于宽松。随着基建投资力度加大，客货运及柴油需求增长。同时，2024 年国际原油价格预计下降，有望降低汽柴油成本。展望 2024 年，汽油供需宽松，批发价在 9000~9300 元/吨；柴油供需偏紧，批发价在 7900~8200 元/吨。

2. 成品油出口量或将减少

随着国家淘汰落后产能的相关政策继续明确，炼油企业将持续向大型化、基地化、园区化、一体化趋势发展，产业链持续延伸，坚持走绿色低碳发展道路。这将使中国的炼油能力有所增长，成品油产量和出口量也有明显增加。预计在 2024 年炼化企业仍将面临进一步的结构调整，持续提高中国成品油的生产能力和效率。但在 2024 年全球经济不确定性程度较大、地缘政治冲突不断的国际形势下，以及在国内“双碳”目标、能源双控、国家能源安全结构调整以及国内优先保供等因素影响下，成品油出口力度或将减弱。因此，炼油企业需要灵活应对外部环境的变化，加强技术创新并提升产业链可持续性，以确保在全球复杂多变的经济格局中保持竞争力。此外，政策收紧也是必然趋势，预计 2024 年成品油出口配额将减少，更多是出于优化发展模式的考量，因此，国家可能会持续缩紧政策，优化“双碳”目标进程，减少成品油出口。同时，炼油企业要积极参与国家能源政策的制定和实施，以更好地适应未来能源发展趋势，推动中国炼油产业朝着高质量、高效能、环保的方向迈进。

3. 成品油进口量持续缩减

2024 年，预计中国成品油进口量将进一步缩减。首先，随着炼化行业向大型化、规范化进行结构转型，炼油化工设备行业技术水平快速上升，国内成品油生产能力随之大幅提升，因此对国外成品油的进口需求将会减少。其次，2023 年中国新能源汽车销量再创新高，新能源汽车销量达到 949.5 万辆，同比增长 37.9%，市场渗透率已达 31.6%。预计 2024 年，新能源汽车的普及率将会进一步提高，从而进一步降低中国的成品油需求。最后，随着 2024 年主要产油国削减原油产量，国际成品油价格或将维持在较高水平，这也将进一步抑制中国的成品油进口。因此，2024 年中国炼油行业要更加注重提升国内产能和技术水平，以满足不断增长的国内需求，并通过新能源汽车的普及进一步降低对进口成品油的依赖。

三、2023 年中国天然气贸易分析与 2024 年展望

2023 年，国内经济形势逐渐向好，尽管在国际政治冲突不断的背景下，中国天然气形势仍在逐渐向好发展。总体而言，中国天然气总进口量为 12050.2 万吨，相比于 2022 年上升 9.9%，其中管道天然气为 4866.7 万吨，LNG 为 7183.5 万吨。中国天然气出口量为 55.2 万吨，相比于 2022 年上升 10.3%，其中管道天然气为 27.5 万吨，LNG 为 27.7 万吨。整体上中国天然气进口量远大于出口量，出口天然气中以 LNG 为主、管道天然气为辅，并且管道天然气进口量呈明显增加趋势。

（一）总体运行情况

图 9 和图 10 分别展示了中国管道天然气和 LNG 的月度进口量。2023 年中国管道天然气共计进口 4866.7 万吨，同比上涨 6.2%。从月度变化来看，管道天然气进口量呈明显上涨趋势，月均增长 12.0%。中国 LNG 进口量较 2023 年同期也有明显上涨，2023 年 LNG 共进口 7183.5 万吨，同比上涨 12.6%，但是不及 2022 年 LNG 的进口量(7993.1 万吨)。

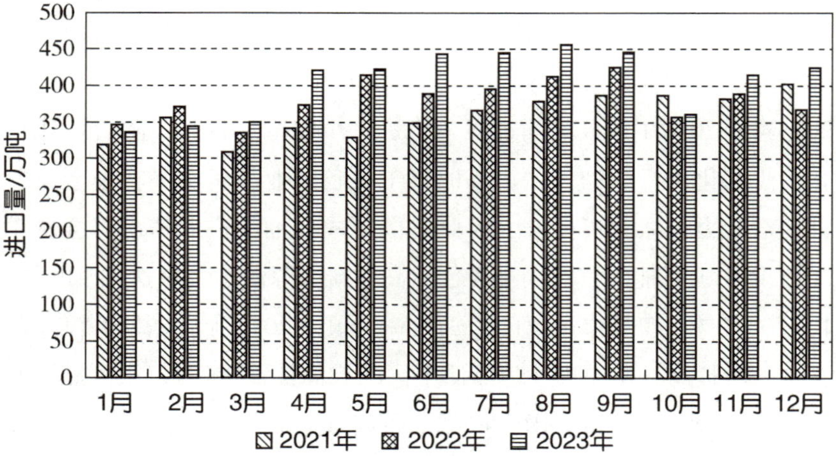

图 9　2021—2023 年中国管道天然气月度进口量

数据来源：中国石油和化学工业联合会

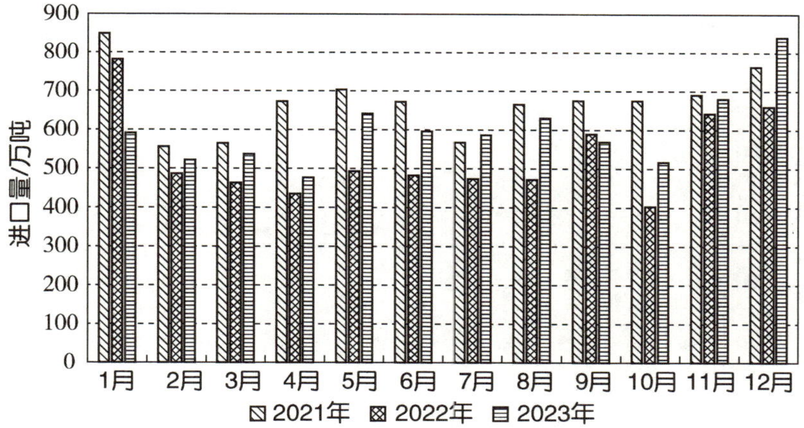

图 10　2021—2023 年中国 LNG 月度进口量

数据来源：中国石油和化学工业联合会

图 11 和图 12 是管道天然气和 LNG 的进口价格月均变化。在 2023 年 1—7 月，2023 年管道天然气的价格高于 2022 年的同期价格；但是在 8 月之后，管道天然气的价格要明显低于 2022 年同期价格。在 2023 年 1—7 月，LNG 价格呈明显下降趋势，从 1 月的 819.4 美元/吨下降至 7 月的 541.7 美元/吨，但是在 8 月及之后出现明显上升趋势，12 月的 LNG 价格达 696.5 美元/吨，但仍低于 2021 和 2022 年同期水平。

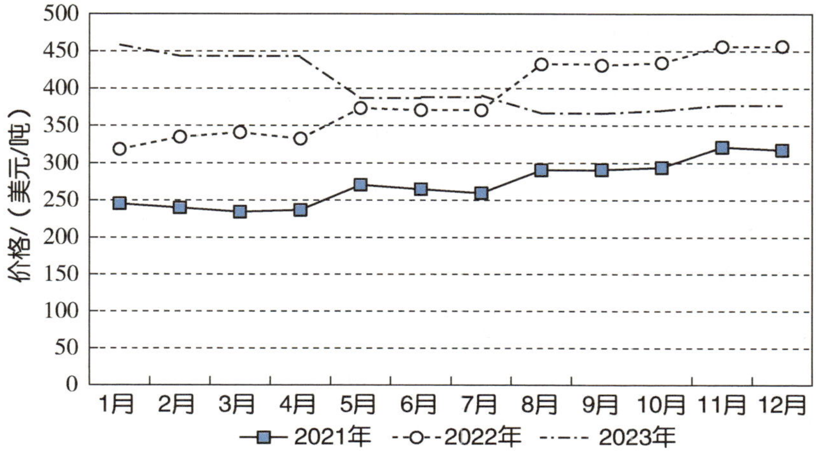

图 11　2021—2023 年管道天然气进口价格

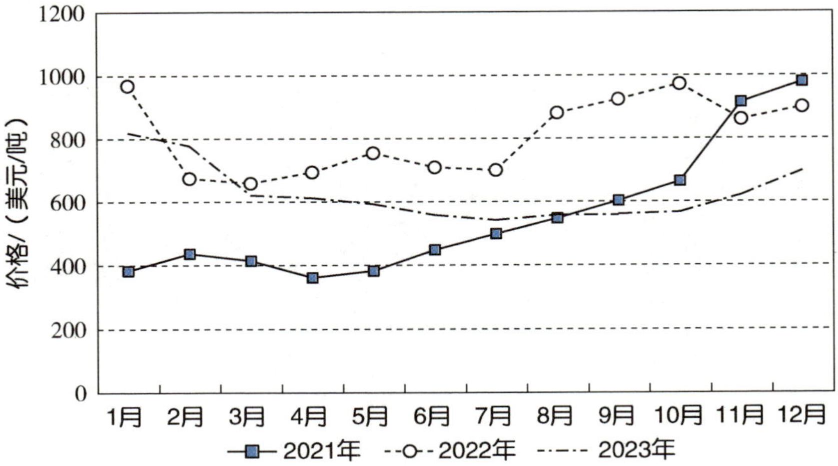

图 12　2021—2023 年 LNG 进口价格

（二）2023 年中国天然气贸易的主要特点

1. 管道天然气进口量上涨幅度明显

目前，中国的管道天然气供应主要依赖 3 条重要渠道，分别是中亚天然气管道、中缅天然气管道以及中俄东线天然气管道。这些管道在中国的能源战略中扮演着关键角色。具体来说，中亚天然气管道的输送能力达每年 600 亿立方米，占据中国 2023 年天然气消费总量的约 15%；中缅天然气管道每年可向中国输送 264 亿立方米的天然气；中俄东线天然气管道每年可输送 380 亿立方米的天然气。在这 3 条主要管道天然气的协同作用下，中国正逐步实现从海上 LNG 进口向管道天然气进口的转变。这一战略性调整旨在确保中国能够获得安全、稳定的天然气供应，从而保障国家能源供应的安全。由于管道天然气具有更加可控、稳定的特点，其进口量逐步攀升，成为中国能源进口结构的重要组成部分。这一趋势不仅有助于降低能源进口的风险，还符合中国对能源安全的高度重视。通过加强对来自多个方向的管道天然气的进口，中国在保障能源供应的同时，也为实现更为可持续和多元化的能源结构奠定了坚实的基础。

2. 管道天然气进口价格与往年基本持平，但远低于 LNG 价格

受俄罗斯向中国出口的管道天然气价格较低的因素影响，中国的管道天

然气进口价格远低于 LNG 进口价格。截至 2023 年，俄罗斯向中国出口的管道天然气均价为 297.3 美元/千立方米，预计到 2024 年，这一价格将进一步下降至 271.6 美元/千立方米。也就是说，俄罗斯作为主要天然气供应国，通过管道方式向中国供应天然气较为经济，进一步拉低了管道天然气的进口价格。在国际天然气供应格局宽松的影响下，国际 LNG 价格普遍下降。伦敦 NBP、荷兰 TTF 以及亨利港价格均呈现波动下滑走势。LNG 整体进口价格尽管有所下降，但仍明显高于管道天然气。这一价格差异主要受到 LNG 的生产、运输和储存等环节成本的影响，与管道天然气相比，LNG 的整体成本较高。因此，中国在选择天然气进口方式时，出于缩减成本的考虑，更加偏向从俄罗斯等国家进口通过管道供应的天然气，以确保相对经济的能源供应。这也在一定程度上体现了中国对天然气进口的战略调整，以谋求更为经济、可持续的能源结构。

3. LNG 继续成为天然气进口主体

2023 年，LNG 仍然是中国主要的天然气进口来源，占中国总进口天然气的比例为 59.6%。尽管如此，与 2022 年相比，LNG 在总进口中的占比优势有所下降，表明管道天然气正逐渐成为中国天然气进口的重要补充来源。这一趋势预示着管道天然气和 LNG 将在中国的能源进口结构中共同发挥重要作用。然而，目前来看，进口管道天然气的月供产量仍然比 LNG 低，存在一定差距。尽管管道天然气在中国天然气进口中的作用有限，但它仍然在支持中国的低碳发展中发挥着重要作用。随着国际市场天然气价格不断波动以及管道天然气的价格优势逐渐凸显，预计未来管道天然气的进口量将有望实现增长。管道天然气作为 LNG 的主要补充力量，将在中国的天然气进口结构中发挥更为显著的作用，进一步推动中国朝着低碳能源的方向迈进。这也将有助于确保中国的能源供应安全，提高能源供应的多元化程度，符合中国可持续发展的长远目标。

（三）2024 年中国天然气贸易展望

1. 管道天然气进口占比持续上升，LNG 进口仍占据主要地位

中国的 LNG 进口基础设施已经历了从无到有的发展过程，逐渐形成了一

条完整的产业链，而 LNG 进口也成为中国最为重要的天然气进口方式。鉴于天然气管道新建周期长、扩容难度大的限制，LNG 凭借其灵活的运输方式成功地连接了供应端和需求端，增长速度远高于传统管道天然气，因此成为中国天然气进口中的最大构成部分。随着 2023 年俄罗斯与中国签署关于经远东路线供气的协议，俄罗斯将加大对中国的管道天然气供应，预计 2024 年管道天然气的进口量将进一步增长。尤其在愈加邻近 2030 年的碳达峰目标的时间节点下，天然气作为重要的过渡能源将发挥更为关键的作用，有望替代煤炭和石油等传统化石燃料。因此，天然气进口量在未来将持续扩大。

2. 天然气价格走势以供需格局为脉

2023 年，随着全球能源危机的缓解，国际天然气价格较 2022 年的高峰期明显回落。在全球天然气供需格局的重塑过程中，对 2024 年天然气价格的走势分析应以供需格局的变化为主线。在欧盟方面，库存居高不下，供给端持续相对平稳，工业复苏进展缓慢，需求增长受限，预计 TTF 价格可能略有上升，达到 15~18 美元/百万英热单位；而在北美方面，LNG 产能增速减缓，出口量有所增加，HH 价格预计将上升至 2.90~3.54 美元/百万英热单位；至于亚太地区，供给端相对紧张，短期内可能维持相对稳定，JKM 价格预计在 15.5~17 美元/百万英热单位。然而，我们仍需警惕运河封锁、极端天气事件以及新的地缘政治冲突等可能带来的扰动因素。

3. “双碳”目标以及后疫情时代背景下，中国天然气占比持续上升

2023 年经济社会运行恢复常态，加之“双碳”目标的持续推动，天然气需求稳步增加。预计 2024 年，随着疫情结束以及“双碳”目标的临近，天然气需求占比将稳步增长。长期来看，中国必须实现能源安全和碳中和的有机结合，通过技术创新、投资来化解能源安全、经济性与可持续性三者之间的矛盾，在从高碳能源结构向低碳能源结构转型的动态平衡过程中，将不可能变为可能，天然气的需求占比将持续增加。这将促使中国天然气产业加速升级，推动技术创新和投资力度，以满足不断增长的天然气需求并实现“双碳”目标。随着中国在能源转型中的积极探索，预计未来将建立更为健康可持续的能源体系，天然气在清洁能源结构中的地位将得到进一步巩固，成为推动中国能源发展的关键力量。

专 题 篇

新能源汽车发展对石油流通行业的影响及对策建议

在“双碳”目标引领下，国家出台各项支持政策，中国新能源汽车产业发展势头迅猛，持续爆发式增长，这也对石油流通行业产生了显著影响。在当前石油流通行业转型，特别是终端加油站转型的关键时期，要全面分析形势、深入研判影响，结合石油流通行业转型发展的切实需求，提出对策建议。

一、新能源汽车发展基本情况

（一）新能源汽车产、销、出口飞速增长

据中国汽车工业协会数据，2023 年中国新能源汽车全年产销量分别达 958.7 万辆和 949.5 万辆，同比分别增长 35.8%和 37.9%。新能源汽车市场占有率达 31.6%。其中，纯电动汽车依然是整个新能源市场的核心，2023 年销量为 668.5 万辆，同比增长 24.6%；插电式混动汽车销量上逊色于纯电动汽车，2023 年销售 280.4 万辆，但增长速度却更快，同比增长了 84.7%。预计 2024 年新能源汽车市场占有率将突破 40%，发展速度明显超过预期。此外，2023 年中国汽车出口量达 491 万辆，同比增长 57.9%。其中，新能源汽车出口 120.3 万辆，同比增长 77.6%。2023 年，中国新能源汽车出口量排名前 10 位的国家依次为比利时、泰国、英国、菲律宾、西班牙、澳大利亚、巴西、荷兰、以色列和德国。中国新能源汽车销往除南极洲外的六大洲，亚洲和欧洲是中国新能源汽车的最大市场。2023 年底，中国新能源汽车保有量达 2041 万辆。预计 2025 年新能源汽车保有量超过 4000 万辆，2030 年达 1.25 亿辆。2025 年、2030 年新能源汽车充电量将分别达 960 亿千瓦・时、3000 亿千瓦・时。

（二）充电基础设施加快建设，但相比于新能源汽车发展略显滞后

2023 年充电基础设施增量为 338.6 万台，其中公共充电桩增量同比上升

42.7%，随车配建私人充电桩增量同比上升 26.6%。截至 2023 年底，全国充电基础设施累计数量为 859.6 万台，同比增长 65%。此外，广东、浙江、江苏、上海、湖北、山东、北京、安徽、河南、四川十大地区建设的公共充电桩占比达 70.7%。新能源汽车总保有量与公共充电桩总数量之比约为 7.49∶1，公共充电桩仍较为稀缺。同时，充换电是否盈利主要取决于每天充电利用率，通常需要达到 10%以上才可以盈利，目前许多站点很难实现这一目标，因此布点选择也非常重要。此外，各级政府积极推动新能源汽车基础设施建设，具体规划有待落实。

（三）新能源汽车发展潜力巨大，但外部环境不容乐观

通过中国多年来对新能源汽车整个产业链的培育，新能源汽车越发受到消费者的认可。随着国民经济稳定回升，消费需求还将加快恢复，且中国汽车市场总体潜力依然巨大，未来市场空间将持续扩大。与此同时，从外部环境来看，美国《通胀削减法案》的实施给中国汽车（尤其是新能源汽车及电池）保持和扩大出口带来一定的挑战；《欧盟电池和废电池法规》生效，将使中国电池企业入欧门槛大幅增加。中国想保持新能源汽车及动力电池企业的竞争优势，就必须促进中国企业的绿色技术升级，适应他国更为严苛的减碳要求，以及不断提高相应领域的谈判能力。一方面，政府有关部门要组织新能源汽车全产业链的顶尖专家和学者认真研究美欧这两部法案（法规）对中国新能源汽车，特别是对电动汽车以及动力电池的影响，及时修订国内相关的法规和标准，在满足新能源汽车以及动力电池出口美欧市场的同时，提升国内新能源企业的生产技术优势和产业链降碳全过程信息管理水平。另一方面，尽快由政府或民间组织新能源企业主动出击，到美欧游说与谈判，为中国新能源汽车和动力电池出口争取最大的权益。

二、新能源汽车发展对石油流通行业企业的影响

能源革命将造成以油气为主的交通能源基础设施格局发生颠覆性变化。最重要的用能终端和载体之一——新能源汽车的快速发展，使油电切换进一步提速，个别省份已发布禁售燃油车时间表。石油流通行业企业面临传统主

营业务市场份额和利润空间缩减的直接冲击和潜在风险。据预测，新能源汽车补能替代成品油规模将从2023年的1500万吨，上升至2035年的1.4亿吨，因此，传统加油站转型升级迫在眉睫。同时，在政策上，中国正逐步减少或逐步取消对电动汽车的激励计划，并将重点转向重型运输和充电等其他领域，这也意味着一定的政策机遇。

在充电运营尚未大规模盈利的条件下，面对上述冲击和风险，市场竞争激烈，加油站经营压力较大，传统油气公司已经纷纷探索推进新业务，具体如下。

中国石油：积极布局综合能源站，出资成立中油绿电新能源有限公司，布局新能源汽车换电设施销售及电池制造，联合蔚来、启源芯动力将在全国各地启用换电站。2023年，中国石油已有充换电站718座、光伏站1305座，并计划到“十四五”末建成充换电站1000座以上。

中国石化：积极建设多种能源补能网络，截至2023年底累计建成充换电站6000余座；同时，中国石化分别与充电领域独立服务商（特来电、星星充电）、电力企业（国家电网、南方电网）、汽车生产企业（蔚来、小鹏）等企业进行合作，依托网点优势在全国加油站建设新能源汽车快充站、超充站。

中国海油：继中国石油、中国石化之后，2023年8月25日，中国海油的首座自建、自营、站外充电服务站正式运营，实现了由“借能”到“造能”的转变，为中海炼化新能源业务的推广和绿色转型奠定了基础。

壳牌与bp：截至2023年9月，壳牌在中国运营着2.5万个电动汽车充电终端。早在2019年，bp公司在中国的首座超级充电站落户上海嘉定。截至2022年3月，bp公司已经在中国建成130多座充电站，配备了3100个快速充电桩。截至2023年10月18日，bp和阿维塔科技共同投资在国内建成4座合作超快充电站。

三、石油流通行业企业发展的对策建议

（一）加快促进传统加油站向综合能源补给站转型

品牌化、数字化、综合能源化是石油流通行业转型升级的发展方向，“油气电氢服”一体化综合能源补给站是传统加油站转型升级的发展路径。一是建

议继续完善顶层设计和战略规划，有关部委加快出台法规和政策文件，保持并适当加大对充电基础设施的补贴力度，鼓励并支持石油流通行业传统加油站向充电站以及综合能源服务商转型，增加综合能源保障，服务大众需求。二是不断完善充电基础设施建设及规划，推动充电站与电网能量高效互动，提高用电效率，降低用电成本。三是加强用地保障，将建设用地配建要求纳入土地供应条件。要求现有加油站充分利用富余或闲置土地配建充电基础设施。四是尽早出台充电服务费分类指导价格，规范各地充电服务费标准。

（二）大力推动传统加油站向非油市场服务商升级

建议国家有关部委支持鼓励消费政策覆盖石油流通行业加油站，支持扩大加油站非油业务，扩展非油业务范围和外延服务。石油流通行业现有超过11万座加油站(其中设有非油业务便利店的大约8万座)，数量大、范围广、经营时间长，是消费的重要领域，是扩大消费的重要阵地。传统加油站非油业务要向多元化和数智化升级，并实现低碳化转型，这将成为石油流通行业企业发展的新动能。

（三）石油流通行业企业要结合自身特点加快布局

新能源汽车充电设施市场格局正从高度集中向多元主体竞争转变，2023年国内充电桩运营企业已超过3000家。与加油站相比，充电桩和充电站的建设对场地要求低，投资数额小，站点更加分散，市场化程度较高，竞争异常激烈。油企发展充换电基础设施要结合自身特点来实施，超前布局，在技术创新、标准制定、营销模式等方面下功夫。一是主要考虑快充、超充和换电模式，二是在油气企业或运输沿线示范加快布局。

（四）油企要积极探索新的合作模式和盈利增长点

一方面，油企要发挥资金和资源优势，优化充电站布点选址。另一方面，由于单一依靠收取充换电服务费难以盈利，因此建议：一是需要通过资本运作方式，油企与其他相关企业合作进入，优化分配建设与经营权；二是建立服务平台，拓展服务内容，获得其他收入；三是不断创新，结合油企特点，打造差异化、品牌化优势，赢得市场消费者的认可。

俄乌冲突背景下国际油气贸易格局将如何演变？

全球油气市场有 3 个明显特征：一是资源分布高度不均衡，中东、中亚、北非、北美的油气资源比较丰富；二是油气生产高度集中，其中美国、俄罗斯和沙特阿拉伯是世界上最大的生产国；三是油气贸易格局并不十分稳定，受能源地缘政治博弈的影响很大。从能源地缘政治视野来看，俄乌冲突让本已复杂的能源地缘政治更加复杂化，不确定性和贸易风险明显增大，油气资源作为地缘政治博弈的筹码地位得到增强，全球油气贸易格局进入复杂多变的调整期或震荡期。从总体上分析，长期形成的国际油气贸易格局或许难以从根本上被撼动，但确实正在经历一场重大的调整阶段。

全球油气贸易格局包括 4 个重大要素：一是油气出口格局，也就是全球油气来自哪里；二是油气进口格局，也就是全球油气流向哪里；三是油气流向格局，也就是油气贸易地理方向，即油气物流方向；四是油气价格格局，也就是全球油气价格如何形成，油气贸易合同价格如何制定。面对日益复杂的油气地缘政治博弈，尤其是俄乌冲突未来演变趋势的巨大不确定性和油气资源国与消费国之间的利益争夺等因素，未来全球油气贸易格局演变可能具有如下重要特征。

一、油气出口格局难以改变，但是不同出口区域地位可能发生重大改变

全球油气资源主要集中在世界能源心脏地带，也就是北非、中东、中亚和俄罗斯。另外，北美油气资源也相对丰富，在全球油气市场上不容小视。在全球油气市场格局中，美国、俄罗斯和沙特阿拉伯这 3 个国家至关重要，因此有人将国际油气市场博弈戏称为“三国演义”。俄乌冲突爆发以来，美国和俄罗斯分别作为全球第一大和第二大油气资源生产国，在全球油气市场上长期进行博弈，此消彼长，但是目前显然是美国占据了上风。而沙特阿拉伯

作为重要油气资源国，在美俄矛盾中寻求一种战略平衡，其市场博弈地位明显上升。从地区上来看，中东地位未来上升趋势明显，中亚、北非、北美地位将有所上升，而俄罗斯地位将明显下降。

二、油气进口格局将逐渐调整，亚洲油气消费将持续增长

从油气消费上看，在过去很长时间内，主要消费中心是美国、西欧和日本。从未来演变趋势看，全球油气消费中心将不断向亚洲转移，其中中国、印度和东盟的油气消费将持续增长，日本、韩国将保持平稳。从油气消费规模上看，未来全球最大的油气消费中心是亚洲，美国和欧盟作为油气消费中心的地位将继续下降，消费规模有可能保持平稳或呈缓慢下降的趋势，三大油气消费中心将是亚洲、北美和欧洲，取代原来的美国、西欧和日本。

三、油气流向格局将发生重大改变，俄罗斯油气流向必将从西到东进行战略调整

预计，俄罗斯与欧洲近半个世纪以来形成的欧亚大陆规模最大的油气流，在地缘政治冲突下将彻底中断，俄罗斯不得不将油气流向的重点转移到亚洲，目标国当然是中国、印度和东盟，也不排除在俄乌冲突落幕之后，继续发展与日本和韩国的油气贸易。在此背景下，中东地区的油气流向可能发生变化，在继续维系与亚洲的油气贸易关系的同时，可能将核心重点目标市场转向欧洲市场。而其他地区，如中亚、北非和南美等区域，整体上油气流向也会随格局演变而调整，但是总体上可能是微调，不会发生重大改变。

四、全球油气价格格局有可能发生改变，但要颠覆现有价格形成机制尚需时日

目前，原油价格形成机制比较稳定，基本上基于美欧等西方国家建立的游戏规则，比如主要以美元为油气贸易计价和结算货币。油气贸易合同价格基于美欧等国制定并长期形成的惯例，比如合同价格建立在国际上最有影响力的基准油价，也就是基于美国 WTI 和 Brent 价格两种原油的期货价格。尽管

世界上有许多期货交易所，也有许多基准原油，但是上述两种基准原油长期以来一直占据主导地位。关于油气价格，尚未形成一个全球性的价格机制，不过还是基于发达国家的游戏规则，比如在北美形成了以亨利枢纽（Henry Hub）为核心的定价系统，在英国定价系统中形成了一个虚拟平衡点（NBP）定价机制，在欧洲大陆形成了与原油价格挂钩的定价机制，在亚洲形成了与日本进口原油加权平均价格（JCC）挂钩的定价机制。

长期以来，西方国家崇尚自由市场经济，一般不会强制干预公平买卖和交易价格。然而，在俄乌冲突爆发以后，西方国家一反常态，开始对俄罗斯油气出口价格设置上限，这客观上削弱了西方国家长期主导国际油气价格形成机制的公正性，势必对未来油气价格形成机制演变产生难以阻碍的动力，至少俄罗斯会联合一部分国家建立新的油气价格形成机制，进而冲击现有价格机制。另外，由于西方国家对俄罗斯实施金融制裁，尤其是将美元作为制裁工具，也势必引起世界许多国家对美元信誉的担忧，在油气贸易上可能采取“去美元化”或货币多元化的措施，以减低对美元过度依赖的风险。由此可知，未来国际油气价格形成机制可能会发生改变，但是预计难度很大，时间上也难以作出准确判断。

2023 年美国战略石油储备的出与进及其启示

2022 年美国史上战略石油储备最大释放之后，2023 年有出有进，众议院开展多项立法活动。2022 年，面对日益严峻的全球性能源危机和国际石油价格第三次冲破每桶 100 美元大关，国际能源署成员国大规模动用石油储备，较为有效地打压了不断上涨的国际石油价格。在这次行动中，美国战略石油储备动用的数量最多，从而使得拜登成为迄今为止美国史上最大规模动用战略石油储备的总统。2023 年，在继续出售的同时，美国又开始了战略石油储备的采购工作，同时众议院开展了战略石油储备的多项立法活动。作为世界上战略石油储备实践最为丰富的国家，美国战略石油储备的相关工作，尤其是当下的拜登政府有关战略石油储备的很多举措，对我们极具参考和启示价值。

一、拜登政府进行了美国史上最大规模的战略石油储备释放

1973 年 10 月的第一次石油危机，严重冲击了美国的经济社会。1975 年 12 月 22 日，美国总统福特签署《能源政策与节约法》，宣布建立 10 亿桶的战略石油储备，美国战略石油储备的建设工作自此正式开始。

1977 年 7 月 21 日，第一批大约 41.2 万桶沙特阿拉伯轻质原油，进入战略石油储备基地，美国战略石油储备开始储油。通过 30 多年的持续努力，2009 年 12 月 27 日，美国战略石油储备达到存储数量的峰值 7.266 亿桶。

页岩革命成功后，随着本土石油产量越来越高，对进口石油的依赖越来越小，作为国际能源署的成员国，美国所承担的战略石油储备义务也越来越弱。正是在这一背景下，从 2015 年开始，美国国会通过了多个法案，要求出售战略储备原油，降低战略石油储备的规模，美国战略石油储备储存的数量也随之不断下降。2017 年底，美国战略石油储备数量降到 6.95 亿桶，2018 年 8 月下降到 6.6 亿桶。

2020 年 12 月 31 日，即拜登作为美国第 46 任总统于 2021 年 1 月 20 日上

任前，美国战略石油储备的规模下降到6.38亿桶。

美国战略石油储备的储存能力约为7.14亿桶，分布在墨西哥湾沿岸的得克萨斯州和路易斯安那州4个基地，共61个地下盐穴。

2021年1月20日，拜登上台执政。作为美国总统，迄今为止，拜登共进行了3次战略石油储备的释放，具体过程如下：

2021年11月23日，拜登宣布释放5000万桶战略石油储备，作为降低油价和解决全球石油供应不足持续努力的一部分。不过，从严格意义来说，这次5000万桶战略石油储备释放，并不是真正的战略石油储备的应急释放。主要原因有：第一，其中的3200万桶，是与美国石油公司的交换，是为了解决有关炼油企业的原油供应问题，这些原油要返还战略石油储备，并且这些炼油企业还要多返还一部分，作为借用的代价；第二，剩余的1800万桶，是根据美国国会2018年“两党预算法案”第30204节(公法115-123)中的要求，依法强制销售的战略石油储备原油。正因为如此，在美国能源部战略石油储备官网上，2021年拜登宣布的战略石油储备释放，没有作为应急储备的释放，其中的1800万桶依法销售，实际执行了1670万桶。

2022年3月1日和3月31日，拜登两次宣布释放战略石油储备。2022年3月1日，为应对俄罗斯与乌克兰战争爆发后国际石油价格的大幅度上涨，国际能源署宣布，31个成员国共同向市场释放6000万桶石油储备，其中美国释放的数量为3000万桶，占国际能源署成员国的50%。2022年3月31日，拜登宣布，未来6个月，美国将每天向市场释放100万桶战略石油储备。从实际的执行结果看，3月31日拜登宣布的战略石油储备释放，包括了3月1日宣布的数量。因此，美国能源部战略石油储备官网上，有关2022年应急储备的释放数量为1.8亿桶。2022年11月3日，美国能源部宣布了拜登总统紧急释放战略石油储备的最终合同授予，有6家公司被授予合同，战略石油储备出售的原油来自3个储备基地，释放的储备原油从2022年12月1日到2022年12月31日交付。

根据美国能源部战略石油储备官网的数据，2021年和2022年，美国共向市场释放了2.347亿桶战略石油储备，其中，2021年释放了1670万桶，2022年释放了2.18亿桶。在这两年释放的2.347亿桶战略石油储备中，2022年的

1.8 亿桶是拜登作为总统宣布的应急储备释放，是美国战略石油储备建立以来最大规模的应急释放，占这两年美国战略石油储备规模减少总量的 76.69%，其余的 5470 万桶是根据美国国会有关法案要求的依法销售。

根据有关媒体的报道，随着 2022 年最后一周里，270 万桶战略石油储备原油的出库，到 2022 年 12 月 31 日，美国战略石油储备储存原油的数量下降到 3.71 亿桶，为 1983 年 12 月以来的最低水平。根据美国能源部战略石油储备官网的数据，2023 年 5 月 31 日，美国战略石油储备储存原油的数量下降到 3.57 亿桶，6 月 30 日又下降到 3.36 亿桶(见表 1)。

表 1　2020 年 12 月 31 日和 2023 年 6 月 30 日美国战略石油储备规模

单位：百万桶

储备库名称	地点	2020 年 12 月 31 日储存原油数量	2023 年 6 月 30 日储存原油数量
布赖恩芒德(Bryan Mound)	得克萨斯州费里波特港西南	230.2	164
大希尔(Big Hill)	得克萨斯州博蒙特西南	143.7	47
西哈克伯里(West Hackberry)	路易斯安那州查尔斯湖西南	192.3	91
拜乌查克托(Bayou Choktaw)	路易斯安那州巴吞鲁日西南	70.9	34
合计		637.1	336

资料来源：1. 2020 年 12 月 31 日数据，U. S. Department of Energy，*Strategic Petroleum Reserve Annual Report for Calendar Year* 2020，*Report to Congress*，September 2022，*p*. 15.

2. 2023 年 6 月 30 日数据，https://www.energy.gov/ceser/spr-quick-facts。

查询日期：2023 年 7 月 12 日。

二、2023 年美国战略石油储备的主要举措

进入 2023 年以来，虽然不如 2022 年那样引人注目，但从能源部这样的行政机构到众议院这样的立法机构，美国政府和立法机构做了大量有关战略石油储备方面的工作，其中部分工作将对未来美国的战略石油储备乃至国际石油市场产生较大和较深远的影响。

(一) 2600 万桶战略石油储备原油的依法销售

2023 年 2 月 13 日，美国能源部石油储备办公室宣布了一项出售通知，以

履行其对美国国会的义务，在2023财年从战略石油储备中出售2600万桶原油。此次出售将履行2015年《两党预算法》第403条和《修复美国地面运输法》第32204条规定的国会授权。

在通知中，美国能源部宣布，根据法律，美国能源部将从2个战略石油储备基地，出售2600万桶含硫原油，交货的时间为2023年4月1日至6月30日。美国能源部必须在美国中部时间2023年2月28日上午10:00之前，收到本通知的投标书，合同将最迟于2023年3月8日授予成功报价人。战略石油储备出售的原油，来自以下2个战略石油储备基地：大希尔，最多600万桶；西哈克伯里，最多2000万桶。

2023年3月9日，美国能源部石油储备办公室宣布，已授予从战略石油储备购买原油的合同。共有11家公司响应了通知，提交了119份投标书。此次出售已被全部认购，合同授予6家公司：马拉松石油供应和贸易有限公司，840万桶；挪威国家石油公司营销与贸易公司，730万桶；壳牌贸易（美国）公司，360万桶；阿美贸易美洲有限公司，350万桶；麦格理商品贸易美国有限公司，160万桶；菲利普斯66公司，160万桶。

美国能源部在通知中宣布，从2023年4月1日到2023年6月30日，出售的储备原油将分别从2个战略石油储备基地交付。此次出售将满足国会的要求，2600万桶石油已经全部售出。出售所得，将在本财政年度结束前存入美国财政部。

（二）开展了三轮共1200万桶战略石油储备原油的采购

在2022年大规模释放战略石油储备的同时，美国政府就在考虑战略石油储备的补充问题。2022年10月18日，美国白宫发布了简报："拜登总统将宣布加强美国能源安全、鼓励生产和降低成本的新举措。"其中明确提出，拜登政府宣布，"在西得克萨斯中质原油价格处于或低于每桶67至72美元左右时，打算利用战略石油储备的回购来增加全球原油需求，这将保护纳税人的利益，因为战略石油储备将以比最近销售更低的价格回购，这可能使其能够回购比销售更多的石油"。

2022年10月19日，拜登发表了关于"加强能源安全和降低成本行动"的讲话，宣布“计划在未来几年重新补充战略石油储备，为纳税人带来利益。当油价跌至每桶 70 美元时，美国政府将购买石油以补充战略石油储备”。

2022 年 12 月 16 日，美国能源部石油储备办公室宣布，将开始为战略石油储备回购原油，赎买的数量为 300 万桶。美国能源部必须在美国中部时间 2022 年 12 月 28 日星期三上午 10:00 之前，收到本通知的投标书。合同将最迟于 2023 年 1 月 13 日（星期五）授予成功的报价人，并将在 2023 年 2 月交付至得克萨斯州博蒙特的大希尔战略石油储备基地。2023 年 1 月，美国能源部称，由于没有收到符合其价格或质量条件的报价，其中西得克萨斯中质原油的交易价格在每桶 74 美元左右，本次招标活动取消。

进入 2023 年之后，美国能源部正式开始了战略石油储备的采购补充工作，截至 2023 年 7 月 7 日共进行了三次招标采购活动。

第一次招标，2023 年 5 月 15 日，美国能源部石油储备办公室宣布，将为大希尔战略石油储备基地，购买 300 万桶含硫原油。2023 年 6 月 9 日，美国能源部石油储备办公室宣布，已经签订了 300 万桶美国生产原油的合同，用于补充战略石油储备。这些合同，是在 2023 年 5 月 15 日宣布的“需求建议书”之后签订的。共有 10 家公司响应了“需求建议书”，提交了 30 份标书。此次采购获得了全额的认购，合同被授予 5 家公司。这 300 万桶原油的平均价格约为每桶 73 美元，低于 2022 年战略石油储备原油的平均售价每桶 95 美元。原油将于 2023 年 8 月 1 日至 2023 年 8 月 31 日，交付到大希尔战略石油储备基地。

第二次招标，2023 年 6 月 9 日，美国能源部石油储备办公室发布一份招标通知，为大希尔战略石油储备基地购买约 300 万桶含硫原油，交付时间定于 2023 年 9 月。美国能源部必须在美国中部时间 2023 年 6 月 20 日上午 10:00 之前，收到本次招标的投标书，合同将在 2023 年 6 月 30 日前授予成功的报价人。2023 年 6 月 30 日，美国能源部石油储备办公室宣布，已签订合同，为战略石油储备采购 320 万桶美国生产的原油。根据 2023 年 6 月 9 日公布的“需求建议书”，这些合同将于 9 月份交付原油。320 万桶原油的平均价格约为每桶 71.98 美元，低于 2022 年战略石油储备原油的平均售价每桶 95 美元。共有 9 家公司响应了“需求建议书”，提交了 28 份标书。此次采购获得了全额的认购，合同被授予 4 家公司。采购的原油，将于 2023 年 9 月 1 日至 2023 年 9 月 30 日，交付到大希尔战略石油储备基地。

第三次招标，2023 年 7 月 7 日，美国能源部石油储备办公室宣布，为战略石油储备购买约 600 万桶石油，预计 2023 年 10 月和 11 月接收。美国能源部指出，此次购买，是美国能源部 2023 年发布的第三次战略石油储备回购石油的招标。2023 年 7 月 7 日的招标，是向大希尔战略石油储备基地交付原油。美国能源部必须在美国中部时间 2023 年 7 月 19 日上午 10:00 之前，收到本次招标的投标书。

美国能源部还宣布，将在市场条件允许的情况下，寻求更多的回购机会。

（三）取消了 2024—2027 财年 1.4 亿桶战略石油储备原油的依法销售

在美国，只有美国总统和美国国会能够动用战略石油储备。自 2015 年以来，美国国会通过了多项法律，要求出售战略石油储备，减少储备规模，销售所得列为当年的年度财政收入，用于国会指定的有关财政支出。这一类的战略石油储备释放，美国能源部将其列为“依法销售”。根据美国国会的要求，2023 财年，美国能源部要依法销售 2600 万桶战略石油储备，2024—2027 财年要依法销售 1.4 亿桶战略石油储备原油。

2022 年底，就在美国政府宣布招标采购石油用于补充战略石油储备的同时，石油行业、美国社会和美国政府内部就对此时还在依法出售战略石油储备表示不满。2023 年 1 月，有行业媒体报道，一位不愿透露姓名的消息人士称，拜登政府正在考虑取消 2023 财年的 2600 万桶战备石油储备依法销售。从后来的实际情况看，拜登政府没有能够阻止这次销售活动，2600 万桶战略储备原油于 2023 年 2 月 13 日招标，并于 3 月 9 日授予合同，就是上文介绍的 2023 财年美国战略石油储备 2600 万桶的依法销售。

虽然阻止 2600 万桶战略石油储备销售的计划没有实现，但是，拜登政府仍在积极做美国国会的工作。2023 年 5 月 15 日，美国能源部宣布，美国国会已经同意了拜登政府的建议，取消 2024—2027 财年 1.4 亿桶战略石油储备的依法销售。

美国能源部认为，取消 2024—2027 财年的战略石油储备依法销售，是美国战略石油储备补充工作取得的重大进展，这将使得2027财年末美国战略石油储备的规模与2022年未出售时相同。

（四）开展涉及战略石油储备问题的立法工作

众所周知的是，美国的国内政治是政党政治，民主与共和两党对美国的内政有不同的看法，涉及美国能源安全的战略石油储备问题也不例外。2023年，美国民主与共和两党，在战略石油储备问题上的争斗就十分激烈，还牵扯到了中国。

2023年1月27日，美国众议院以221票对205票的投票结果，通过了《战略应对法案》（H. R. 21），这个法案获得了1名民主党议员的支持。这个法案的缘起是，美国石油行业和共和党议员们，尖锐批评2022年拜登大规模释放1.8亿桶的战略石油储备。为此，法案要求，为了利用国家战略石油储备，美国能源部部长需要制订一项计划，增加联邦土地上的石油和天然气租赁活动，包括外大陆架的租赁活动。这个法案虽然没有限制紧急情况下，美国能源部部长的权限，如发生导致原油生产中断的自然灾害等，但是美国众议院能源和商业委员会一名共和党议员的助手表示："我们只想在供应严重中断的情况下，释放战略石油储备。"

美国的战略石油储备释放，面对的是全世界，出售给出价最高的公司，其中包括外国石油公司的美国子公司，然后这些公司可以将原油出口到海外，中国企业就曾购买过美国的战略储备原油。2022年夏天，当美国国内的汽油价格处于高位时，这种做法招致了批评。美国一些政客认为，将原油从战略石油储备运出美国，对降低美国国内汽油价格几乎没有作用。美国众议院能源和商务委员会主席凯西·麦克莫里斯·罗杰斯就公开表示："美国的战略石油储备是为了应对真正的能源供应中断，比如飓风和自然灾害造成的中断，而不是为了帮助中国。"就是在这种情况下，2023年1月12日，美国众议院通过了一项法案，禁止向中国出售美国战略石油储备中的原油。这个法案的名称是《保护美国战略石油储备免受中国侵害法案》（H. R. 22），在众议院以331票对97票获得通过。

在投票这个法案时，还有部分美国众议员走得更远。例如，新泽西州众议员弗兰克·帕隆，就批评该法案没有彻底禁止向中国销售所有的原油。根据美国的立法程序，有关法案在众议院通过后，必须获得参议院的通过并由总统签署，才能正式成为法律。目前，美国参议院由民主党占多数。舆论认为，美国参议院通过《战略应对法案》存在很大的难度，而且美国总统拜登已经承诺将否决该法案。

（五）地下盐穴安全及战略石油储备管理的争论

美国战略石油储备基地，全部是地下盐穴。简单地说，就是将地下深达千米的盐层，通过水溶的方式，形成洞穴，用于储存原油。这个方式的优点是，不大量占用地面的土地，安全性好，环境保护问题不突出，储存的成本较低。不过，由于地下盐穴存在水溶等问题，需要经常维持，以确保其能够正常使用。正是因为这方面的问题，从 2017 年开始，2017 年、2018 年和 2019 年三个年度，美国能源部都出售了部分战略储备原油，收入用于基地的维护和现代化改造。目前，美国能源部正在开展战略石油储备基地的第二阶段寿命延长项目。

2022 年，美国众议院能源和商务委员会主席罗杰斯、参议院能源和自然资源委员会高级成员约翰·巴拉索，致信美国能源部部长格兰霍姆，警告称，从 2022 年开始，战略石油储备的释放导致了“战略石油储备的迅速枯竭”，“可能会对战略石油储备的管道和洞穴造成损害，损害其在真正的能源供应中断时履行能源安全使命的能力”。

2023 年 4 月 20 日，路透社援引的消息称，一些美国共和党议员表示，从地下盐穴中释放的 1.8 亿桶原油破坏了洞穴的结构，原因是石油是通过注水从洞穴中排出的，水会溶解洞穴的墙壁，从而影响储存的空间。不过，美国能源部官员凯瑟琳·霍根回应称：“2022 年进行的必要的紧急销售，并没有损害战略石油储备的管道或洞穴。”“美国能源部桑迪亚国家实验室的顶尖地球科学家，密切监测洞穴的完整性。如果未来发生供应中断，战略石油储备仍能随时应对。”

2023 年 5 月初，罗杰斯和巴拉索又致信美国政府问责局，呼吁对美国能源部战略石油储备的管理进行评估，并对其现代化计划进行审计，指责“能源部对战略石油储备的管理不善，损害了美国的能源安全，使美国更容易受到能源供应中断的影响，并增加了 OPEC 和俄罗斯利用能源作为地缘政治武器的能力”。

三、美国战略石油储备实践的参考及启示

美国战略石油储备工作已历时 48 年，其间开展了大量战略石油储备的紧急动用、销售、采购和立法等工作，战略石油储备的实践非常丰富。2022 年史上最大规模动用之后，2023 年美国政府和立法部门在战略石油储备方面又做了大量的工作。中国是世界上最大的石油进口国，国家石油储备的建设工作正在紧锣密鼓地进行之中，美国战略石油储备建设和管理实践，对于我们具有非常重要的参考及启示价值。

（一）能源独立后战略石油储备仍是美国保障能源安全和干预市场的重要工具及手段

美国的战略石油储备，源于 1973 年 10 月的第一次石油危机，是作为国际能源署的发起国和石油净进口国，美国政府所承担的国际义务。20 世纪八九十年代，美国石油进口数量不断增加，2005 年达到最高水平，为每天 1254.9 万桶，战略石油储备的规模也随之增加，并于 2009 年底达到最大规模。页岩革命成功后，美国国内石油产量出现了恢复性增长，2011 年，美国成为成品油净出口国，到 2017 年，美国夺回世界第一大石油生产国的地位。也就是在这一时期，2015 年至 2018 年，美国国会通过了多项立法，要求降低战略石油储备的规模，2028 年要将战略石油储备降至 4.1 亿桶。

2019 年，美国实现了能源独立。2020 年，美国石油出口大于进口，成为石油净出口国。根据国际能源署的规定，此时的美国可以不再承担石油储备的义务。不过，截至目前，我们没有从拜登政府、美国国会等任何官方机构，看到不再开展战略石油储备的言论，而与之相反的是，总统拜登的多次讲话，以及我们上述引用的美国众议院通过的相关法律，都在强调要继续保持并加强战略石油储备，保障美国的能源安全。

目前，美国是世界第一大石油消费和生产国，在大量出口原油、成品油

的同时，也大量进口原油和成品油，国内石油市场与国际市场高度融合，这为美国带来了两大结果：好的结果是，美国的石油工业具有全球竞争力；坏的结果是，国内成品油价格与国际市场完全一致，高度波动。正是美国石油行业高度全球化的特点，加上维持美国的全球霸权和影响力的目的，使得保持一定规模的战略石油储备成了美国干预国际市场、展现全球影响力的重要工具和手段。

因此，对于大国来说，保持并拥有一定规模的战略石油储备，不仅仅是维护自身能源安全的需要，更是展示全球影响力的需要。

（二）美国战略石油储备法律的严肃性和灵活性

美国总统、美国能源部及相关政府部门，在开展战略石油储备相应工作时(例如紧急释放战略石油储备、依法销售战略石油储备等)，都会强调，这些行动都是依据相关法律进行的。依法行事，是我们在研究美国战略石油储备时，经常看到的名词和内容，从中我们可以看到并体会到，法律在美国战略石油储备工作中的重要性和严肃性。

从多年的实践看，我们认为，美国战略石油储备事务中，最重要的法律有以下两大类：第一，1975 年 12 月 22 日，美国总统福特签署的《能源政策与节约法》(*The Energy Policy and Conservation Act*，EPCA)，这是美国战略石油储备的根本法律，时至今日的 40 多年里，美国战略石油储备的建设和运营等，主要依据的还是这部法律。例如，美国能源部向美国国会提交的《2020 年战略石油储备报告》，第一章“立法语言”的第一段，就明确指出：“1975 年 12 月 22 日颁布的《能源政策与节约法》(《美国法典》第 42 卷第 6201 节等)(公法 94-163)，正式建立了战略石油储备。自那时以来，战略石油储备一直致力于减少石油供应中断的影响，并履行国际能源计划规定的义务。”第二，2015 年以来，美国国会通过了有关战略石油储备相关的法律。例如，2015 年《美国两党预算法案 404 款和 403 款》，2015 年《修复美国地面运输法案》，2016 年《21 世纪治愈法案》，2017 年《减税和就业法案》，2018 年《美国两党预算法案》等。这些法案，是近年来美国战略石油储备规模不断下降的主要法律依据。

不过，在实践中，我们也看到了美国战略石油储备工作中法律的灵活性。

例如，根据美国国会的有关法律，2024—2027 财年，美国还要销售 1.4 亿桶战略石油储备。对于美国政府来说，在 2022 年的史上最大规模释放后，美国的战略石油储备规模已降至最低水平，补充战略石油储备已成为当务之急。这种情况下，再出售战略石油储备，已成为不理性的行为。为此，在美国能源部的努力下，美国国会取消了依法销售的要求，从而避免了难堪局面的出现。

因此，从美国的实践看，立法先行，是战略石油储备工作有序开展的前提，而日常工作中，根据现实灵活调整相关法律法规，则更能表现出政策的理性和务实。

（三）美国战略石油储备的政治账和经济账

战略石油储备，作为保障国家能源安全和经济安全的重要工具和手段，当然是政治账，世界上很多国家，在建设和运营石油储备时，都将其上升到政治的高度，加以强调和重视。作为世界上最大的石油消费国和曾经的最大石油进口国，美国战略石油储备的建设，一直是多届美国政府能源工作的重中之重，投入了大量的财力和人力，通过约 35 年的努力，才建成了世界上最大规模的政府石油储备。

从美国政府战略石油储备的建设和运营管理看，在强调战略石油储备政治账的同时，美国政府也非常重视经济账，并通过经济账的具体数字，为美国民众讲好战略石油储备的政治账及其重要意义，这一点在目前的拜登政府表现得最为明显和突出。

一是政治层面，为给 2022 年史上最大规模的战略石油储备释放开脱，并反驳共和党的攻击，拜登在多次讲话中说明，释放战略石油储备是为了打压当时不断上涨的美国汽油价格，减少美国民众的能源支出。美国财政部的分析表明，2022 年战略石油储备的释放，使美国汽油价格每加仑降低了约 40 美分。从事后的数据分析看，2022 年大规模释放战略石油储备，一定程度上拉低了美国当时不断上升的通货膨胀，对民主党赢得 2022 年中期选举起到了一定的作用。

二是经济层面，拜登本人和美国能源部多次反复强调，释放战略石油储备，为美国政府和民众赚取了大量的利益。根据美国能源部的数据，2022 年美国战略石油储备的释放，平均售价为每桶 95 美元，而美国战略石油储备的总投入为 257 亿美元，储备原油的成本为每桶 29.70 美元。以 1.8 亿桶的战略石油储备释放为基础，2022 年拜登政府紧急释放的战略石油储备，总收入为 171 亿美元，利润为 117.54 亿美元。也就是说，2022 年拜登政府紧急释放战略石油储备的行动，从收入方面看，回收了美国战略石油储备总投资的 66.54%，即回收了总投资的约 2/3；从销售利润看，将美国战略石油储备的总投资抵消了 45.74%。

从以上具体的数字中，我们可以看出，2022 年，作为总统的拜登抓住了历史上少有的高油价的机会，紧急释放战略石油储备行动获得了政治和经济效益的双丰收。

三是 2023 年战略石油储备的采购到了锱铢必较的程度。根据 2022 年 10 月 18 日美国白宫的文件和 10 月 19 日拜登的讲话，2023 年美国战略石油储备原油的采购价格，设定为 WTI 每桶 67 至 72 美元左右。2022 年 12 月的招标，因为交易价格为 WTI 每桶 74 美元，略高于设定的目标而流标。2023 年 5 月和 6 月的两次招标，成交价格分别为每桶 73 美元和 71.98 美元。美国能源部在每次成交的公告中，都强调与 2022 年平均 95 美元的战略石油储备售价相比较，在 2023 年战略石油储备原油的采购中，美国政府又为纳税人争取到了利益。

战略石油储备工作当然是政治账，但在日常事务和管理工作中，更要考虑经济账，并通过经济账的具体数据，向社会大众展示储备石油和保障能源安全的重要政治意义及价值。

COP28 关于能源转型的五方面思考

COP28 是一场推动气候变化与能源转型的“思想盛宴”“信息盛宴”“沟通盛会”，也是一个全球性舞台，中国需要见证和参与。在本次 COP28 大会上，能源转型依然是主席国提出的四大关键议题之一。COP28 主要国家就“在2030 年底前将全球再生能源产能增加两倍、效率提升一倍”目标基本达成了共识，但就化石能源的解决方案仍未达成一项明确的、有约束力的决议。但石油天然气行业并非无所作为，其中的一大动向是，由东道主所在的国家石油公司——阿布扎比国家石油公司（ADNOC）发起并签署了一项“油气行业控碳宪章”（Oil & Gas Decarbonization Charter，OGDC），有 50 家能源公司加入。上一次有类似举动是在 2015 年的联合国巴黎气候变化大会（COP）上，由全球 15 家顶尖能源公司共同发起并成立油气气候变化倡议（Oil & Gas Climate Initiative，OGCI）。

虽然能源转型已进入实质性行动阶段，且近几年转型的速度愈加迅速，比如电动汽车对普通燃油车的替代速度，已经不再呈现线性变化关系，而是在加速，具备了指数级迭代的特点，但是业界和研究界对能源转型的一些基本问题似乎还存在争论。

一、“分子”“电子”之间

中国到底需要更多的“分子”还是更多的“电子”？有些能源，如煤炭、石油、天然气、水、氢、氨等，是以“分子”形式存在的，而电能作为二次能源，是以“电子”形式存在的。那么在能源转型的过程中，是聚焦在生产更多的“分子”上，还是“电子”上？过去几年，有些从事“分子”生产的能源企业在能源转型热潮的推动下，干脆放弃老本行，完全转向“电子”生产，把电气化作为自己的唯一目标。结果却难以把控“电子”这一瞬时“有”或者“无”的产业，如果没有大规模的储能设备做后盾，“电子”根本保存不住。另外，很多国家的“电子”价格（电价）是有天花板的，“电子”只能以一定的价格就地消纳。这些都导致“分子”向“电子”的转型并不成功。未来，除了把“分子”化石能源以低碳或零碳的方式转变为“电子”，有些本身就是零碳的“分子”，比如氢和氨，还是需要存在的，以弥补电气化的不足之处。

二、脱碳路径之间

中国是走化石能源低（脱）碳化之路，还是走一条纯粹的非化石能源之路？目前看，其实能源转型有两条并行不悖的“赛道”，一条是“化石能源清洁化”的赛道，就是人类可以继续使用煤炭、石油和天然气这些化石能源，但在生产和使用的过程中，通过负碳技术（最为典型的就是碳捕捉和封存技术）降低或消除“碳足迹”，最终同样可以达到净零的目标。另一条是“非化石能源规模化”的赛道，完全放弃化石能源之路，在非化石或可再生能源这条路上持续发力。应该说，这两条赛道目前都没有什么错，就看能源公司自己的选择。目前，像埃克森美孚、雪佛龙等美国公司更多的是选择第一赛道及“石油天然气+CCS”的模式；而bp、壳牌、道达尔等欧洲能源巨头更多的是选择开辟第二赛道。最新的情况是，由于第二赛道的商业模式尚不成熟，盈利能力前景堪忧，很多能源公司已逐步改变第二赛道的方向，开始向第一赛道业务“靠拢”。bp、壳牌等公司2023年下半年以来陆续调低其能源转型的预期就是明证。

三、“燃料”“原料”之间

煤炭、石油、天然气究竟主要是用于“燃料”还是“原料”？煤炭、石油和天然气作为“燃料”用于交通（包括航空）、工业和军事等领域是其主要价值所在，也是其“宿命”。随着石油化工特别是高端化工产业的发展，煤炭、石油、天然气可以作为原料来生产化工和化纤用品，也可以生产化肥以满足农业发展的需要。如果没有碳排放导致气候变暖从而影响到人类的生产和发展这一大问题，煤炭、石油和天然气作为“燃料”的使命无疑将会延续下去。在能源转型加速的背景下，化石能源作为“燃料”的使命或将不会持续太久，但其作为“原料”的使命也许刚刚开始。

四、能源转型道路之间

能源转型到底是走一条“融合发展”之路，还是化石能源与非化石能源“分道扬镳”之路？显而易见，以欧洲为代表的发达经济体，由于其化石能源资源的禀赋差，一直以来，除了依赖进口来满足能源的需求，更多是走出了一条化石能源与非化石能源“两套体系”“两条方向”的路径。而中东、非洲、拉美、北美和中亚俄罗斯地区一些拥有化石能源资源的生产国和出口国，包括中国在内，在能源转型的倒逼之下，务实可行的做法就是走一条“传统能源+新能源”的融合发展之路。也就是“煤炭+”“油气+”的商业模式。比如在广袤的油田部署一批光伏或风力发电站，可以在用于油气田生产用能的同时，降低油气田的碳排放，从而使得“油田变电田”“油田变碳田”。这种做法在大庆、新疆、吉林、胜利、长庆等中国大多油气田中已得到推广。

五、“过程”“结果”之间

通往净零的过程中，中国到底是侧重于“过程”的电气化，还是“结果”的电气化？尽管中国在倡导大规模“终端用能电气化”，比如到2050年前后，中国终端用能电气化比例要从现在的26%左右翻一番到达50%以上。但这个世界依然需要氢、氨，特别是绿氢这样的“绿电制氢”产品。目前看，绿氢是人类通往净零的三大路径之一(其他两个分别是电气化和CCS/CCUS)。

1992年，经历了工业革命一百多年的发展，人类社会的物质生活极度丰富，环境和生态问题也变得极为突出，因此在巴西里约热内卢召开了联合国环境与发展大会，有118个国家的元首和政府首脑参加，也叫“地球高峰会议”。中国时任国务院总理参加会议。这次高规格大会的成果之一就是通过了《联合国气候变化框架公约》(UNFCCC)。终极目标是将大气温室气体浓度维持在一个稳定的水平。基于公约的签署代表应该付诸行动这一考虑，将缔约方大会(Conference of the Parties，COP)作为公约最高执行机构，COP第一次会议于1995年在德国柏林召开，以后每年举行一次(2020年因为全球疫情停了一届)，基本都是在当年的11月底至12月初。其中著名的有COP3日本京都会议，签订了著名的《京都议定书》；还有就是COP15丹麦哥本哈根会议；以及COP21巴黎的气候变化大会。随着解决气候变化问题的迫切性增加，COP将继续成为全球决策者协商、制定和更新全球气候政策的主要场所。

“3060”双碳目标下油气企业碳资产管理发展研究

碳中和已成为全球共同的目标和愿景，以减少温室气体排放，实现全球控温目标。自 1992 年联合国大会发布气候变化框架公约后，气候变化问题从一个单纯的科学问题演变为全球瞩目的政治问题，联合国框架下的全球气候治理机制与体系逐步完善，其中与气候相关的国际法律文本为碳市场的建立与完善奠定了有效基础(见表 1)。全球各地区、国家相继展开碳减排目标，并探索碳交易市场的建立(见表 2)。

表 1　全球气候治理体系重要事件

时间	事件	主要内容
1992 年	里约 《联合国气候变化框架公约》	全球 154 个国家签署，是全球首个应对气候变化的框架性协议
1997 年	日本京都 《京都议定书》	世界上第一次以法规的形式限制温室气体排放，建立了清洁发展机制、联合履约机制和国际排放权交易机制三种碳排放交易机制，推动了全球碳交易市场的建设，特别是全球自愿减排交易的发展
2015 年	法国巴黎 《巴黎协定》	设定长期目标是将全球平均气温较前工业化时期上升幅度控制在 2℃以内，努力将温度上升幅度限制在 1. 5℃以内，建立了“承诺+评审”的国家自主贡献合作模式
2021 年	格拉斯哥 《格拉斯哥气候公约》	进一步明确了巴黎协定细则，再次重申了 1. 5℃目标；回顾和评估各方国家自主贡献承诺的落实情况，继续敦促发达国家向发展中国家提供更多资金、技术、能力建设上的支持

资料来源：公开资料整理。

碳资产是为了鼓励个人和企业积极应对气候变暖，通过节能减排、吸收温室气体等项目产生的环境权益。碳资产的拥有者可以交易、出售碳资产，获得一定收入，作为他们在应对气候变化活动中作出贡献的回报。在“3060”双碳目标下，中国各行各业围绕低碳转型在战略、业务及产品等维度加速进行调整和能力提升。现有技术和模式仍不能满足实现碳中和的目标要求，需要通过市场机制持续鼓励开发低碳技术。

随着中国碳市场机制的逐步完善，碳资产管理将步入综合化与专业化新阶段，碳资产将逐渐成为企业继现金资产、实物资产和无形资产后又一新型资产，是油气企业发展和国际竞争的重要元素。在“3060”双碳目标下，油气企业有必要充分借助碳交易机制等市场化工具，有效管理和提升碳资产价值。

表2　全球主要碳市场建立

时间	主要碳市场
1997 年	新南威尔士交易系统启动
2002 年	英国交易系统启动日本东京交易系统启动
2003 年	芝加哥气候交易所
2005 年	欧盟碳市场启动挪威碳市场启动
2007 年	挪威、冰岛、列支敦士登加入欧盟碳市场
2008 年	瑞士碳市场、新西兰碳市场
2010 年	日本东京都政府碳交易市场
2011 年	日本埼玉县碳交易市场
2012 年	澳大利亚碳交易市场
2013 年	哈萨克斯坦碳市场、美国加州碳市场、加拿大魁北克碳市场、中国试点碳市场
2015 年	韩国碳市场
2021 年	中国碳市场(发电行业)启动

资料来源：各交易市场公开信息整理。

一、碳资产管理市场发展现状

(一) 中国碳市场：稳健运行、逐步扩大

中国从 2011 年开始确定开展碳交易试点，碳市场建设在探索中不断发展，从区域性碳市场试点发展到全国性碳市场，发展历程如图 1 所示。

2021 年 7 月 16 日，中国正式开启全国碳排放权市场交易，首批纳入 2000 多家发电企业，覆盖碳排放量超过 40 亿吨。截至 2023 年 4 月 11 日，全国碳市场累计成交碳配额总量 2.34 亿吨，累计成交额 106.87 亿元。碳价价格发现

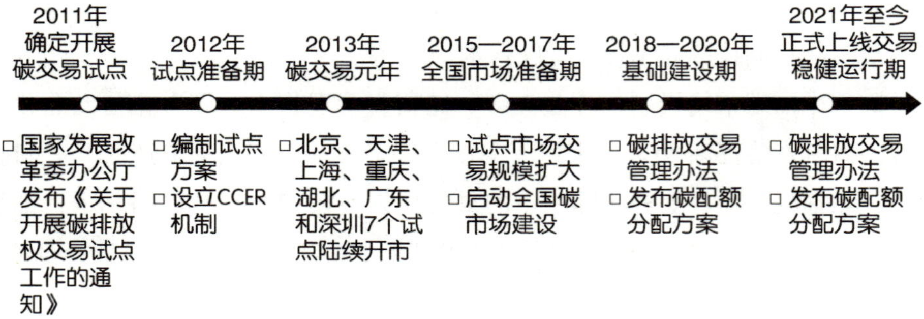

图 1　中国碳市场发展历程

机制逐步发挥作用，推动企业降低碳排放。之后将按照“成熟一个纳入一个”的原则，将石化、化工、建材、钢铁、有色、造纸、航空等耗能行业逐步纳入，同时进一步丰富交易的主体、品种、方式。目前很多油气企业仅停留在满足碳减排目标的阶段，未来油气企业可将碳资产管理模式由满足碳减排要求的被动模式转变为碳资产主动管理、增值扩张的模式。

据北京绿交所预测，在八大耗能行业覆盖之后，未来全国碳市场的配额总量或从目前的 45 亿吨扩容至 80 亿吨。按照 2022 年全年全国碳市场碳排放配额均价 55.3 元推算，中国碳交易市场规模有望达到 4400 亿元。中国碳市场目前受市场参与度不高、碳期货等金融工具还未上市等制约，仍需继续创新完善。未来，中国经济社会发展将迈入深度脱碳阶段，碳市场将成为中国有效控制碳排放总量的主要抓手，碳市场形成的碳价能够为低碳、零碳、负碳技术创新、投资和运用给予有效的激励，还会成为中国经济发展、金融转型的重要工具。

（二）三类参与碳资产管理的企业主体

目前参与碳资产管理的企业主体共有三种类型。

1. 八大耗能行业企业自身建立和培养的碳资产管理公司

例如：中国五大发电集团都构建了碳资产管理公司，其中大唐发电、华能国际、华电国际公司 2021 年业绩显示新增了一项“碳排放权交易收入”，分别达约 3.02 亿元、2.69 亿元和 1.4 亿元。这种类型的企业依靠行业资源优势，属于碳市场中最早的碳业务参与者，拥有先发优势，但也存在以服务自身集团为主、创新动力弱等不足。

2. 传统碳核算类咨询公司转型的碳资产管理公司

这类企业具有较丰富的碳核算经验，帮助企业进行碳排放核算，绘制企业的碳足迹，但通常存在项目周期较长、收费较高、专业人才较少等问题，难以服务越来越多的碳资产市场需求。例如：英国碳信托（Carbon Trust）公司2009年在中国设立办公室专注于碳中和领域的咨询。

3. 以互联网产品思维为主的金融科技类碳资产管理公司

这类企业以碳资产管理系统和软件工具作为主要优势入场，市场反应较快，具备互联网思维，但一般成立时间较短，运营碳资产经验较少，碳市场培育不足，缺乏公信力。例如：2022年生态环境部公开碳排放报告数据弄虚作假等典型问题案例，中碳能投科技（北京）有限公司等4家机构被通报。

（三）能源企业积极融入国家碳市场建设

随着碳市场覆盖范围和规模日益扩大，碳资产受到广泛关注，碳资产管理公司应运而生，能源企业纷纷组建碳资产管理公司。IESPlaza数据显示，截至2021年底，中国工商注册成立的企业名称中含“碳资产”的企业数量约282家，其中，中化集团、中国华能、中国电投、中国大唐、中国国电、中国华电、中国石化、中国石油等能源企业均迅速响应，先后组建碳资产管理公司（见表3），以加快开展碳资产管理实践，积极开展碳相关业务与管理活动，推动“3060”双碳目标实现。

表3　能源央企碳排放管理公司、机构主要情况

能源央企	碳资产管理公司、机构及成立时间	碳资产管理运营业务
中国华能集团	华能碳资产经营有限公司，2010年	碳排放核算及碳交易咨询服务；具有河北、四川、海南等地区碳排放权核查第三方机构资质
中国大唐集团	中国大唐集团绿色低碳发展有限公司，2021年	绿色咨询服务、低碳资产运营、绿色金融、低碳投资

续表

能源央企	碳资产管理公司、机构及成立时间	碳资产管理运营业务
中国华电集团	中国华电集团碳资产运营有限公司，2021 年	碳资产运营服务、碳交易账户管理服务、碳交易运营服务、减排信用类产品交易服务、碳排放管理信息系统完善与运维、碳资产金融服务等其他延伸服务
国家电投集团	国家电投碳资产管理有限公司，2021 年	集团公司碳减排与碳资产统一管理的技术支撑单位，碳减排与碳资产管理服务
国家能源集团	龙源（北京）碳资产公司，2008 年	统一管理集团碳资产业务，制定厂级管理制度
国家电网集团	国网英大碳资产管理（上海）有限公司，1998 年	碳审核、碳资产开发、碳交易、企业 ESG 信息披露、低碳能力培训、绿色供应链管理、碳金融、碳政策研究
中国石油集团	中油资产管理有限公司，2000 年	碳资产管理、运营
中国石化集团	能源管理与环境保护部，2013 年	制定企业碳交易制度、碳盘查和碳核查、碳交易

资料来源：各能源央企公开信息整理。

二、油气企业发展碳资产管理公司的责任与价值

“3060”双碳目标为新时代中国经济社会绿色发展转型指明了方向，油气企业发展碳资产管理公司不仅能为中国承担更多的社会责任，还能实现更多的经济、环境和社会价值。油气企业着力推进布局优化和结构调整，深化供给侧结构性改革，降低碳排放强度控制碳排放总量，推动科技和制度创新，加快绿色低碳转型和高质量发展，有力支撑国家实现 2030 年碳达峰和 2060 年碳中和。

（一）油气企业发展碳资产管理公司的责任

油气是中国国民经济的支柱产业，在将中国政府的气候承诺转化为实际行动方面，油气企业发挥着至关重要的作用，是减排行动的真正执行者。油气企业发展碳资产管理可以为“3060”双碳目标完成提供标准计量服务、核查

服务、碳金融类服务、碳资产管理服务、双碳路径规划等第三方咨询服务。油气企业应主动在低碳减排实践中承担示范带头作用，积极承担社会责任，有力推动中国“3060”双碳目标实现。油气企业发展碳资产管理公司能够实现以下社会责任。

1. 油气企业自身实现碳中和

油气企业发展碳资产管理可以更好推动油气企业自身监测、报告，盘查温室气体排放情况碳相关资金计量。确定企业净零目标应涵盖的排放范围，科学制定目标。根据企业情况选择减排、中和、补偿措施，验证措施可行性，制定具体时间框架与路线，早日实现碳中和。

2. 油气企业带动区域和行业减排

油气企业发展碳资产管理能够以油气企业“双碳”行为影响油气产业链上下游的企业，带动油气行业形成“双碳”意识，重视碳减排行为。影响油气企业所在地区“双碳”事业的发展，推动地区“双碳”政策体系的搭建及地区绿色低碳产业链的构建。

3. 油气企业赋能社会实现碳中和

油气企业发展碳资产管理能够更好地推动运用低碳节能技术改造，输出领先节能技术改造框架，完善国家节能改造目录，推动 CCUS 等负碳技术的研发与市场化应用。推动油气产业与绿色低碳技术的融合，将强研发能力融入绿色低碳产业。

（二）油气企业发展碳资产管理公司的价值

1. 发掘经济价值

碳资产具有金融属性，围绕碳资产的财务管理需要具有前瞻性。碳资产管理能提高碳资产资源配置效率，并以碳资产的价格信号和资源配置功能来促进企业的运营管理，提高碳资产的利用率和生产率，推动技术的升级与生产方式的转变，由此增加油气企业收益（见图 2）。

随着碳配额和中国核证减排量市场的发展，碳资产不仅本身具备交易价值，而且作为基础资产，还具有被盘活融资的潜力。油气企业建立碳资产管理公司将充分发挥碳资产的价值，实时掌握碳市场发展的趋势，通过资产证券化等方式，设计新型融资手段、丰富融资工具，从而推动国家碳交易的多层次发展，实现更大范围的节能降碳。油气企业积极采取气候行动对气候表现有益，也有助于增强品牌声誉。

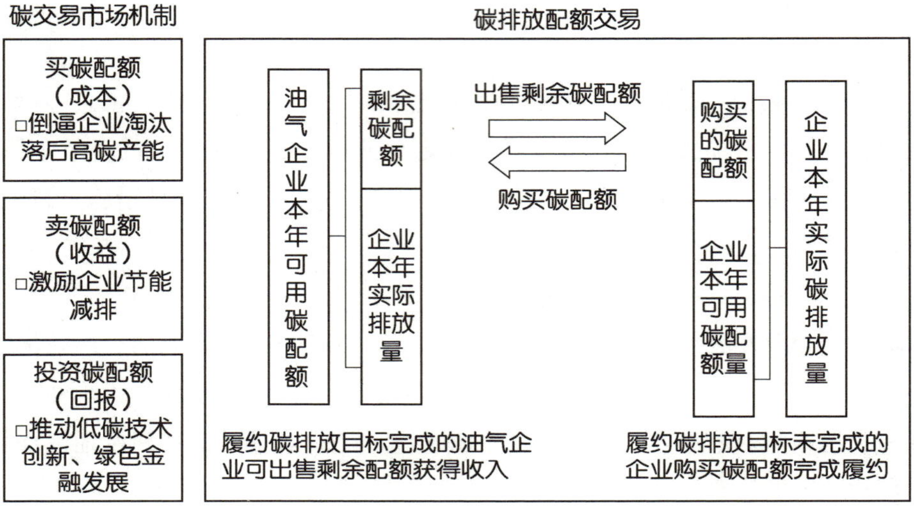

图 2　油气企业碳交易市场运行概况

2. 创造环境价值

碳资产管理是生态系统资源有效管理的一种，旨在减轻对自然环境的破坏、降低温室气体排放，有益于环境资源的开发、利用和保护。为满足国家高质量发展的时代需要，油气企业发展碳资产管理公司将以碳资产管理为抓手提升应对全球气候变化的综合实力，上升到低碳绿色转型发展的战略高度上，进一步明确碳资产管理的定位、内容和实施路径，推动碳达峰、碳中和行动方案落实落地，助力“3060”双碳目标的达成。发展碳资产管理能够增强对环境政策的适应力，使油气企业更好地应对未来政府监管的不确定性，如碳税、能耗管控等方面的规定。

3. 彰显社会价值

碳资产管理助力彰显油气企业的社会责任，提升企业低碳竞争力，使碳排放从负外部性转化成一种商品和资产，需要一个复杂专业化的制度流程。油气企业发展碳资产管理公司，推进碳资产管理的体系构建、实施路径研究及制度完善需要一定的时间培育。实施碳资产管理带来的低碳竞争力在短时间内或许不能为油气企业产生直观的经济效益，但从远期角度来看，未来低碳竞争力将会为油气企业创造积极的社会效益。

三、相关建议

（一）设立公司或专门机构加强碳资产管理

建议油气企业设立碳资产管理公司或专门机构，将碳资产管理相关业务从现有组织架构中独立出来，提升油气企业碳资产管理能力和专业化能力。业务包括：综合运用金融工具参与碳交易，利用碳市场配额差价互换交易，提高企业经济效益；深度参与碳市场的交易，积极丰富碳资产保值增值的手段；规划碳资产相关课题的研究，持续完善碳资产专业化管理规范制度；构建市场化的油气企业碳资产管理专门机构，拓宽碳排放交易市场空间。

（二）积极参与石油和化工行业碳市场建设

目前，石油和化工行业的全国碳市场机制仍未出台，油气企业可基于自身碳排放情况，研究分析现行国家碳排放管理体系和碳市场运行机制，总结剖析油气企业碳资产管理过程中的实际问题，发挥自身平台优势，积极参与全国碳市场政策的讨论和制定，及时向相关部门反馈问题和建议。

（三）加强碳资产管理人才培养

碳资产管理人才在碳资产开发过程中将发挥至关重要的作用。油气企业应积极组织相关单位和部门参与碳资产管理培训，推动专职的碳资产队伍建设，培养和引进具有低碳理念和减排技术的碳资产管理人才与技术型人才，提高从业人员的碳资产业务素养和工作能力。深化校企合作，结合具体工作推进产学研用，联合高校制订碳资产人才培养计划，加强碳资产管理相关知识学习，储备专业碳资产管理工作人才。

（四）提升海外业务碳成本风险防控能力

建议油气企业在海外业务发展中利用好碳资产管理，针对国内外不同的碳排放体系要求，全局谋划碳排放成本问题，油气项目评估过程中及时跟进和研判资源国和当地政府在碳税征收等方面的法规政策，适时入股国外的新能源项目，做好油气企业内部碳中和。对于运营中的油气项目，与合作伙伴充分交流其能源低碳绿色转型业务发展方向，积极参与资源国碳交易，实现合资合作利益最大化。

四、结论

落实“3060”双碳目标、实现绿色低碳转型是一个长期、艰巨、复杂的系统工程。油气行业作为碳排放量较大的行业，亟待进入碳交易体系。油气企业需要承担示范带头作用，主动承担社会责任。未来一段时间，中国碳市场机制将进一步完善，碳资产管理是油气企业通过碳减排工作达到碳排放要求的重要手段，也是油气企业降低运营成本的新管理途径。油气企业发展碳资产管理公司能创造良好的经济价值、环境价值和社会价值。建议油气企业通过碳资产管理公司或专门机构加强碳资产管理，积极参与石油和化工行业碳市场建设，加强碳资产管理人才培养，提升海外业务碳成本风险防控能力。

提升开放条件下中国能源安全的思考与建议

开放合作为保障中国能源安全发挥了不可替代的作用，未来中国仍需以开放保安全。当前保障开放条件下的能源安全面临多重挑战：地缘政治格局重塑，增大中国油气进口风险；中美博弈加剧，威胁中国能源产业链供应链稳定性；逆全球化思潮抬头，全球能源治理缺位风险更趋明显；能源转型提速，国际能源市场不稳定性因素增多。未来实现开放条件下的能源安全建议：完善能源领域对外开放政策制度，推动构建"双循环"新发展格局；营造对中国有利的国际合作环境，增强全球能源资源配置能力；深度参与国际能源治理变革，构建全面包容、公平普惠的国际能源治理机制。

一、开放合作在中国能源安全战略中具有重要地位

全球能源资源的分布不均性、技术和成本的差异性决定了能源贸易是解决能源生产消费地区错配、保障一国经济社会能源需求最为便捷高效的路径。因此，开放合作是全球化时代各国保障能源安全的常态。

（一）从历史上看，开放合作为保障中国能源安全发挥了不可替代的作用

自中国 1993 年成为石油净进口国以来，能源行业在 30 余年的对外开放中，不仅有效满足了国内快速增长的能源需求，支持了经济社会的高速发展，而且锻造了一批世界级的能源企业，中国石油、中国石化、国家能源集团等 21 家能源企业跻身世界 500 强，宁德时代、赣锋锂业、隆基绿能、金风科技等民营企业通过深耕国内国际两个市场成为新能源领域细分行业龙头，已成为全球能源市场上不容忽视的新兴力量。建成中亚—俄罗斯、亚太、中东、非洲、拉美五大油气合作区和中俄、中亚、中缅、海上四大油气进口通道，形成了国际化的能源产业链供应链布局。2023 年中国进口煤炭 4.7 亿吨、石油 5.6 亿吨、天然气 1655 亿立方米。能源领域国际合作已成为中国落实"一

带一路”倡议、推动双边外交、参与全球治理的重要抓手。

2014 年 6 月 13 日，习近平总书记在中央财经领导小组第六次会议上提出“四个革命、一个合作”能源安全新战略，强调要“全方位加强国际合作，实现开放条件下能源安全”。这是党中央首次提出“开放条件下能源安全”，强调了国际合作对保障能源安全的重大意义，确定了中国能源领域对外政策的主基调是继续扩大开放、深化国际合作，也指明了中国能源发展所要力争实现的目标就是开放条件下的能源安全。2020 年，国务院发布的《新时代的中国能源发展》白皮书提出，坚持互利共赢、平等互惠原则，全面扩大开放，积极融入世界；推动共建“一带一路”能源绿色可持续发展，促进能源基础设施互联互通；积极参与全球能源治理，加强能源领域国际交流合作，畅通能源国际贸易、促进能源投资便利化，共同构建能源国际合作新格局，维护全球能源市场稳定和共同安全。白皮书确定了中国能源领域国际化发展的重要举措和未来愿景。党的二十大报告要求，必须增强忧患意识，坚持底线思维，准备经受风高浪急甚至惊涛骇浪的重大考验，并且多次强调确保能源（资源）安全。

（二）中国未来仍需以开放保安全

中国作为世界最大的能源生产、能源消费、油气进口和商品出口国，充分利用“两个市场、两种资源”，仍将是保障能源安全的必然选择。原因在于：第一，坚持和扩大对外开放是中国的基本国策，是构建“双循环”（以国内大循环为主体、国内国际双循环相互促进）新发展格局、高质量推进“一带一路”建设不可或缺的一环。能源是中国对外合作的重要领域，开放为中国能源产业、装备、技术、人才等要素“走出去”打开了巨大市场，是中国开展能源外交、参与并建设全球化产业链供应链、提升国际影响力和话语权、与各国共享发展成果的必由之路。第二，在未来相当长的时间内，中国经济社会发展仍需要大量的能源矿产资源，受限于资源禀赋和国内较高的开发成本，需要通过持续进口满足国内合理的能源需求，助力中国式现代化。2035 年前，中国的石油、天然气对外依存度仍分别处于 70% 和 45% 的高位，镍、钴、锂等新能源关键矿物需求显著增长，且对外依存度均在 70% 以上。第三，中国能源企业通过国际合作与潜在竞争对手形成和扩大共同利益，有助于利用国际先进技术、积累经验，持续提质增效，同时，广泛的海外布局也有助于增强中国企业对国际资源的调配能力，从而更加有力地保障国家能源安全。

（三）“开放条件下的能源安全”定义

虽然开放条件下的能源安全与极端条件下的能源安全对应的是两种截然相反的情景，但在能源发展实践中应当做到兼顾，也就是在做好极端条件下保障能源安全的准备和预案的前提下，更加灵活、自信地开展国际合作，通过更广泛的战略合作关系提升产业链的韧性，而不是片面强调能源自给，削弱在全球范围内的能源合作与贸易。因此，开放条件下的能源安全是大国博弈温和可控、不升级为对抗封锁，全球能源贸易合作自由畅通的常态情景下，中国要力争实现的能源安全状态，可定义为“以开放合作、深度嵌入全球产业链供应链、持续完善国际能源治理为重要途径，实现中国能源系统高效平稳可持续运行，并具备应急调节能力的状态”。

二、当前保障开放条件下的中国能源安全面临多重挑战

今后一段时期内，全球地缘政治博弈、气候变化、产业链供应链重塑、价格剧烈波动等风险因素长期存在，能源转型过程中体系韧性降低在当前技术条件下难以避免，区域性、时段性供应紧张问题仍将频发，各国能源安全焦虑上升将加剧对能源矿产资源和产业链供应链主导权的竞争，中国能源安全面临以下几个方面的风险和挑战。

（一）地缘政治格局重塑，增大中国油气进口风险

俄乌冲突进一步加剧了大国博弈，深刻改变地缘政治和能源贸易格局，中国在资源获取、运输通道和贸易结算等方面的进口安全风险突出。一是传统国际合作和贸易机制面临重构，以美国为首的西方国家对俄罗斯的制裁将导致全球油气资源流向由“逆时针”向“顺时针”改变，亚洲和欧洲两大消费中心的资源来源转换。俄罗斯加速战略东移，努力拓展中国、印度等对俄“友好国家”市场；欧洲国家“脱俄”后在全球寻找替代资源，与中国在中东、非洲等地区优质油气资源上的竞争加剧。二是伴随能源市场的政治化，美国由于已

经实现能源独立，对资源地和运输通道的安全维护意愿降低，甚至可能会主动挑动地缘政治冲突，扩大经济制裁名单，提升对俄罗斯、缅甸、伊朗、委内瑞拉、叙利亚等国的制裁力度，进一步影响中国的国际能源合作和贸易结算。三是经济形势恶化导致部分国家社会动荡，政局更迭和局部战争冲突的风险有所增加，全球能源供需两侧的不稳定性均在增强，国际能源价格易发生剧烈震荡，影响中国油气国际合作拓展和海外资产安全，增加了中国能源保供与稳价压力。

（二）中美博弈加剧，威胁中国能源产业链供应链稳定性

百年未有之大变局下，中美博弈更趋显性化、直接化，产业链供应链脱钩趋势明显，特别是围绕新能源关键矿产和产业链供应链的竞争加剧。当前，以风力发电、光伏发电、动力电池和新能源汽车为代表的新能源装备制造业已是国际战略性新兴产业竞争的制高点。中国光伏发电、风力发电和电动汽车“新三样”的关键零部件产能占全球的70%以上，中国已成为全球最大的新能源装备出口国，引起美国和欧盟的高度紧张。一方面，美国利用七国集团（G7）、印太、美英澳等多边机制倡导自主产业链，构筑“绿色”贸易壁垒；2022年美国通过《通胀削减法案》《芯片与科学法案》；2023年欧盟通过《关键原材料法案》《电池与废电池法规》等排他性法案；2023年10月4日，欧盟委员会启动对中国电动汽车的反补贴调查等。类似的贸易保护主义或“去中国化”政策将给中国新能源产业带来巨大市场风险。另一方面，美国持续压缩中国战略空间，中美围绕核心利益的对抗升级的可能性进一步加大，当前中美科技合作停摆，部分能源企业受到制裁、能源技术遭遇封锁，不排除美国联合盟友对中国施加类似对俄制裁的可能性，将严重影响中国产业链供应链安全。

（三）逆全球化思潮抬头，全球能源治理缺位风险更趋明显

能源治理始终是国际治理体系的一块短板，特别是“冷战”结束以来，各国对能源利益的争夺几乎是地缘政治冲突的主要诱因。当前，民粹主义盛行，逆全球化思潮汹涌，现行国际合作机制整体性、包容性、平等性、协同性不

足的弊端更加凸显。一是缺乏有效的统一协调机构，难以实现从“局部”治理向“全球”治理的跨越。国际能源署(IEA)、石油输出国组织(OPEC)、国际能源论坛(IEF)等国际能源组织因其所代表的利益不同，互相之间难以协调合作；二十国集团(G20)、亚太经济合作组织(APEC)、上合组织、金砖国家组织等多边机制虽然具有扩容的空间，但仍局限在少数国家。二是全球能源供应格局深受地缘政治影响，国家间消极互动将导致主要治理公共产品缺位。资源出口国、进口国、过境国之间缺乏有效的对话机制和平台。现有治理架构主要由美国和其他发达国家主导，无法代表新兴国家和发展中国家，加剧既有全球能源治理机制的脆弱性和不平衡性。三是惠及资源国并保障消费国供应安全的关键矿产多边治理机制缺失。新能源关键矿产的稀缺性、不可替代性和分布集中性导致市场不确定性高，加之部分国家资源民族主义抬头，阻碍国际合作和资源开发，部分新能源关键矿产在2025年前后可能出现供应短缺。

（四）能源转型提速，国际能源市场不稳定性因素增多

在全球加快低碳转型的背景下，能源系统面临革命性重塑，极易引发新能源供给不稳而化石能源过快退出带来的能源供需错配现象，社会对能源的安全性和可负担性的关注度显著提升。由于业界对油气需求前景存在较大争议，获取投融资难度加大，行业回报预期变差，加之欧美与应对气候变化相关的立法与诉讼明显增多，国际大型油气企业投资积极性减弱。2016—2021年，全球油气上游投资降至约3900亿美元/年，较前五年水平下降约37%。考虑到油气产量年均7%的递减率，投资不足将引发阶段性供应不足风险，并导致油气生产的行业集中度进一步提升。美国等低成本资源国及“OPEC+”等行业组织的市场份额占比提升，垄断和价格操控能力将更强，能源市场更趋政治化，不确定性也随之提升。此外，随着各国对新能源产业的重视、资本向新能源转移，欧美发达国家以国家安全为由推进产业链友岸化、本土化，贸易保护主义抬头；而矿产资源国也希望争取更多产业链利益，提出限制矿石出口、在本国进行加工制造、更改合同条款等要求，资源民族主义盛行，这些因素都将导致转型成本上升，或将阻碍全球应对气候变化目标的实现。

三、未来中国实现开放条件下能源安全的对策与建议

在国际经济政治格局深刻调整的关键时期，更需要保持战略定力，坚持改革开放，增强要素的跨境自由流动，积极利用中国最大能源进口国的地位和全产业链完备优势，拓展从人员、技术、装备、产能到资金、市场、标准体系的全面开放合作，通过“延链、补链、强链、融链”构建具有韧性的全球能源产业链价值链，保障中国开放条件下的能源安全。在国际上践行“共商共建共享”“构建人类命运共同体”的全球化新主张，主动塑造新的国际格局和能源治理体系，在开放条件下维护自身发展权利，与国际伙伴共享发展红利，既为中国经济社会持续健康发展提供有力支撑，又为促进全球发展与能源安全作出积极贡献，也是应对以美国为首的西方国家构筑“小院高墙”推动“去中国化”的破局之策。

（一）完善能源领域对外开放政策制度，推动构建“双循环”新发展格局

一是持续深化能源领域市场化改革。提升国内外能源价格联动性，依靠市场信号提升供需两侧的调节能力。完善能源供需平衡表和能源监测预警体系，政府主管部门或权威机构继续扩大信息披露范围、提升发布频率，有效引导市场预期。同时完善能源应急保障预案，建立法规化制度化的保供稳价体制机制，以应对重大冲击导致的市场机制失灵。

二是优化货币和金融市场制度设计。改革完善金融监管制度，健全与发展中国家的能源贸易本币结算和人民币投融资体系，放宽石油进出口管理，畅通商品和资金的跨境流动。推动上海、重庆油气交易中心国际化运作，推出汽油、柴油、天然气等更多以人民币计价的期货交易品种，提升国际客户参与度，鼓励国内外企业以中国价格作为交易基准价，逐步提高中国的市场话语权。

三是扩大油气矿权对外开放。参照国际惯例，建立勘探开发资料共享机制，为有投资意向的企业有偿提供，取消石油特别收益金。建立科学公允的储量资产评估体系，培育权威第三方评估机构，推进储量资产的市场化定价和交易。以增储上产为最终目标，鼓励国有企业之间深化战略合作，进行矿

权流转，并为引入国外企业参与难动用区块的勘探开发创造条件。

（二）营造对中国有利的国际合作环境，增强全球能源资源配置能力

一是防范化解“东西方”对抗升级风险。保持与西方各国的对话沟通，经营中美欧“战略三角”，维持斗而不破的竞合关系，避免将其他国家赶向美国阵营。要把中欧之间的共同点识别好、挖掘好、利用好，利用中欧在经贸和投资方面的巨大共同利益，以及中欧在反对单边主义、应对难民、气候变化及能源安全等重大问题上的相近看法，帮助欧洲国家追求战略自主。支持与美国商界、学界和民间的正常交往，求同存异、增进了解，降低政治干扰和敌视倾向。中美企业在第三国的合作宜继续加强，并纳入多方伙伴参与中美能源合作，实现利益捆绑，降低潜在风险。

二是持续深化“一带一路”合作。选择外交自主性强的中东、中亚—俄罗斯、拉美、非洲主要油气和矿产资源国，将能源外交作为中国特色大国外交的重要组成部分，加强高层互访和多层次交流，巩固政治互信、做大共同利益，塑造一批稳定可靠的战略合作伙伴，探索采取成本加成的长期合同定价机制，降低市场价格风险。重新评估海外合作项目风险，从资源获取、通道保障、金融服务、支付体系等方面对国际合作项目开展风险排查，有序撤出高风险项目，增加对新兴油气矿产资源国的战略性项目获取。重点立足亚欧油气区，谋划新建陆上油气进口管道，保持与俄罗斯合作的油气投资和贸易的合理水平，扩大自中东、中亚的能源进口，拓展中国能源装备和技术服务市场。

三是从国家层面加强海外资源综合保障能力。加强国家开发银行、进出口银行、出口信用保险公司、中国地质调查局、国家国际发展合作署等机构之间的合作和协同，结合双边关系发展和对外援助，形成通过融资、保险、信息支持中国能源矿产企业获取海外资源的合力。扩大自有油气运输船队规模，安排大型保险公司建立中国的船运保险和再保险市场，加强与重要港口的合作共建，实现保单互认，增强“国货国运国保”的能力。

四是强化油气合作与新能源和关键矿物合作协同推进。相关管理部门加强协调，引导新能源企业科学规划产能建设和海外布局，加强知识产权保护

和国际标准申报，支持新能源和关键矿产龙头企业做大做强。鼓励油气企业与新能源、电力、矿产企业及相关工程技术服务和装备制造企业组队出海，增强风、光、氢等新能源工程建设服务能力，发挥中国多种能源一体化开发优势，争取大型综合性能源项目。

（三）深度参与国际能源治理变革，构建全面包容、公平普惠的国际能源治理机制

中国的发展实践为广大发展中国家提供了现代化的新路径，为解决人类面临的共同问题给出了新方案，国际社会期待中国在国际秩序和能源治理变革中发挥更大的建设性作用。应坚持“共同安全、综合施策、合作共享、可持续发展”的原则，适时在国际场合提出“全球能源安全倡议”。主要内容包括：

第一，加强能源投资合作，推进稳健可持续的能源发展。统筹兼顾能源生产国与消费国的利益与比较优势，在保持合理的化石能源投资的同时，积极开展清洁能源合作，优化全球能源布局，共同维护能源市场稳定，建立互补、互助、互信、互利的能源合作伙伴关系。

第二，加强能源科技合作，推进创新驱动的能源发展。推动能源技术创新和跨界技术合作，构建有利于前沿能源技术研发和应用的内外部环境，打破科技垄断和创新要素流动壁垒，协调技术标准制定，共享科技创新成果。

第三，加强应对气候变化合作，推进绿色低碳的能源发展。探索建立绿色低碳能源国际合作基金，加大对发展中国家的技术转让和资金支持，促进新能源产品、技术和服务的全球化部署。

第四，加强全球能源治理合作，推进公平普惠的能源发展。加强国际能源组织、智库及企业间的交流合作，搭建全球能源信息平台，广泛吸纳发展中国家加入多边对话协调机制，推动建立全面包容、公平普惠的全球能源治理体系。

不确定性加剧背景下
天然气化工行业发展现状与困境研究

天然气化工是以天然气为原料生产化工产品的工业，通过反应可制成合成氨、甲醇、合成油（GTL）、乙炔、乙烯、氢气、二氯甲烷、四氯化碳、二硫化碳、硝基甲烷等化工产品。目前，国际天然气供应扩大，需求不振，2023 年天然气价格持续下跌，天然气化工行业市场规模稳中有升，供需平衡，且国际上化工产品以天然气为原料的占比较高。而中国天然气化工行业受政策影响，发展步伐缓慢，天然气下游消费渠道以城市用气和工业用气为主，化工用气受限。

一、全球天然气化工产业发展现状

（一）国际天然气供应扩大、需求不振，供需错配现象凸显

2023 年，为避免在冬季再次陷入“气荒”困境，欧洲多国早早启动了天然气采购计划。欧洲天然气基础设施协会数据显示，截至 2023 年 12 月 11 日，欧洲整体库存为 1031 太瓦·时，库容占有率 90.43%，市场库存保持高位。随着自由港液化天然气项目的恢复运营，以及 2022 年卡尔克苏帕斯液化天然气项目的启动，美国成为全球现货市场上灵活液化天然气的重要供应国。美国能源信息署表示，2023 年美国自由港液化天然气的恢复运营使全球液化天然气生产和出口量增加了 566.647 亿立方米/日。而随着卡塔尔、美国等地区加大开采量，未来全球天然气供应量将持续增加。

全球经济复苏缓慢、替代能源利用增加，国际天然气需求下降。国际货币基金组织（IMF）发布的《世界经济展望报告》认为，2023 年全球经济增长缓慢且不均衡，各国分化趋势日益扩大，与新兴市场和发展中国家相比，发达经济体经济放缓更为明显。此外，从化工企业到钢铁制造商等主要消费者受

2022 年创纪录的能源价格飙升影响，生产也在转向替代能源，如风能和太阳能。目前，欧美市场能源需求承压叠加美欧银行业危机、美国债务上限等风险，全球工业用气需求陷入低迷。标普全球商品洞察的数据显示，预计欧洲工业领域的天然气使用量将比 2021 年低 20%左右。

（二）美国天然气产量显著增长，俄罗斯天然气产量明显下降

2023 年国际天然气产量呈现略微下降趋势。俄罗斯产量下降，液化项目投产推迟、投资放缓，但美国天然气产量显著增长。bp 统计数据显示，2022 年世界天然气产量 4.04 万亿立方米，同比下降 0.2%，其中美国产量增长 3.6%、俄罗斯产量下降 11.9%。

美国在全球天然气供应中占比约 24%，是全球第一大天然气供应国。美国天然气供应中超过 80%用于满足国内需求，其余出口，其中 LNG 主要出口至欧洲及亚太地区，管道气主要出口至加拿大和墨西哥。2021 年 2 月，美国出现极寒天气，得克萨斯州和俄亥俄州大范围停电，天然气基础设施遭到破坏，天然气产量快速下滑。2021 年 8 月，飓风“艾达”使美国墨西哥湾沿岸地区天然气产量再次下滑，且产量恢复不及预期。除了突发事件抑制天然气短期供给，当前美国 LNG 出口装置利用率接近满负荷，而其通往加拿大和墨西哥的管输能力很难转化为全球 LNG 的流通量，出口设施产能成为美国天然气向全球市场供应的主要“瓶颈”。2023 年疫情后复苏时期，美国天然气产量显著增长。

俄罗斯在全球天然气供应中占比约 17%，是仅次于美国的天然气供应国。俄罗斯天然气供应除了满足国内需求，有超过 1/3 用于出口，其中大部分管道气和 LNG 供给欧洲地区，其余主要供给中国、日本、白俄罗斯等国。在俄罗斯通往欧洲的管输能力（2100 亿立方米/年）中，过境乌克兰的管道约占一半。2023 年初，俄乌冲突制约了俄罗斯天然气的供给。

（三）国际天然气价格持续下跌

2020 年，全球天然气市场受疫情冲击较大，受天然气消费量大幅下降的影响，各国天然气库存量均处历史高位，天然气严重过剩，导致各地区天然

气价格均为近 10 年最低价格。随着疫情的缓解和国际油价的小幅提升，国际天然气市场价格的上行使进口资源成本增加，2021 年天然气价格在短期内呈上升态势。受供需失衡、极端气候、能源转型等因素影响，全球天然气价格一路上涨，并一跃成为当年涨幅最大的能源大宗商品。2022 年，全球各主要市场天然气价格以平稳过渡为主，震荡幅度范围较小。随后，在市场供需错配等多方面因素驱动下，天然气价格不断攀升。具体地，欧洲和亚洲天然气价格创下新高，欧洲天然气价格上涨了近 3 倍(TTF 均价为 37 美元/百万英热单位)。亚洲液化天然气现货市场上涨了 1 倍(JKM 均价为 34 美元/百万英热单位)。2022 年，美国亨利枢纽(Henry Hub)价格上涨了 50%以上，达到 6. 5 美元/百万英热单位的均价，为 2008 年以来的最高水平。2023 年以来，虽然受到中东局势、澳大利亚罢工等地缘政治因素影响，天然气价格短期内有所上涨，但在库存水平较高、需求低迷的情况下，天然气价格在年初高位的基础上总体呈现下降趋势。2023 年的国际天然气价格变动趋势如图 1 所示。

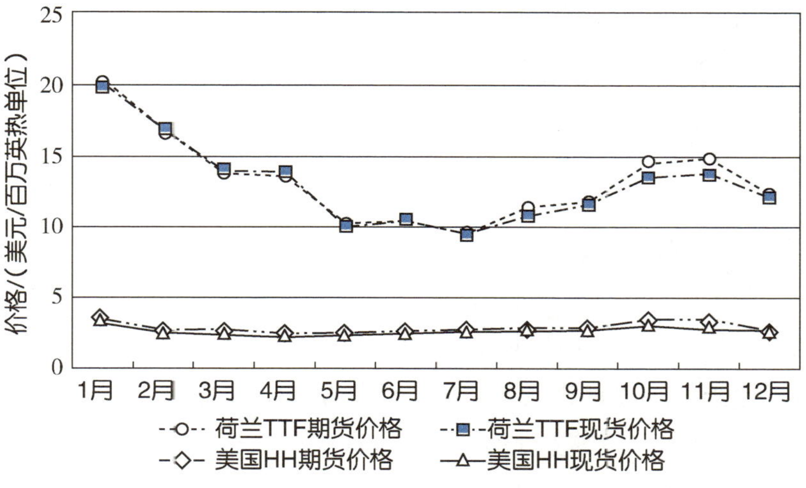

图 1　2023 年全球天然气价格变动趋势图

(四) 国际天然气化工行业市场规模稳中有升，供需平衡

据 bp 数据，2018 年全球天然气化工行业市场规模为 29942. 05 亿元，2022 年全球天然气化工行业市场规模为 33309. 63 亿元，同比增长 5. 69%。

2023年第一季度天然气化工行业市场规模达9169.64亿元。2018—2022年全球天然气化工行业供给量和需求量基本稳定在5亿吨，如图2所示，2020年受新冠疫情影响，供给量和需求量分别下降到4.09亿吨和3.92亿吨，2022年恢复到供给量5亿吨和需求量4.78亿吨。

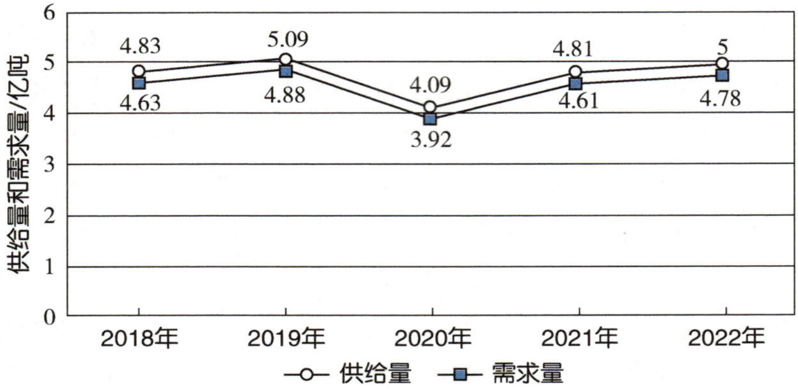

图2　2018—2022年全球天然气化工行业供给量和需求量

（五）国际天然气化工行业中天然气原料占比较高，分布以合成氨和甲醇为主

天然气是一种非常重要的能源，由于其储量丰富，价格比较低廉，燃烧热值高，组分简单，环保清洁，是全球化工行业的主要原料。全球大部分的合成氨、尿素、甲醇、甲醛和乙烯产品是由天然气化工生产，总量超过1.5亿吨/年。世界上80%的合成氨是由天然气原料合成的，具有投资小、能耗低、流程短的优势。世界上70%的甲醇是天然气原料合成的。此外，全球有超过30%的乙烯装置是以天然气为原料，其收率远高于以石脑油等轻质石油馏分为原料的生产装置。

当前共有超过50多个国家不同程度地开展天然气化工工业应用研究，主要包括美国、加拿大、俄罗斯等能源大国。其中，美国作为世界第一经济体和科技大国，是发展天然气化工最早的国家，生产的产品种类及总产量均为世界第一。目前，美国化工行业消耗的原料及燃料总量的一半以上来源于天然气。其邻国加拿大坐拥丰富的天然气资源，亦将天然气大规模应用于化工工业，生产合成氨、尿素、甲醇和乙烯等产品。而幅员辽阔的俄罗斯作为传统工业强国，是仅次于美国的天然气工业大国，在西伯利亚天然气产区配置大型生产装置，用于制备合成氨、甲醇和乙烯等化工产品。据 bp 数据，2022 年全球天然气化工细分市场分布（见图 3）中，合成氨占比 24%、甲醇占比 21%、合成油（GTL）占比 2%、乙炔占比 1%、其他化学品占比 52%。

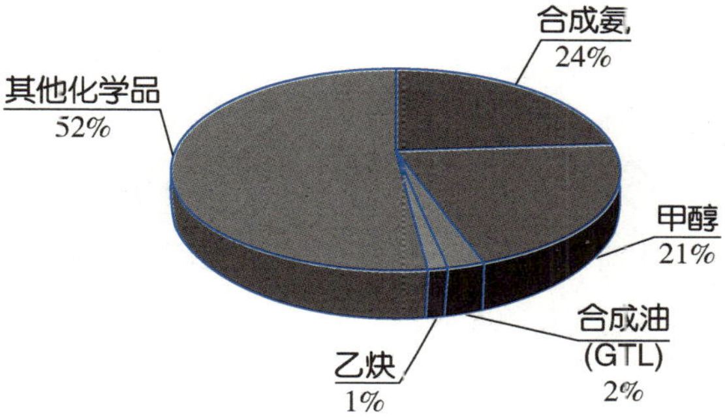

图 3　2022 年全球天然气化工细分市场分布

二、中国天然气化工行业发展现状

（一）中国天然气供需总体平衡，多措并举加强储气调峰能力

近年来，由于中国油气勘探开发速度缓慢，主要以提高储采比的手段增加天然气产量，产量增速不及消费增速，进口依赖进一步加强。目前，国内天然气生产增速加快。中国自产天然气的主要来源是三大国有石油公司——中国石油、中国石化、中国海油，三者产量占全国总产量的 90%左右。其中又以中国石油为主导，中国石油的产量占全国总产量的 60%以上。国家统计局数据显示，2022 年全年中国天然气累计产量达 2177.9 亿立方米，累计增长 6.4%。截至 2023 年 9 月，中国天然气产量为 179.4 亿立方米，同比增长 9.3%，增速比 8 月加快 3 个百分点，日均产量 6 亿立方米。

天然气作为清洁能源被越来越广泛地接受和使用，消费量逐年上升。数据显示，中国天然气表观消费量从 2016 年的 2058 亿立方米增长至 2020 年的

3240 亿立方米，复合增长率为 12%。2000—2020 年，中国天然气消费量增速为 13.85%，产量增速为 10.28%，消费量增速大于产量增速，造成天然气供需缺口已从 2010 年的 123.3 亿立方米扩大至 2020 年的 1365.7 亿立方米。

2023 年，中国天然气表观消费量为 3945.3 亿立方米，同比增长 7.6%。其中，12 月，全国天然气表观消费量为 376.5 亿立方米，同比增长 9.5%。2023 年中国天然气进口量为 1675 亿立方米，进口依赖度为 41.2%。

（二）天然气下游消费渠道以城市用气和工业用气为主，化工用气受限

下游应用主要分为城市用气、工业用气、发电用气和化工用气。其中，城市用气主要是指城市和乡镇居民用气量、商业用气量以及供暖等公共服务用气；工业用气主要包括两个方面，一是工业企业将天然气作为燃料的使用气量，二是城市中锅炉、窑炉的使用气量；发电用气主要用在热电联产、调峰电站和分布式能源项目中；化工用气主要是以天然气为原料的化工产业链的用气量，包括生产合成氨、甲醇、氢气、氢氟酸等用气。受“煤改气”政策的推动、供给侧结构性改革、社会用电需求增长等政策导向和经济驱动的多重因素影响，中国城市、工业及发电用天然气的需求增长显著。2023 年中国天然气消费以城市用气和工业用气为主，占比之和约为 75%。从具体表现来看，2023 年城市用气是主要的消费增量市场，增量达 132 亿立方米。其中，居民和采暖受气价和城镇化的影响，用气增长放缓；公服用气同比增加 35 亿立方米；由于天然气相比于成品油具有较好的比价关系，交通用气同比大幅增加 50 亿立方米，如图 4 所示。

（三）中国天然气化工行业销售收入稳中有升，供需基本平衡

2018 年中国天然气化工行业销售收入为 10077.11 亿元，2022 年中国天然气化工行业销售收入为 12448.07 亿元，同比增长 7.64%。2023 年第一季度中国天然气化工行业销售收入达 3562.26 亿元。2019 年国内天然气化工行业供给量和需求量均基本稳定在 2.3 亿吨。2020 年受新冠疫情影响，供给量和需求量分别降到 1.9 亿吨和 1.84 亿吨，2022 年恢复到供给量 2.42 亿吨和需求

量2.34亿吨。2018—2022年全国天然气化工行业供给量和需求量如图5所示。

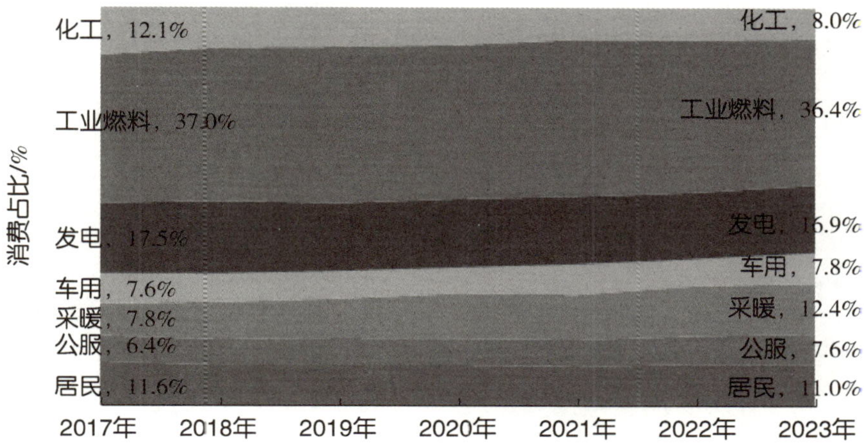

图4　2017—2023年中国天然气消费结构分布情况

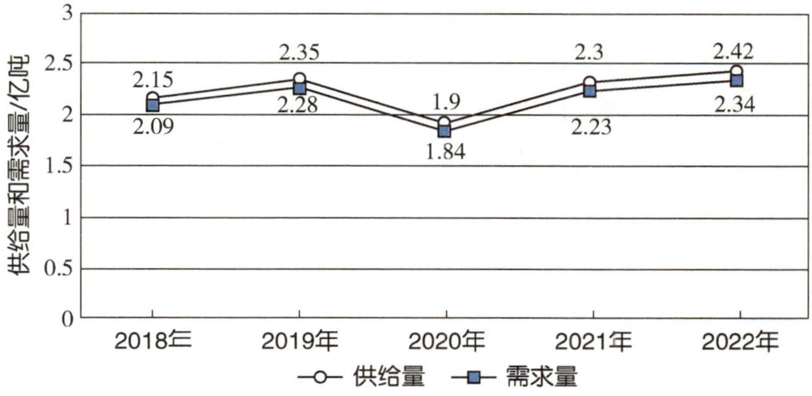

图5　2018—2022年全国天然气化工行业供给量和需求量

（四）中国天然气化工下游产品以合成氨和甲醇为主

从国内看，天然气化工下游初加工产品主要包括合成氨、甲醇、合成油（GTL）、乙炔、氢氰酸（HCN）和其他化学品（如氢气、蛋氨酸、乙烯等），2022年，中国天然气化工下游产品消费中，合成氨占比最高，达19%；其次为甲醇，占比为 11%；合成油（GTL）占比 3%；乙炔占比 2%；HCN 占比 0.12%；其他化学品占比 65%，如图 6 所示。

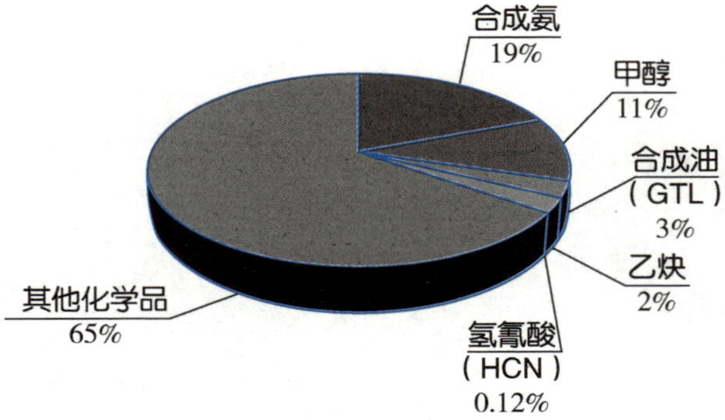

图 6　2022 年国内天然气化工细分市场分布

三、中国天然气化工行业发展面临的困境分析

2007 年以来，国内天然气行业经历了政策、价格、市场等多方面的调整，对传统天然气产业产生了较大的影响，特别是对以天然气作为原料的化工产业，由于原料价格上涨、供应不足、政策限制等因素，产生了较大冲击，众多天然气化工企业都经历了艰难转型。2016 年以来，天然气价格和产业环境发生变化，给国内天然气化工产业带来了新的挑战。

（一）天然气化工利用政策的出台规范了天然气化工行业的发展

为了鼓励、引导和规范天然气下游利用领域，在中国境内所有从事天然气利用的活动都应遵循国家发展改革委 2012 年出台的《天然气化工利用政策》。该政策强调优化天然气使用结构。中国天然气使用结构不合理，化工用气比例过高。特别是由于气价相对较低，天然气产地及周边地区发展天然气化工的积极性很高，有的地方盲目发展附加值低、产业链短的甲醇、化肥项目。

根据不同用气特点，天然气用户可分为城市燃气、工业燃料、天然气发电、天然气化工和其他用户。综合考虑天然气利用的社会效益、环境效益和经济效益以及不同用户的用气特点等各方面因素，天然气用户可分为优先类、允许类、限制类和禁止类。优先使用的是城市燃气、工业燃料。已建的合成氨厂以天然气为原料的扩建项目、合成氨厂煤改气项目，以甲烷为原料，一次产品包括乙炔、氯甲烷等小宗碳一化工项目，新建的以天然气为原料的氮肥项目等均属于限制类。而天然气发电项目、新建或扩建以天然气为原料生产甲醇及甲醇生产下游产品装置以及以天然气代煤制甲醇项目等都属于禁止类。原则上禁止发展新建天然气化工。

（二）工业天然气价格过高增加了天然气化工行业的生产成本

国家发展改革委分别在2007年、2012年、2017年实施的天然气利用政策中逐步对天然气化工的产品种类进行了限制，限制天然气化肥、天然气发电，禁止甲醇、乙炔及下游产品。在此期间，国家多次上调工业用天然气价格，中国石油工业用天然气价格已上涨了1倍以上，天然气化工与同类煤化工项目相比，成本差距明显。同期，国内煤化工行业发展迅猛，不考虑环保因素，煤制甲醇、煤制合成氨、煤制乙炔等项目的生产成本仅有天然气项目成本的60%~80%。因此，现有的天然气化工企业已举步维艰。

（三）天然气对外依存度较高，天然气化工行业利用率低

自2005年开始，中国针对终端用气价格进行了多次改革，梳理价格形成机制，在门站环节，居民用气和非居民用气的价格体系彻底打通，消除居民和非居民的用气价差以及市场上存在的套利空间，保障居民用气，工业用气价格也因此不断上涨。究其原因，与丰富的煤炭资源储备不同，中国有限的油气资源储备已经难以满足快速增长的天然气消费需求。2018年中国超越日本成为世界第一大天然气进口国，天然气对外依存度达45%以上，而且这种对外依赖情况仍在日趋严重。政府持续推进“蓝天保卫战”行动计划，各地推动“煤改气”“油改气”工程，更多的工业用气指标被限制，由“工业”向“民用”倾斜，由“原料”向“燃料”倾斜。中国对工业应用天然气的重视程度明显不足，天然气化工行业存在许多问题，例如比例低、技术落后、布局不合理、低水平重复建设等。相比于世界范围内化学品由天然气生产的高比重（世界

80%的合成氨、70%的甲醇生产，美国 75%的乙炔生产均以天然气为原料），国内化学品由天然气化工生产的比重低（国内 20.8%的合成氨、12%的甲醇以天然气为原料），以煤为原料为主。

四、总结

天然气作为经济环保的绿色能源和化工原料，已经在全球得到广泛关注和推广使用。近几年来，天然气供应已经成为中国能源安全的重要组成部分，但中国天然气化工工业的发展仍缺乏合理规划，进一步提升的空间巨大，国家应采用更积极的措施推动其持续发展。全行业应加大力度拓宽天然气资源的获取，优化产业布局，加强国际交流合作，不断开发先进技术，做好天然气化工产品的精细化深加工等工作。从国家战略层面上看，只有实现中国天然气化工工业的全面、高效和可持续发展，才能真正优化中国的能源结构、保障能源安全，真正平衡工业生产与环境保护的关系，保持国民经济持续向前的良好势头。

数智化助力油气全产业链发展

在“双碳”目标的时代背景下，油气全产业链数智化转型是战略目标之一。在政策引领、油气公司大力支持下，目前中国油气全产业链数智化已经取得了一系列的成效。但值得注意的是，数智化转型是一项复杂的系统工程，油气全产业链数智化还存在一定差距。对此，要把握数智化这一关键理念，持续助力数智化与油气全产业链融合发展。

一、数智油气全产业链发展现状

当前，数智化的浪潮席卷各行各业，工业技术革命和信息技术革命深度融合，创新生产组织方式和运行方式，为产业变革和传统产业转型升级注入内在动力。在此背景下，新模式、新业态和新产业不断涌现。油气行业作为传统工业产业，产业链复杂、规模庞大、涉及业务较多，在转型过程中面临安全合规性、数据管理、高成本等多个挑战。因此，需要有效利用以云计算、大数据、5G、物联网、人工智能等为代表的数智化技术，驱动油气行业全产业链发展，提升核心竞争力，实现油气全产业链转型升级和价值跃升。随着数智化技术的进一步发展，数智化与油气全产业链也迈向新的阶段。

能源是现代社会发展的重要物质基础，油气行业对于保障国家能源安全、实现经济高质量发展起着重要作用。为更好地推进油气行业数智化进程，2023 年 3 月，国家能源局发布《关于加快推进能源数字化智能化发展的若干意见》，提出能源产业与数字化的融合发展是推动中国能源产业技术高级化、产业链现代化的重要引擎，有利于建设新型能源体系的有效实施。

石油领军企业正在把握数智化这一浪潮，以数字化、智能化手段作为驱动，加快自身技术突破，将数智化作为应对现实挑战的有力抓手，助力企业迎合未来发展趋势，走向竞争快车道。中国海油与华为公司合作，通过智能网改造、优化网络结构等方式，实现广域网络升级。如埃克森美孚与微软公司建立合作伙伴关系，旨在监测石油流量等重要数据。沙特阿美与沙特电信公司宣布推出达曼 7 号超级计算机，指导未来在资源分配和生产方面的投资。

数智化在油气产业链中的应用可以带来显著的效益，包括提高资源发现率、优化生产过程、降低运营成本、增强市场响应能力、改善环境和安全性能。随着技术的进步和数据的日益丰富，数智化将继续推动油气产业的创新和高效发展。

二、数智化在油气全产业链的应用

数智化可以应用于油气行业的全产业链，从上游勘探开发、中游储运与炼化、下游至终端消费者，都发挥着不可忽视的作用。数智化在油气产业链的应用不仅改变了传统的工作方式，还带来了效率和效益的显著提升。在上游，增强了资源的有效发现和利用；在中游，提升了运营效率，降低了成本和风险；在下游，增强了市场竞争力。这些创新不仅对油气行业本身产生深远影响，也为相关产业和整个经济带来积极效益。随着技术的进步和应用的深入，数智化将继续引领油气行业的发展，推动其向更加高效、环保和可持续的方向转型。数智化帮助企业实现更环保、更可持续的发展模式。

（一）提高上游的资源发现率和利用率

上游数智化可以利用地球物理和地质数据进行高级建模和仿真，以及通过机器算法分析历史数据，预测潜在的油气藏位置。数智化可以提高勘探效率。例如，高级数据分析和机器学习可以更准确地定位油气资源、提高资源发现率、降低勘探成本。利用数智化共建进行井场设计和钻井操作，可以最大化资源的有效开发。利用数据分析预测潜在风险，提前采取措施，可以减少事故发生。数智化带来的精细化管理优化了勘探生产流程，降低了能源消耗和原材料浪费。在钻探、生产等环节引入自动化和智能化设备，减少人工误差，降低出错率并提升效率。对于开发环节，引入自动化钻探技术，提高钻探效率和安全性。对于生产环节，智能油气田建设可以通过大数据、物联网、人工智能、边缘计算等新一代信息技术的应用，实现油气田生产的全面感知、智能操控、预测预警和优化决策的目标，促进勘探开发业务的数字化转型。加快人工智能技术的物探、测井智能解释、智能油藏描述、数字孪生钻井、智能压裂等技术的应用。还可以利用人工智能、无人机、物联网等技术，全方位感知生产作业现场、远程操控、电子检查，推动生产组织扁平化，降低作业成本和风险。

（二）提升中游的运营效率

对于运输环节，通过数据分析，可以优化运输路线和调度，降低成本并提高效率，用智能手段对物流环节进行优化。进行远程监控和维护，利用遥感技术监控管道和运输设施的状态，提前预防泄漏和损害。通过数据分析，优化物流和供应链管理，集成多元数据，降低运输和存储成本。大数据还可以对物流和供应链管理进行优化，降低运输和运营成本。中国在长输管道泄漏仿真系统领域的研究也取得很大进展。结合无人机巡视、AI 技术等，通过数字分析，就可以及时发现管道运输过程中出现的各种问题。中国整个石油行业非常重视数智化发展中数据的积累。例如，在预计钻探深度 1. 11 万米的深地塔科 1 井中，就将获取许多关于地层的数据，这在全球范围内也是领先的。炼化数字化，加快智能炼厂的建设。建设“双频 5G+工业互联网”智能炼厂，加快垂直行业工业控制，生产经营的深度融合，构建集成、统一、共享、敏捷的“炼化工业互联网应用平台”。尤其对于设备老旧、工艺流程落后的老炼厂而言，更应该注意数字化转型。如老旧设备的更替与改造问题，可以通过配置带有传感器的设备，构建老旧炼厂数字化的上游生态，加快老旧炼厂的数字化转型。

（三）提升下游的市场竞争力

油气公司通过实时数据分析，能够快速适应市场需求变化，提高油气终端产品市场竞争力。根据数据驱动的观察，把握客户需求，开发新的服务和产品，不仅能够提高下游环节的运营效率和市场响应速度，还能够更好地满足客户需求，提升品牌形象和市场竞争力。在数字营销和客户关系管理方面，运用数字工具和平台进行市场分析，优化营销策略，提升客户服务体验。在供应链管理的数字化方面，利用物联网和智能分析工具实现供应链的透明化和优化，减少库存成本，提高响应速度。如bp公司运用先进的供应链管理系统，有效管理其全球范围的油品供应，降低了运营成本，提高了市场反应速度。在智能零售网络方面，在加油站和零售点引入智能技术，如自动结算、智能监控，提高服务效率和顾客体验。如法国道达尔公司在其零售网络中引入自助服务和数字支付系统，提高顾客便利性，增强零售竞争力。如AI无感加油，当车主驾驶车辆进入加油站时，智能摄像头会自动识别车辆信息并验证是否已完成注册。对于会员车辆，附近的智能大屏幕将直接展示车辆相关信息和加油习惯，涵盖油品种类、加油金额等内容，并自动分配可用的油枪。加油完成后，车主可以直接离开，系统将根据加油金额自动扣款。车主随时可以通过App或小程序获取电子发票。

三、数智化在油气全产业链应用中存在的不足

数智化为油气行业带来了转型的可能性，但要充分实现其潜力，行业需要克服技术集成的复杂性，解决数据管理和质量问题，克服投资和成本的挑战，以及建立和优化必要的基础设施。应对这些挑战需要行业内外的合作，包括技术供应商、政府机构和教育机构的共同努力，以推动油气行业的持续创新和发展。目前对于数智化转型，有的公司还停留在信息化技术的实施或新技术的试点层面，没有认识到数智化转型已经渗入油气全产业链，是油气全产业链的系统性改革工程。

（一）技术应用和集成难度问题

一些前沿技术如人工智能、大数据在油气行业的应用还不够成熟，导致实际效果与预期存在差距。智能化技术与油气全产业链结合存在技术和操作上的难度，油气行业软硬件实力不足，数智化的业务范围存在一定的限制。新技术的应用和旧系统的集成常常复杂且耗时，包括了新技术与现有工作流程和设备的兼容问题。技术难以集成可能导致项目延误、效率低下，甚至可能影响到生产安全。如在某些老旧油田尝试引入先进的数据分析和自动化技术时，常常因为设备陈旧、系统封闭而难以实现有效集成。

（二）数据管理和数据质量问题

大量数据的收集、存储和处理需要高效的数据管理系统。数据质量不佳会影响分析的准确性。错误的数据或分析可能导致错误的决策，影响业务效果。缺乏数智化与油气全产业链融合发展的历史数据，对数据分析的准确性和可靠性产生了制约。各大油气公司目前都推出了符合自身发展规划的数字化石油规划，但行业内部数据共享不足，缺乏统一的数据标准。数字标准的多样性妨碍了数据的一致性管理，海量的数据难以得到充分利用，造成数据的浪费，同时还会带来数据安全隐患，给未来数据分析业务造成不可避免的麻烦。

（三）投资和成本问题

数智化需要显著的初期投资，包括技术采购、人才培训和系统升级等。尤其对于小型或财务状况不佳的公司来说，高昂的成本可能成为实施障碍。油气行业数智化转型缓慢，前期需要大量资金、人力资源的投入，这种投入对于资金链紧张的中小企业来讲，无疑是一个不小的挑战。某一特定环节技术创新与实际应用的成果需要时间来验证，且存在不稳定性，风险较高，投资回报周期较长。

（四）基础设施问题

数智化依赖于稳定的网络基础设施和先进的计算资源，这在某些地区可能不容易实现。基础设施不足会限制技术的应用范围，影响整体效能。油气全产业链涉及方方面面，且相当分散，如老旧油田、炼化厂等信息化基础设施条件较弱，现场工控系统陈旧，甚至没有信息基础设施，数据采集、传输和处理能力较弱。

四、数智油气全产业链发展的保障措施

在数智化与油气全产业链融合发展建设过程中，油气行业应以绿色、低碳为发展理念，以全产业链安全供应为首要任务，着力构建新型数智化能源

供给体系。石油全产业链应构建完备的物联网基础、人工智能、信息基础和业务场景应用，实现全产业链业务数智化。数智化油气全产业链的发展需要综合考虑技术、管理、人才和政策等多方面因素。通过加大研发投入、优化流程和自动化、强化安全和合规性管理、构建一体化数据平台、加速创新成果的应用、培养复合型人才等措施，可以有效保障数智化油气产业链的健康、高效和可持续发展。这不仅需要行业内的共同努力，也需要政府的政策支持。为更好地发挥数智化对油气全产业链的作用，可以采取以下应对措施：

（一）增加研发投资

增加油气行业对人工智能、大数据分析、物联网等关键技术的研发投入，增加对新技术和工艺的研究与开发的资金投入。加强企业主导的产学研深度融合，构建产业层面的数智化与油气产学研合作平台，与高校、智库、科研机构以及其他行业的领头羊企业建立合作关系，共同促进数智化与油气全产业链的融合发展。通过持续的技术创新来提高油气勘探、开发、生产和销售的效率和效果。例如，设立专项研发基金、与高校和科研机构合作、加大对创新技术的探索和实践等。

（二）加快油气全产业链流程优化与自动化

根据数智化的要求，对现有的组织架构进行相应拆分、重组，重新设计和优化生产、管理等流程。为降低运营成本，提高生产安全性和环境可持续性，需要优化现有流程，引入自动化技术，减少人为干预，提高生产效率，比如加快自动化升级，在勘探、生产、物流运输、终端销售等环节引进自动化、智能化设备。围绕数智化管理重点工作，聚焦油气全产业链问题短板，加大数智化管理创新成果应用，加快油气全产业链流程优化与自动化，打造一条数智化赋能油气全产业链高质量发展之路。

（三）注重安全和合规性管理

数字技术的本质决定了数智化发展必然带来信贷风险，对虚拟世界的攻击很有可能造成现实世界的损失。因此，应注重数据安全，利用数据分析识别潜在的安全风险，及时采取预防措施，严格遵循网络安全监管标准。在网络安全保护指导的基础上，实施油气全产业链重点保护，注重以关键业务为核心的整体防控，检查风险导向，以风险管理为导向，进行动态防护，以信息共享为基础，建立以协同联防为特征的多重网络安全防护机制。网络安全是一个技术体系，单一的环节很难保证安全，需要多个环节协同，实现功能互补。数据贯穿业务系统的各个层面，任何一个环节都可能导致数据被窃取、破坏和滥用，因此需要精准防护。而深度运营的目的在于，通过不断发现问题、解决问题，既确保合规，又让网络安全“免疫力”不断提升，更好地解决日益复杂的安全难题。重视合规性管理，确保数智化全流程符合国家和国际的法规及行业标准。

（四）构建一体化数据平台

建立全面的数据收集系统，包括生产、运输、销售等各环节的数据。提高数据的可用性和准确性，为决策提供数据支持。收集来的数据遵循业务流程一体化建设理念，基于国家和国际标准，以全产业链业务驱动，面向整个油气行业，建立全面、系统、统一的数据体系。形成覆盖全产业链、全数据的数据库，建成油气行业全产业链数据管理平台，支撑业务应用建设；构建一体化的云技术体系，实现相关技术能力的统一，为全产业链数智化转型提供技术支撑；推进一体化全产业链数据中心建设，提升数据共享服务能力，为产业链内相关企业数智化中心提供保障。

（五）加快创新成果转化

搭建数智化与油气全产业链融通创新平台，加速促进成果转化应用，促进研发成果的快速应用和产业化。将研究成果转化为实际的生产力，促进行业的技术进步，提高经济效益。建立研发与生产紧密结合的机制，加强技术转移和技术推广。建立成果转化机制，如技术转让、孵化器、加速器等。完善以需求为导向的油气全产业链成果转移转化体系，打造从创业苗圃到孵化器再到加速器的全过程创业服务链条。打造先进的油气全产业链服务基础设施，拓宽科技和成果转化之间的通道。打通产学研创新链，加快创新成果向现实生产力的转化过程。

（六）建立一支复合型人才队伍

数智化与油气全产业链发展需要大量高素质的复合型人才，应构建人才能力与油气全产业链数智化能力匹配度模型，建立一支与数智化与油气全产业链发展相适应、相结合的人才队伍。优化现有人才队伍结构，应对大环境，做好引进、选拔两手准备，留住现有优质人才，通过开展培训等方式，提升现有人才的复合能力。实现现有人才能力评估、业务培训和组织管理的有机结合，不断提高人才业务水平。持续吸收高素质人才，壮大人才队伍。通过柔性引进、团队协作、高校院所合作等形式，多渠道引进外部技术力量，加快数智化领军型人才培养步伐，壮大数智化人才队伍，激活各产业链人才的潜能，不断满足数智化转型发展需求。拓展校企合作，结合行业发展未来趋势，培养发展导向型人才，优化人才队伍结构，为企业发展提供保障。

附 件

附件 1　2023 年中国油气产业发展大事记

2023 年 1 月

1 月 1 日，国六 B(或称国ⅥB)标准车用汽油全国上线，中国汽油全面进入国六 B 时代。

1 月 1 日，中国石油西南油气田首个 400 千瓦光伏示范工程项目一次性成功投运，标志着川西北气矿新能源业务发展全面提速。

1 月 4 日，中国石化发布十年来在石油工程领域培育形成的十大核心技术和十大特色产品。其中，超深井钻完井关键技术等达到国际领先水平。

1 月 5 日，中国第一大原油生产基地——中国海油渤海油田成为中国第二大油气田。

1 月 10 日，国家管网集团 5 万千米天然气管道日输气量已突破 8.4 亿立方米，创中国主干天然气管网输气量历史新高。

1 月 10 日，中国首个海洋油气装备“智能制造”项目——中国海油渤中 29-6 油田开发项目 WHPA 平台完成连接调试并顺利通过机械完工验收，进入投产倒计时。

1 月 11 日，中国海油成为巴西首家实现非股东自主销售天然气的石油公司，成功跻身巴西主要天然气供应商行列。中国海油 Buzios 油田 10% 份额的天然气实施自主销售，这也是中国海油海外首个管道天然气自售项目。

1 月 12 日，中国石油长庆油田累计探明油气储量占全国的 1/3。

1 月 19 日，由中国东方电气集团有限公司自主设计制造的全国首个油气开采伴生地热发电项目成功投运。

1 月 29 日，中国石油集团公司首个 U 形井地热项目中的第一口井——朝热 R3-U1-1 井成功完钻，完钻井深 2850 米。

2023 年 2 月

2 月 3 日，中国西气东输主力气源地塔里木油田天然气累计产量突破 4000 亿立方米，达 4010 亿立方米。

2 月 10 日，中国石油宣布，位于塔克拉玛干沙漠腹地的中国最大超深油田——富满油田 500 万吨/年产能建设工程开工。

2 月 12 日，中国石油广东石化炼化一体化项目化工龙头装置——120 万吨/年乙烯装置投料试车成功。这标志着广东石化打通炼化一体化项目全流程，进入全面试产阶段。

2 月 13 日，中国石油在深圳盐田港实现首次国际航行船舶保税 LNG 加注作业，这标志着中国石油正式开展全球船舶保税 LNG 加注业务。

2 月 14 日，中国石油川庆钻探 90025 钻井队以完钻井深 9026 米创造了新的亚洲纪录。

2 月 15 日，由中国石化北方能源（大连）有限公司建设的中国首个分布式甲醇制氢加氢一体站在大连自贸区正式投用。

2 月 16 日，全球最大绿氢耦合煤化工项目——中国石化内蒙古鄂尔多斯市风光融合绿氢示范项目正式启动开工。

2 月 16 日，由中国海洋石油集团有限公司投资建设的中国一次性建设规模最大的原油商业储备库项目——东营原油商业储备库项目，正式进入试生产和商业运营阶段。

2 月 23 日，全球首座 GST 陆上薄膜型全容罐项目——河北河间 LNG 调峰储备库在上海完成运营交接，正式交付运营。该项目由华港燃气集团出资、中国石油工程建设有限公司华北分公司总承包建设、中国船舶集团旗下沪东中华造船（集团）有限公司承担全容罐最核心的内部薄膜罐建造任务。

2 月 24 日，中国燃气控股有限公司全资子公司中燃宏大能源贸易有限公司与美国 LNG 供应商 Venture Global LNG 公司签订了两份为期 20 年的 LNG 购销协议。

2 月 27 日，中国石油广东石化 2000 万吨/年炼油、120 万吨/年乙烯、260

万吨/年对二甲苯炼化一体化项目打通全流程并全部产出合格产品，实现一次开车成功，进入全面生产阶段。

2023 年 3 月

3 月 1 日，中国最大的变质岩潜山油田——中国海油渤中 26-6 油田再获亿吨级大发现。这也是中国第一大原油生产基地渤海油田连续 3 年勘探发现的亿吨级油田。

3 月 9 日，中国石油塔里木油田的果勒 3C 井在塔克拉玛干沙漠腹地富满油田钻探成功，井深达 9396 米，打破亚洲最深水平井纪录。这标志着中国超深油气钻探能力进入 9000 米级新阶段，具备了向万米深地进军的条件。

3 月 11 日，中国最大海上自营油田——中国海油绥中 36-1 油田累计生产原油突破 1 亿立方米。

3 月 14 日，中国石化宣布，位于塔里木盆地的顺北 84 斜井，垂直钻井深度已突破 8937.77 米，成为目前亚洲陆地上垂直深度最深的千吨井。

3 月 15 日，由大庆油田和深圳新能源研究院共同建立的中国石油首家新能源联合研发中心在大庆揭牌。

3 月 16 日，国务院国资委印发《创建世界一流示范企业和专精特新示范企业名单》，中国石油下属塔里木油田分公司、东方地球物理勘探有限责任公司、独山子石化分公司 3 家企业入选创建世界一流专精特新示范企业。

3 月 16 日，中国石油国际事业伦敦公司与 bp 碳贸易公司签订自愿碳减排量（VER）交易协议。这是中国石油采购的首单 VER 期货标的，标志着中国石油碳交易业务从配额场内交易向 VER 场内交易延伸。

3 月 17 日，全国安全生产标准化技术委员会石油天然气开采安全分技术委员会（SAC/TC288/SC10）在安全环保院成立，标志着石油安全标准化工作进入新阶段。

3 月 19 日，位于南海珠江口盆地的中国海油恩平 15-1 平台正式开启二氧化碳回注井钻井作业。这是中国第一口海上二氧化碳回注井。

3 月 21 日，由中国石油大庆油田工程建设公司自主设计的全国首例三甘醇尾气水引射处理装置——徐深气田三甘醇装置尾气回收治理工程项目实现了挥发性有机物(VOCs)零排放。

3 月 22 日，中国石油承建的海上最大、亚洲第三高的深水导管架——陆丰 12-3 平台深水导管架，突破了超大型深水海洋油气平台导管架建造技术，创造了中国同类型导管架工期最短纪录，引领了中国石油海洋油气设施建造能力从浅水到深水、从千吨级到两万吨级的历史性跨越。

3 月 26 日，中国陆上最大油田中国石油大庆油田累计生产原油突破 25 亿吨，占全国陆上原油总产量的 36%。

3 月 27 日，国家高端智库中国石油集团经济技术研究院《2022 年国内外油气行业发展报告》在北京发布。

3 月 29 日，中国石油首家以碳资产开发业务为主导的技术支持机构——中国石油上游业务碳资产开发技术支持中心在大庆油田揭牌。

3 月 31 日，国家能源局发布《关于加快推进能源数字化智能化发展的若干意见》。

3 月 31 日，中国石油销售系统首个碳汇林建设项目正式启动。

2023 年 4 月

4 月 6 日，国家能源局组织召开 2023 年全国油气管道规划建设和保护工作会议。

4 月 6 日，中国石油宣布，中国首个 10 万吨级陆相页岩油效益开发示范平台——大港油田沧东凹陷 5 号平台已正式投入生产。

4 月 8 日，中国石油西南油气田公司部署在四川内江的页岩气井——资 201 井测试获稳定日产气量 73.88 万立方米。这是中国首次在距今 5.4 亿年的寒武系古老页岩地层钻获具有商业开发价值的高产工业气流。

4 月 10 日，中国石化宣布，“西氢东送”输氢管道示范工程已被纳入《石油天然气“全国一张网”建设实施方案》，标志着中国氢气长距离输送管道进入新发展阶段。

4 月 12 日，中国石油西南油气田公司建成一套燃气“零泄漏”管理系统。这是中国石油首次在燃气领域部署的无泄漏示范区建设项目，达到燃气行业安全管控的最高水平。

4月15日，由中国石油企业协会、对外经济贸易大学"一带一路"能源贸易与发展研究中心、对外经济贸易大学中国国际低碳经济研究所、中国石油大学(北京)、西南石油大学中国能源指数研究中心联合编撰的《中国油气产业发展分析与展望报告蓝皮书(2022—2023)》《中国低碳经济发展报告蓝皮书(2022—2023)》《成品油与新能源发展报告蓝皮书(2022—2023)》与《中国天然气行业年度运行报告蓝皮书(2022—2023)》在京正式向社会发布。

4月18日，在中国石油长庆油田庆城页岩油开发现场，全国首个页岩油平台化水力压裂试验场顺利完成44段168簇压裂施工，对推动中国陆相页岩油快速发展起到了关键作用。

4月19日，国家油气基础设施重点工程——双台子储气库双向输气管道工程成功投产，标志着中国东北地区最大的储气库群——辽河油田储气库群新增一条重要外输通道。

4月30日，中国石油实施的首个配套储能光伏发电项目——喀什地区110万千瓦光伏发电项目开工仪式在新疆喀什叶城光伏项目现场举行。

2023年5月

5月1日，中国石化部署在塔里木盆地的"深地一号"跃进3-3XC井正式开钻，该井设计井深9472米，刷新亚洲最深井纪录。

5月7日，中国石油辽河油田的大连石油交易所完成了全国首单液体二氧化碳线上现货竞价交易。

5月10日，中国石油抚顺石化烯烃厂45万吨/年线性低密度聚乙烯装置实现连续安全运行720天，打破了中国石油同类装置安全运行569天的纪录，并实现降低能耗、增产增效目标。

5月13日，中国海油深圳分公司超1.5万吨"恩平20-4"海上钻采平台上部组块与导管架完成对接安装，创造了中国海上油气平台动力定位浮托安装重量的新纪录。

5月14日，世界最大海上液化天然气接收站——香港液化天然气项目成功实现首船卸料和管线通气，标志着香港特别行政区规模最大的海上能源基础设施建设项目成功进入试运行阶段。

5月15日，中国石油炼化企业中首套二氧化碳捕集项目——大庆石化公司重点环保项目40万吨/年高浓度二氧化碳回收项目全面建成。

5月15日，国家管网集团组织开展的国内首次二氧化碳管道全尺寸爆破试验，在爆炸科学与技术国家重点实验室东花园基地取得成功。

5月16日，首单以人民币结算的进口液化天然气在中国海油广东大鹏液化天然气接收站完成接卸，标志着中国在油气贸易领域的跨境人民币结算交易探索迈出实质性一步。

5月19日，中国石油塔里木油田博孜1-2井安全高效完成空气钻井任务。该井三开砾石层段采用空气钻井技术钻至井深5068米，刷新中国333.4毫米井眼空气钻井井深最深纪录。

5月24日，中国石油首套1200立方米碱性水制氢电解槽在宝石机械公司下线。

5月30日，中国首口万米科学探索井——深地塔科1井，在中国石油新疆塔里木油田开钻，标志着中国向地球深部探测系列技术跨入世界前列。

5月30日，中国一次性建设规模最大的世界级炼化项目——中国石油广东石化炼化一体化项目全面投入商业运营。

2023年6月

6月1日，中国海油宣布，中国首个海上二氧化碳封存示范工程项目在南海东部海域正式投用，开始规模化向海底地层注入伴随海上石油开采产生的二氧化碳。

6月6日，中国石油首个自主开发的特高含硫气田——铁山坡气田全面投产。

6月11日，中国石油在内蒙古西部建设首个百万吨油田——巴彦油田日产油达2780吨，踏上年产100万吨原油生产线。

6月12日，商务部发布《成品油流通管理办法(征求意见稿)》，向社会公开征求意见。

6月20日，中国石油与卡塔尔能源公司签署北方气田扩容项目合作文件，使中国油气公司成功入股卡塔尔的全球最大液化天然气项目。

6月21日，中国最大海上油田——中国海油渤海油田累产原油已突破5亿吨。

6月21日，中国石油首个气体泡沫采油技术试验平台在吐哈油田哈密石油基地建成。

6月25日，国内首次高压力多管材氢气输送管道中间过程应用试验——9.45兆帕全尺寸非金属管道纯氢爆破试验在位于哈密的国家管网集团管道断裂控制试验场成功实施。

6月27日，中国石化在沙特阿拉伯地区独立承揽最大金额的炼化工程总承包项目——沙特阿美Amiral项目P5AC包工程总承包合同，该合同金额约7.2亿美元。

6月28日，中国石油抚顺石化5000吨/年通用加氢催化剂项目1号生产线成功试生产出第一批PHF-151加氢精制催化剂产品，标志着中国石油最大的通用加氢催化剂项目建设取得突破性进展。

6月29日，国家天然气互联互通重点工程——蒙西管道项目一期工程成功投产，这是中国首条直通雄安的天然气主干管道。

6月29日，由中国石油寰球北京公司EPC总承包建设的中国首套万吨级绿氢项目——鄂尔多斯市准格尔旗纳日松光伏制氢产业示范项目成功产氢。

2023年7月

7月3日，中国石油华北石化公司实现中国石油自主生产氢气在北京地区的商业化运营。

7月3日，中国海油宣布，5座全球单罐容量最大的27万立方米液化天然气储罐“落户”粤港澳大湾区。

7月5日，中国海油首个陆地集中式光伏发电项目——甘南合作市“牧光互补”项目并网发电。

7月5日，中国石油天然气股份有限公司和昆仑能源有限公司凭借在环境、社会和公司治理等方面的履责成效，成功入选“中国ESG上市公司先锋100”榜单。

7月11日，中国石油第一个自主投资、自主建设、自主管理的30万吨级原油码头——广东石化公司原油码头，已实现安全接卸油轮 41 艘，共计 20 个油种，总量达 1013 万吨。

7 月 11 日，中国首条百万吨、百公里高压常温密相二氧化碳输送管道——“齐鲁石化—胜利油田百万吨级 CCUS 项目”二氧化碳输送管道正式投运，标志着中国首次实现二氧化碳长距离密相管输。

7 月 12 日，中国海油对外宣布，渤海亿吨级大油田——垦利 6-1 油田群全面投产，标志着中国成功掌握了非整装大型油田开发技术体系。

7 月 12 日，中国石油首个碳中和加油站、川渝跨省首个碳市场合作案例——合江西加油站“落户”泸州。

7 月 13 日，中国能源行业首部中高成熟度页岩油采油工程设计标准——《中高成熟度页岩油采油工程设计规范》（NB/T 11289—2023）正式发布实施。

7 月 15 日，中国累计产气量最高的深层煤层气井——吉深 14-5 平 02 井在中国石油煤层气公司诞生。

7 月 18 日，中国石油首个普通稠油化学驱试验项目在辽河油田“海 1 块”试验区成功实施。

7 月 18 日，中国石油发布消息，塔里木油田博孜——大北区块天然气外输管道成功投产。至此，博孜—大北气区每年最大输气能力由 50 亿立方米提升至 120 亿立方米。

7 月 19 日，中国海油宣布，中国渤海首个千亿立方米大气田万吨油气平台——渤中 19-6 气田中心平台在渤海中部海域完成浮托安装。

7 月 20 日，壳牌能源（中国）有限公司与国家管网集团下属接收站企业签署了 LNG 接收站中长期使用协议。壳牌成为首个与国家管网 LNG 接收站签订中长期使用协议的国际资源商。

7 月 21 日，沙特阿美正式收购荣盛石化 10% 股权，荣盛石化与沙特阿美之间的战略合作取得了新进展，战略入股事宜正式完成。

7 月 27 日，中国自主研发的海底地震勘探采集装备“海脉”在渤海海域正式投入使用，标志着中国在高端海洋油气勘探技术上获得突破。

7 月 28 日，由中国海油自主研发的中国首台小微型天然气制氢反应器样机一次点火成功，标志着中国全面掌握了小微型天然气制氢反应器设计、建造的关键核心技术。

7月31日，中国石化江汉油田涪陵页岩气田瘦身Ⅰ型井——焦页11-Z6HF井顺利完钻，创中国陆上页岩水基钻井液日进尺、中国瘦身Ⅰ型井单只钻头单趟进尺最高两项纪录。

2023年8月

8月1日，中国石油首个水淹型油气藏改建储气库试验项目——辽河油田马19储气库先导试验工程投产注气，每小时有6.2万立方米天然气注入地下。

8月1日，中国石油第四块全资船燃小牌照在深圳实现保税船燃加注业务首单突破。

8月2日，中国石化与英力士正式签署合作协议：双方以50∶50股比设立合资公司，共同运营中国石化正在建设的120万吨/年天津南港乙烯项目。

8月3日，中国首艘、全球最大液化天然气运输加注船“海洋石油301”在广州港锚地，成功为全球最大吨级双燃料超大型油轮提供保税液化天然气加注服务，中国国际船舶液化天然气加注产业步入世界前列。

8月4日，中国石油吉林油田新立采油厂Ⅲ区块光热系统正式并网运行，标志着亚洲最大陆上采油平台集群零碳示范区建成投运，该示范区产出了中国第一桶“零碳原油”。

8月8日，中国石油首个规模化可再生能源制氢项目——玉门油田可再生能源制氢示范项目开工。

8月8日，国家标准委、国家发展改革委、工业和信息化部、生态环境部、应急管理部和国家能源局六部门联合印发国家层面首个氢能全产业链标准体系建设指南——《氢能产业标准体系建设指南（2023版）》。

8月15日，由中国石油承担建设的泰国东北部地区首个成品油项目顺利投产，年输油能力达600万吨。

8月16日，国家管网LNG公司发布《关于国家管网集团大连LNG接收站开展保税转运服务产品的公告》。

8月16日，中国海油发布消息，中国首个薄煤层气大规模开发项目——

潘河薄煤层气开发项目全面建成投产，标志着中国薄煤层气大规模开发取得新突破。

8 月 17 日，中国海油发布消息，由中国自主设计建造的亚洲首艘圆筒型浮式生产储卸油装置（FPSO）——“海洋石油 122”完成船体建造，标志着中国深水超大型海洋油气装备研发制造技术能力实现新突破。

8 月 18 日，国家管网集团西气东输一线沁水分输压气站提升工程顺利投产运行。

8 月 18 日，工信部、国家发展改革委、财政部、生态环境部、商务部、应急管理部等七部门联合印发《石化化工行业稳增长工作方案》。

8 月 20 日，中国海油“深海一号”大气田顺利完成投产以来的首次海管清管作业，这标志着中国首次超深水海管清管作业取得成功。

8 月 21 日，中国石化“深地工程 · 川渝天然气基地”再获重大突破，标志着中国石化在四川盆地再添新气田。

8 月 22 日，中国石化西南石油局累计生产天然气突破 1000 亿立方米，天然气年产能超 100 亿立方米，天然气探明储量超 10000 亿立方米。

8 月 22 日，由中国石化自主研发的中国容积最大、首座完工的超大型液化天然气储罐——首座 27 万立方米液化天然气储罐在山东青岛全部建成完工。

8 月 22 日，上海石油天然气交易中心成交首单人民币结算国际 LNG 对外销售交易。

8 月 24 日，全国规模最大煤电 CCUS 一体化项目——中国石油新疆油田分公司“2×66 万千瓦煤电+可再生能源+百万吨级 CCUS”一体化示范项目顺利获批。

8 月 24 日，中国石油在舟山市衢山临时锚地完成中国首单港口外锚地散货船“船对船”LNG 试点加注作业，标志着中国沿海 LNG 加注网络建设迈上新台阶。

8 月 27 日，中国石油首个中深层“U”形井地热项目——大庆油田朝热 R3-U1 井组地热开发试验工程试运效果良好，标志着“U”形井“取热不取水技术”达到预期目标。

8月29日，中国最大油气田，位于鄂尔多斯的中国石油长庆油田累计生产天然气突破6000亿立方米，成为中国第一个累计产量超6000亿立方米的大气田。

8月29日，中国自主设计建造的国内最大海底管道终端在海南陵水海域成功安装，这标志着中国深水工程技术取得新突破。

8月30日，中国石化宣布，中国规模最大的光伏发电直接制绿氢项目——新疆库车绿氢示范项目全面建成投产。

8月31日，中国海油宣布，中国海上首个热采油田——南堡35-2油田热采调整井投产，实现从单井试验到规模化开发的跨越。

8月31日，中国能源建设集团电力规划设计总院发布的《中国电力发展报告2023》显示，2022年中国全国发电量8.7万亿千瓦·时，非化石能源发电量达36.2%。

2023年9月

9月2日，国家管网集团联合研发伙伴成功实现LNG接收站超低温蝶阀全系列尺寸(8~46寸)国产化，并在该公司新建国家级重大能源基础设施工程——龙口LNG接收站项目上得到应用。

9月5日，国家石油天然气基础设施重点工程——国家管网集团潜江—韶关输气管道广西支干线顺利投产，中国“南气北上”通道得到进一步拓展，有助于改善中东部地区能源结构。

9月7日，中国海油发布消息，中国首座液化天然气接收站——广东大鹏LNG接收站累计接卸量当天突破1亿吨，成为中国第一座接卸量超亿吨的液化天然气接收站。

9月8日，在四川自贡的深层页岩气开发区块，中油测井自主研发的IDSH智能旋转导向系统创出单趟进尺1695米、单次连续作业305小时的新纪录，实现了中国石油自研旋转地质导向系统在高温高压、高振动、偏移距长等恶劣工况条件下的长时间稳定可靠运行。

9月8日，中国石油新疆油田风城油田作业区研究出适用于稠油吞吐开发区的自动化仪表、设备及通信组网等配套技术，建成了中国首个低成本稠油物联网系统。

9 月 12 日，中国石化胜利油田建成中国首个油气领域自主知识产权的大型“源网荷储”一体化智慧能源系统。

9 月 15 日，中国“十四五”重大能源基础设施工程——国家管网集团川气东送二线天然气管道工程正式开工。该工程是实现中国天然气管网“五纵五横”新格局的关键一步，也是川渝地区千亿立方米大气田和百亿立方米储气库的战略输送通道。

9 月 15 日，从中国海油获悉，中国海上最大自营油田绥中 36-1 岸电导管架完成吊装，标志着绥中—锦州油田群岸电应用工程项目海上施工全面展开。

9 月 17 日，国际地热协会在 2023 年世界地热大会上正式发布了《中国地热供暖推荐做法》行业标准。

9 月 18 日，中国海油发布消息，位于珠江口盆地的恩平 15-1 油田群 6 个新油田全面建成投产，形成集高产、智能、低碳等特点于一体的现代化海上油田群，年产原油将超过 250 万吨。

9 月 20 日，从中国海油获悉，中国首个海上油田群储能电站——涠洲电网储能电站全容量并入涠西南油田群电网。与涠西南油田群电网内的燃气电站、余热电站、光伏电站共同构建了中国首个源网荷储一体、多能互补的海上油田群智慧电力系统。

9 月 21 日，香港首个海上 LNG 接收站举行开幕典礼。该站启用后，香港增加一个天然气来源，有助于提升发电燃料供应稳定性，支持香港实践能源转型。

9 月 25 日，中国海油宣布，位于中国南海东部海域的陆丰 12-3 油田正式投产。该油田是中国南海近 10 年开发的最大的对外合作油田。

9 月 25 日，中国石化在斯里兰卡首都科伦坡召开加油站经销商大会，宣布正式启动在斯里兰卡的加油站油品供应工作。

9 月 26 日，中国石油煤层气公司大吉气田成为中国深层煤岩气上产速度最快的气田。

9 月 26 日，国内规模最大的液化天然气储备基地——中国海油盐城“绿能港”投产首年累计接卸量突破 35 亿立方米，设计负荷利用率超 80%，创国内

LNG 接收站投产首年负荷率最高纪录，成为保障华东地区天然气稳定供应的重要气源。

2023 年 10 月

10 月 3 日，中国石油宣布消息，川庆 90205 钻井队在博孜 24-5 井三开井段实施空气钻井作业，顺利钻至井深 5100 米，创中国空气钻井井深最深、塔里木油田空气钻平均机械钻速最高、单支国产牙轮钻头进尺最长 3 项纪录。

10 月 5 日，从中国石油获悉，由渤海钻探钻井四公司 BH50404 钻井队承钻的目前中国最大的陕煤 CCS 项目首口先导试验井榆碳 1 井顺利完井，刷新中国密闭取芯最长等多项纪录。

10 月 12 日，中国石油长庆油田天然气产量达到 400.93 亿立方米，连续 5 年突破 400 亿立方米。

10 月 15 日，中国最大超深凝析气田——中国石油塔里木油田博孜—大北气田全面建成投产，标志着塔里木盆地新的万亿方大气区迈入规模开发新阶段，西气东输安全平稳供气再添新保障。

10 月 16 日，中国海油宣布，中国首个深水高压开发项目——“深海一号”二期工程的首口开发井顺利完钻并测试，日产天然气超 100 万立方米，日产油超 230 立方米，产能远超设计预期。

10 月 17 日，中国海油与 ENGIE 在上海石油天然气交易中心国际 LNG 交易平台达成一笔以人民币结算的国际 LNG 交易业务。

10 月 17 日，第三届“一带一路”国际合作高峰论坛期间，中国石化董事长马永生与哈国油管委会主席米尔扎卡里耶夫签署关于哈萨克斯坦聚乙烯项目公司的入股协议。根据协议内容，中国石化将从哈国油及其他合作伙伴手中获得 30%股权，以参与哈萨克斯坦最大的聚乙烯项目。

10 月 18 日，国家能源局发布《关于组织开展可再生能源发展试点示范的通知》。

10 月 18 日，中国首套国产化大型综合控制系统——天津石化南港乙烯项目全厂控制系统实现全网投用，其内置的安全仪表系统是中国乙烯项目首套国产化安全仪表系统。

10月20日，中国石化胜利油田新东营原油库被认证为中国首座碳中和原油库。

10月23日，从国家管网集团获悉，作为国家天然气基础设施重点工程，西气东输中开线与平泰线互联互通工程建成投产。

10月25日，国家发展改革委网站消息，国家发展改革委、国家能源局、工信部与生态环境部联合发布《关于促进炼油行业绿色创新高质量发展的指导意见》。

10月25日，中石化（香港）有限公司与泰国SUSCO公司首座合资合作加油站——Ratchadapisek（叻差拉披色路）加油站在泰国曼谷正式开业。

10月27日，中国石油国际事业有限公司正式完成中国首笔国际原油跨境数字人民币结算交易，这也是中国首笔国际原油跨境数字货币交易。

10月28日，中国石油塔里木油田首个零碳油气场站——西气东输第一站建成。

10月28日，中国首个按照“智能制造”模式运行的海洋油气装备制造工程项目——中国海油渤中29-6油田开发项目在天津海洋工程智能制造基地点火开工。

10月29日，中国首台具有完全自主知识产权的中国海油海上平台燃气轮机“太行7”，在深圳东南约180千米的陆丰8-1平台正式投入使用。

10月30日，国家管网集团在北京发布“智慧眼”国产天然气气质分析仪系列产品，实现了中国精密仪器仪表研发领域又一自主创新。

10月30日，国家管网集团发布消息，中国首套自主设计研发的天然气气质分析装备日前完成全部工业性试验正式发布，标志着中国天然气检测关键技术获突破。

10月31日，中国石油储气库公司首个合资库张兴储气库先导试验工程ZXK19井组累计注气545万立方米，标志着中国盐穴储气库一注一排连通井原创技术工程化应用取得突破，利用连通老腔改建储气库成为现实。

2023年11月

11月2日，中国自主研发中国首座27万立方米液化天然气储罐在中国石化青岛 LNG 接收站正式投用，这也是中国容积最大的液化天然气储罐。

11 月 3 日，从国家管网集团获悉，国内凝点最高的长输原油管道魏荆新线一次投产成功。

11 月 3 日，中国首条潜油电机智能全自动生产线在中国海油建成投用。

11 月 4 日，中国石化与卡塔尔能源公司签署北部气田扩能项目二期（NFS）一体化合作协议，包括为期 27 年的 LNG 长期购销协议和上游参股协议。

11 月 5 日，中国天然气处理领域首个智能工厂——中国石油塔里木油田天然气乙烷回收智能工厂通过验收正式投运。

11 月 5 日，中国首个海上超高温超高压气田生产平台——中国海油乐东 10-1 气田生产平台完成安装，投产后高峰年产量近 6 亿立方米。

11 月 7 日，中国石油塔里木油田累计生产油气当量突破 5 亿吨，其中原油 16137 万吨，天然气 4249.98 亿立方米，建成中国最大超深油气生产基地。

11 月 7 日，中国石化新闻办透露，由中国石化江汉油田牵头制定的《页岩气开发调整方案编制技术要求》行业标准于近日获国家能源局批准发布，并将于 2024 年 4 月 11 日实施。

11 月 10 日，国家管网集团天津 LNG 外输管道一次投产成功，实现与中俄东线、陕京管道、蒙西管道等多条天然气主干管道联通，为天津 LNG 接收站增加了一条重要外输通道。

11 月 11 日，中国石油首个碳中和林——大庆油田马鞍山碳中和林 3 年建成万亩碳中和生态园区。

11 月 12 日，中国石油辽河油田储气库群累计采气量突破 100 亿立方米。

11 月 12 日，中国石油发布消息，工程建设公司西南分公司勘察设计的国内采用钻爆法施工的最长天然气管网隧道——莲花山隧道顺利贯通，再次刷新国内油气管道行业钻爆隧道贯通的长度纪录。

11 月 13 日，由国家管网集团组织开展的国内首次掺氢天然气管道泄放喷射火试验与封闭空间泄漏燃爆试验日前成功实施，填补了中国长输天然气管道掺氢泄放燃爆验证试验的空白。

11 月 13 日，中国石化首套 23 万吨/年熔体直纺智能化涤纶短纤项目在仪征化纤全面建成投产。

11 月 14 日，中国海油渤海首个千亿立方米大气田——渤中 19-6 气田 I 期开发项目成功投产，标志着中国海上深层复杂潜山油气藏开发迈入新阶段。

11 月 15 日，中国石化“深地一号”跃进 3-3XC 井成功从地下 9432 米处获得高产油气流，这一深度也刷新了目前亚洲最深井纪录。

11 月 16 日，中国石油吉林油田 CCUS 全产业链创新技术获得 2023（第四届）国际碳中和与绿色投资大会暨第二届零碳中国城市峰会颁发的“零碳中国”十大创新技术荣誉称号。

11 月 16 日，中国石化荣获中国新闻社、《中国新闻周刊》颁发的“2023 年度责任企业”奖项，是唯一连续 13 年获得该荣誉的中央企业。

11 月 15 日，广西石化炼化一体化转型升级项目中的 5 万吨/年己烯-1 装置正式开工建设。该装置是中国石油首套年产达到 5 万吨的己烯-1 装置。

11 月 17 日，中国石油宣布消息，国内第一座海上储气库——冀东油田南堡 1 号储气库开始采气，日采气能力达 50 万立方米。

11 月 17 日，中国石化首座超级充换电综合能源站——安徽石油大众综合能源站在合肥投入运营。

11 月 21 日，中国海油宣布，中国自主设计建造的深水导管架“海基二号”建造完工。它一举刷新了高度和重量两项亚洲纪录导管架是海上固定式油气平台的“基座”。

11 月 24 日，中国石油大庆油田三次采油产量再次突破千万吨。这是大庆油田三次采油连续 22 年产量超千万吨。

11 月 27 日，商务部发布公告，根据《中华人民共和国货物进出口管理条例》和原外经贸部令 2002 年第 27 号（《原油、成品油、化肥国营贸易进口经营管理试行办法》），增发 2023 年成品油（燃料油）非国营贸易进口允许量 300 万吨，有关申领条件按照商务部令 2023 年第 4 号（《2023 年成品油（燃料油）非国营贸易进口允许量申领条件、分配原则和相关程序》）执行。

2023 年 12 月

12 月 1 日，中国石油长庆油田在甘肃省庆阳市环县洪德地区发现地质储量超亿吨级整装大油田。

12 月 1 日，中国石油首个深层高温特低渗油藏 CCUS 项目——冀东油田高 66X1 断块碳驱油碳埋存试验项目提前完成年度 3 万吨的注气任务，增油 2106 吨。

12 月 6 日，世界首座电热熔盐储能注汽试验站在辽河油田欢喜岭采油厂齐 40 块投产。

12 月 6 日，由中国自主设计建造的亚洲首艘圆筒型“海上油气加工厂”——“海洋石油 122”浮式生产储卸油装置完成主体建造，最大储油量达 6 万吨，可海上运行 15 年不回坞。

12 月 6 日，中国具有完全自主知识产权的国家科技重大专项——华能石岛湾高温气冷堆核电站示范工程商运投产，成为世界首个实现模块化第四代核电技术商业化运行的核电站。

12 月 8 日，中国石化发布消息，中国首座商业化分布式氨制氢加氢一体站——广西石油南宁振兴加能站建成并成功试投产。

12 月 9 日，中国最大商业地下石油储备项目——大榭商储项目全面开工建设。

12 月 12 日，中国石化、中国航油共同建设的金虹航油管道建成投运，每年可为上海虹桥国际机场提供百万吨航煤。

12 月 13 日，中国石油塔里木油田首座储气库——柯克亚储气库正式开井采气。

12 月 13 日，中国石油最大规模的乙烯低温罐——广西石化炼化一体化转型升级项目化工低温罐区开工建设。

12 月 14 日，中国压力最高深水井——中国海油“深海一号”二期项目 A12 井完成钻井作业，刷新国内深水开发井压力等级纪录。

12 月 15 日，中国石油发布消息，中国首个超稠油开采伴生气综合资源化利用项目——新疆油田公司风城油田作业区超稠油开采伴生气综合资源化利用项目正式投产运行。

12 月 15 日，中国石化巴陵石化年产 60 万吨己内酰胺产业链搬迁与升级转型发展项目全线贯通，一次开车成功，标志着全球单套产能最大、技术领先的己内酰胺生产研发基地建成投产。

12月18日，由中国石油渤海装备公司采油装备抽油机公司主导修订的GB/T 29021—2023《石油天然气钻采设备游梁式抽油机》国家标准，已由国家市场监督管理总局(国家标准化管理委员会)批准，将于2024年6月1日起正式实施。

12月20日，按照国际《PAS 2060—2014碳中和论证规范》，中国石油塔里木油田西气东输第一站成功通过权威认证机构的现场审核，获得“碳中和场站”认证证书。

12月20日，中国石化在西南地区首个供氢中心——3000标准立方米/时氢燃料电池供氢加氢项目在重庆正式投运。

12月22日，中国石油首座“油气氢电光非”全业态综合能源站——江苏销售苏州分公司花桥综合能源服务站正式投运。

12月22日，中国石油大庆油田庆哈管道与中俄东线正式连通。

12月23日，中国石油首座规模级山地光伏项目——由海洋工程公司总承包的煤层气清洁替代保德光伏发电项目一期首站顺利并网投产。

12月25日，国工科威特分公司SINOPEC-16队在科威特北部油区顺利开钻。中国石化是唯一获得科威特石油公司(KOC)深井钻井资质的中国企业，此次开钻标志着中资企业首次进入科威特深井钻井市场。

附件 2　2023 年国内外油气产业相关数据

附表 1　2023 年中国全年石油石化主要产品产量　　单位：万吨、亿立方米

名称＼月份	1—2	3	4	5	6	7	8	9	10	11	12	合计	同比/%
原油	3417. 0	1818. 0	1728. 0	1807. 0	1752. 0	1731. 0	1747. 0	1687. 0	1733. 0	1720. 0	1765. 0	20905	2. 0
天然气	398. 0	205. 0	189. 0	190. 0	183. 0	184. 0	181. 0	179. 0	190. 0	199. 0	209. 0	2307	5. 8
成品油	6563. 1	3565. 1	3503. 2	3584. 8	3517. 8	3714. 7	3814. 0	3770. 6	3807. 2	3442. 9	3531. 8	42815. 2	16. 4
汽油	2476. 7	1333. 2	1315. 4	1340. 5	1326. 3	1435. 2	1468. 6	1422. 8	1408. 4	1269. 0	1296. 2	16092. 3	10. 1
煤油	694. 5	378. 4	353. 3	393. 5	399. 2	494. 6	510. 1	473. 7	455. 0	408. 5	395. 6	4956. 4	68. 3
柴油	3391. 9	1853. 5	1834. 5	1850. 8	1792. 3	1784. 9	1835. 3	1874. 1	1943. 8	1765. 4	1840. 0	21766. 5	13. 3
燃料油	828. 5	514. 8	496. 4	437. 8	447. 3	440. 6	455. 2	487. 1	448. 6	434. 0	398. 6	5388. 9	4. 9
石脑油	1041. 5	586. 4	537. 2	580. 4	698. 1	645. 0	638. 2	649. 6	702. 1	707. 4	734. 7	7520. 6	24. 8
液化石油气	803. 8	434. 3	442. 6	452. 1	419. 2	432. 2	442. 9	439. 1	445. 5	415. 4	442. 5	5169. 6	6. 1
石油焦	537. 9	273. 9	266. 0	273. 4	270. 1	276. 9	274. 9	276. 6	292. 3	288. 7	314. 2	3344. 9	11. 0
石油沥青	507. 1	324. 3	324. 3	333. 5	324. 0	336. 3	353. 3	344. 6	335. 7	350. 0	289. 3	3822. 4	1. 1

数据来源：中国石油和化学工业联合会。

附表2　2023年国内主要汽柴油月平均价格　　单位：元/吨

时间	89#无铅汽油	92#无铅汽油	95#无铅汽油	0#柴油	-10#柴油	燃料油	液化天然气
1月	9606	9857	10303	8582	8845	6010	6290
2月	9714	9968	10420	8684	8951	6170	5940
3月	9445	9696	10152	8429	8688	5830	4770
4月	9554	9804	10226	8532	8793	5580	4220
5月	9479	9727	10167	8457	8717	5260	3870
6月	9361	9606	10038	8344	8599	5030	3880
7月	9481	9728	10167	8464	8721	4940	3990
8月	10101	10209	10670	9057	9184	5280	3690
9月	10129	10233	10694	9084	9217	5410	4230
10月	10471	10577	11055	9414	9550	5440	4610
11月	10289	10398	10867	9237	9372	5310	5140
12月	9704	9818	10259	8672	8801	5330	5650
年均价	9778	9968	10418	8746	8953	5466	4690
比上年增加/%	-5.5	-6.2	-6.3	-6.1	-6.8	-13.4	-27.8

数据来源：中国石油和化学工业联合会。

附表3　2023年国际原油现货市场月平均价格　单位：美元/桶

时间	西得克萨斯中质油(WTI)	布伦特	迪拜	辛塔	大庆	胜利
1月	78.11	82.78	80.38	52.94	78.74	82.47
2月	76.85	82.49	82.09	61.75	79.34	83.08
3月	73.29	78.26	78.50	57.38	75.12	78.42
4月	79.44	84.94	83.41	63.19	79.56	82.83
5月	71.62	75.55	74.93	58.22	71.90	75.25
6月	70.27	74.70	74.99	59.41	71.52	74.82
7月	76.44	80.05	80.45	65.44	76.21	79.08
8月	81.59	85.84	86.54	71.21	82.85	85.64
9月	89.58	94.00	93.31	77.25	91.22	93.76
10月	85.57	91.05	89.76	71.97	85.78	88.05
11月	77.41	83.18	83.56	66.25	80.76	83.26
12月	72.11	77.93	77.34	60.94	76.68	79.28
年均价	77.69	82.56	82.11	63.83	79.14	82.16
比上年增加/%	-17.79	-18.39	-14.77	-20.06	-16.63	-17.94

数据来源：中国石油和化学工业联合会。

附表 4　2023 年国际市场主要油品月平均现货价格(普氏现货报价)

单位：美元/桶

时间	95#无铅汽油	柴油	航空煤油	石脑油	燃料油(180)*	燃料油(380)*
1 月	99. 01	116. 15	115. 00	72. 33	641. 71	373. 76
2 月	99. 41	107. 71	106. 62	76. 43	643. 70	394. 46
3 月	98. 53	102. 84	98. 75	72. 71	582. 85	414. 64
4 月	100. 28	98. 70	96. 78	70. 86	606. 47	462. 48
5 月	90. 19	89. 17	88. 49	61. 86	574. 75	423. 91
6 月	92. 68	92. 12	89. 87	56. 86	591. 10	420. 76
7 月	99. 01	101. 77	98. 86	62. 09	585. 93	473. 15
8 月	107. 69	119. 38	116. 65	70. 22	641. 18	532. 01
9 月	110. 30	125. 43	122. 44	74. 15	664. 40	523. 54
10 月	98. 95	117. 57	113. 59	70. 31	565. 12	463. 68
11 月	98. 07	106. 56	106. 53	69. 36	683. 86	441. 71
12 月	91. 33	99. 80	101. 48	72. 29	612. 32	431. 33
年均价	98. 79	106. 43	104. 59	69. 12	616. 12	446. 29
比上年增加/%	-14. 15	-21. 35	-17. 41	-16. 82	-23. 77	-9. 66

注：*表示油价的单位为美元/吨。

数据来源：中国石油和化学工业联合会。

附表 5　2023 年北美市场天然气 NGI 现货月平均价格

单位：美元/百万英热单位

时间	纽约	路易斯安那州享利	芝加哥	NGI 均值
1 月	3. 27	3. 22	3. 16	16. 13
2 月	3. 76	2. 38	2. 35	7. 13
3 月	2. 22	2. 31	2. 31	6. 50
4 月	1. 73	2. 16	1. 99	4. 41
5 月	1. 46	2. 15	1. 98	2. 58
6 月	1. 43	2. 19	2. 17	2. 60
7 月	1. 73	2. 55	2. 32	4. 32
8 月	1. 27	2. 59	2. 37	4. 31
9 月	1. 42	2. 65	2. 28	2. 94
10 月	1. 42	2. 99	2. 38	4. 14
11 月	2. 18	2. 72	2. 38	4. 63
12 月	2. 28	2. 51	2. 23	3. 79
年均价	2. 01	2. 55	2. 33	5. 29

数据来源：中国石油和化学工业联合会。

附表 6　2010—2022 年全球主要国家和地区的石油探明储量

单位：十亿桶

地区 \ 年份	2010	2011	2012	2013	2014	2015	2016	2017	2018	2019	2020	2021	2022
委内瑞拉	296.5	297.6	297.7	298.4	300.0	300.9	302.3	302.8	303.8	303.8	303.8	未更新	未更新
沙特阿拉伯	264.5	265.4	265.9	265.8	266.6	266.5	266.2	296.0	297.7	297.6	297.5	未更新	未更新
伊朗	151.2	154.6	157.3	157.8	157.5	158.4	157.2	155.6	155.6	157.8	157.8	未更新	未更新
伊拉克	115.0	143.1	140.3	144.2	143.1	142.5	148.8	147.2	145.0	145.0	145.0	未更新	未更新
俄罗斯	105.8	105.7	105.5	105.0	103.2	102.4	106.3	106.6	107.2	107.8	107.8	未更新	未更新
科威特	101.5	101.5	101.5	101.5	101.5	101.5	101.5	101.5	101.5	101.5	101.5	未更新	未更新
阿拉伯联合酋长国	97.8	97.8	97.8	97.8	97.8	97.8	97.8	97.8	97.8	97.8	97.8	未更新	未更新
利比亚	47.1	48.0	48.5	48.4	48.4	48.4	48.4	48.4	48.4	48.4	48.4	未更新	未更新
尼日利亚	37.2	36.2	37.1	37.1	37.4	37.1	37.5	37.5	37.0	36.9	36.9	未更新	未更新
哈萨克斯坦	30.0	30.0	30.0	30.0	30.0	30.0	30.0	30.0	30.0	30.0	30.0	未更新	未更新
中国	23.3	23.7	24.4	24.7	25.2	25.6	25.7	25.9	26.2	26.0	26.0	未更新	未更新
经济合作组织（OECD）	238.5	242.8	247.2	250.5	253.6	246.8	244.6	256.7	263.7	261.5	260.0	未更新	未更新
石油输出国组织（OPEC）	1137.7	1171.2	1173.1	1178.5	1178.8	1180.8	1187.3	1213.4	1213.2	1214.7	1214.7	未更新	未更新
欧盟	3.2	3.1	2.9	2.8	2.7	2.6	2.4	2.4	2.4	2.4	2.4	未更新	未更新
全球总计	1636.9	1674.3	1683.6	1691.9	1694.4	1683.9	1690.3	1728.2	1736.1	1734.8	1732.4	未更新	未更新

注：2021 年之后《bp 世界能源统计年鉴》不再更新全球主要国家和地区的石油探明储量数据。

数据来源：2023 年《bp 世界能源统计年鉴》。

附表 7　2010—2022 年全球主要国家和地区的石油产量

单位：百万吨/年

年份 地区	2010	2011	2012	2013	2014	2015	2016	2017	2018	2019	2020	2021	2022
沙特阿拉伯	463. 3	522. 7	549. 2	538. 4	543. 8	568. 0	586. 7	559. 3	576. 8	556. 6	519. 6	515. 0	573. 1
俄罗斯	512. 3	519. 5	526. 7	532. 2	537. 4	544. 6	558. 5	558. 5	567. 9	573. 4	524. 4	536. 4	548. 5
美国	333. 1	346. 4	395. 2	448. 7	524. 7	567. 1	542. 6	574. 1	669. 1	749. 9	711. 6	711. 1	759. 5
中国	203. 0	202. 9	207. 5	210. 0	211. 4	214. 6	199. 7	191. 5	189. 3	191. 6	194. 8	198. 9	204. 7
加拿大	160. 6	170. 1	182. 9	195. 4	209. 8	216. 1	218. 8	236. 6	257. 7	263. 5	252. 0	267. 1	274. 0
伊朗	212. 0	212. 5	180. 5	169. 7	174. 0	180. 2	216. 1	231. 9	219. 2	158. 3	143. 2	167. 7	176. 5
阿拉伯联合酋长国	135. 2	150. 5	156. 2	162. 8	163. 4	176. 1	182. 4	176. 2	176. 7	180. 5	166. 6	164. 4	181. 1
伊拉克	120. 8	135. 8	151. 3	151. 9	158. 8	195. 6	217. 6	222. 4	227. 0	234. 2	202. 0	200. 8	221. 3
科威特	123. 4	140. 9	154. 0	151. 4	150. 2	148. 2	152. 7	145. 0	146. 8	143. 4	130. 3	131. 1	145. 7
委内瑞拉	145. 8	141. 5	139. 3	137. 8	138. 5	147. 6	132. 6	114. 1	83. 8	52. 1	32. 7	33. 4	37. 3
墨西哥	145. 6	144. 5	143. 9	142. 1	137. 3	127. 7	121. 5	109. 6	102. 4	95. 0	95. 1	96. 5	97. 7
经济合作组织（OECD）	898. 9	906. 4	953. 8	1008. 6	1095. 5	1140. 7	1106. 6	1138. 1	1246. 2	1326. 8	1280. 4	1285. 6	1331. 8
石油输出国组织（OPEC）	1612. 0	1641. 6	1712. 5	1656. 9	1651. 1	1732. 0	1786. 2	1768. 6	1755. 8	1652. 9	1458. 2	1494. 2	1605. 3
非石油输出国组织（non-OPEC）	2367. 2	2368. 4	2407. 2	2469. 2	2572. 2	2632. 9	2593. 4	2617. 7	2731. 0	2824. 7	2712. 8	2727. 1	2801. 9
欧盟	30. 5	29. 2	28. 0	27. 4	27. 0	26. 1	23. 0	22. 7	21. 9	20. 2	19. 3	17. 8	16. 7
全球总计	3979. 2	4010. 0	4119. 6	4126. 2	4223. 3	4364. 9	4379. 6	4386. 4	4486. 8	4477. 6	4170. 9	4221. 4	4407. 2

数据来源：2023 年《bp 世界能源统计年鉴》。

附表 8　2010—2022 年全球主要国家和地区的石油消费量　　单位：千桶/日

地区 \ 年份	2010	2011	2012	2013	2014	2015	2016	2017	2018	2019	2020	2021	2022
美国	18322	17993	17581	17992	18111	18499	18593	18845	19417	19424	17183	18684	19140
中国	9307	9630	10061	10563	11018	11890	12297	13003	13642	14321	14408	15442	14295
日本	4423	4410	4676	4499	4283	4116	3983	3949	3815	3692	3269	3341	3337
印度	3308	3475	3674	3717	3832	4147	4544	4724	4974	5150	4701	4878	5185
俄罗斯	2879	3094	3140	3163	3300	3197	3275	3280	3310	3376	3210	3407	3570
巴西	2278	2434	2519	2656	2729	2488	2370	2407	2293	2303	2134	2252	2512
沙特阿拉伯	3124	3285	3451	3444	3779	3901	3962	3870	3762	3691	3552	3595	3876
德国	2373	2294	2276	2336	2273	2269	2307	2374	2255	2270	2049	2045	2075
韩国	2361	2388	2466	2476	2473	2586	2811	2804	2800	2789	2630	2813	2858
加拿大	2386	2400	2426	2422	2420	2443	2453	2424	2501	2491	2191	2229	2288
经济合作组织（OECD）	45756	45155	44716	44746	44317	45026	45522	45952	46420	46070	40360	42941	45108
非经济合作组织（non-OECD）	40793	42278	43831	45151	46275	47439	48647	49972	51070	51677	48386	51147	52202
欧盟	11998	11637	11157	10955	10749	10913	11090	11319	11345	11307	9853	10421	10802
全球总计	86549	87433	88547	89897	90592	92464	94169	95924	97490	97747	88746	94088	97309

数据来源：2023 年《bp 世界能源统计年鉴》。

附表 9　2010—2022 年全球主要国家和地区的炼油能力

单位：千桶/日

地区＼年份	2010	2011	2012	2013	2014	2015	2016	2017	2018	2019	2020	2021	2022
美国	17736	17367	17823	17925	17967	18317	18617	18598	18808	18974	18143	17941	18061
中国	12323	13015	13681	14503	15253	15024	14895	15231	15655	16199	16691	16990	17259
俄罗斯	5527	5673	5767	6229	6366	6472	6543	6545	6551	6676	6736	6861	6821
印度	3703	3795	4279	4319	4319	4307	4620	4699	4972	4994	5018	5018	5045
日本	4291	4274	4254	4123	3749	3721	3600	3343	3343	3343	3285	3285	3164
韩国	2774	2864	2878	2878	3123	3128	3259	3298	3346	3393	3572	3572	3363
沙特阿拉伯	2109	2107	2107	2507	2899	2899	2901	2826	2835	2905	2905	2905	3312
巴西	1992	2014	2004	2097	2238	2281	2289	2285	2285	2290	2290	2303	2304
德国	2091	2077	2097	2061	2077	2049	2051	2069	2062	2062	2062	2121	2121
意大利	2396	2276	2098	1861	1900	1900	1900	1900	1900	1900	1900	1900	1794
经济合作组织（OECD）	45680	45552	45376	44881	44485	44771	44853	44684	45154	45503	44781	43730	43416
非经济合作组织（non-OECD）	48461	49499	50045	51800	53254	53396	53835	54280	55194	56468	57551	58182	58486
欧盟	13544	13432	13143	12777	12824	12871	12761	12757	12735	12748	12656	12310	12210
全球总计	94141	95051	95421	96681	97739	98167	98689	98965	100348	101971	102331	101912	101902

数据来源：2023 年《bp 世界能源统计年鉴》。

附表 10　2010—2022 年全球主要国家和地区的天然气探明储量

单位：万亿立方米

地区 \ 年份	2010	2011	2012	2013	2014	2015	2016	2017	2018	2019	2020	2021	2022
伊朗	32.3	32.8	31.9	32.1	32.1	31.6	31.8	31.9	32.0	32.1	32.1	未更新	未更新
俄罗斯	34.1	34.5	34.6	34.9	35.0	35.0	34.8	37.9	37.6	37.6	37.4	未更新	未更新
卡塔尔	25.9	25.9	25.8	25.5	25.4	25.1	24.0	24.7	24.7	24.7	24.7	未更新	未更新
土库曼斯坦	13.6	13.6	13.6	13.6	13.6	13.6	13.6	13.6	13.6	13.6	13.6	未更新	未更新
美国	8.3	9.1	8.4	9.2	10.0	8.3	8.7	11.9	12.9	12.6	12.6	未更新	未更新
沙特阿拉伯	7.5	7.6	7.7	7.8	7.9	8.0	8.0	5.7	5.9	6.0	6.0	未更新	未更新
阿拉伯联合酋长国	5.9	5.9	5.9	5.9	5.9	5.9	5.9	5.9	5.9	5.9	5.9	未更新	未更新
委内瑞拉	6.1	6.1	6.2	6.2	6.2	6.3	6.4	6.3	6.3	6.3	6.3	未更新	未更新
尼日利亚	4.9	4.9	4.9	4.9	5.1	5.0	5.2	5.3	5.4	5.5	5.5	未更新	未更新
阿尔及利亚	4.3	4.3	4.3	4.3	4.3	4.3	4.3	4.3	4.3	4.3	2.3	未更新	未更新
中国	2.7	2.9	3.1	3.4	3.6	4.7	5.5	6.1	6.4	8.4	8.4	未更新	未更新
经济合作组织（OECD）	17.6	18.2	17.4	18.1	18.1	16.5	16.5	19.9	20.2	20.0	20.3	未更新	未更新
非经济合作组织（non-OECD）	162.4	163.7	163.4	163.2	165.1	164.7	167.0	168.0	168.9	170.3	167.8	未更新	未更新
欧盟	1.6	1.5	1.3	1.2	1.1	1.1	1.0	0.9	0.5	0.4	0.4	未更新	未更新
全球总计	179.9	181.9	180.8	181.3	183.2	181.2	183.5	187.8	189.1	190.3	188.1	未更新	未更新

注：2021 年之后《bp 世界能源统计年鉴》不再更新全球主要国家和地区的天然气探明储量数据。

数据来源：2023 年《bp 世界能源统计年鉴》。

附表 11　2010—2022 年全球主要国家和地区的天然气产量　　单位：十亿立方米/年

地区 \ 年份	2010	2011	2012	2013	2014	2015	2016	2017	2018	2019	2020	2021	2022
美国	575. 2	617. 4	649. 1	655. 7	704. 7	740. 3	727. 4	746. 2	840. 9	928. 1	915. 9	934. 2	978. 6
俄罗斯	598. 4	616. 8	601. 9	614. 5	591. 2	584. 4	589. 3	635. 6	669. 1	679. 0	637. 3	701. 7	618. 4
卡塔尔	123. 1	150. 4	162. 5	167. 9	169. 4	175. 9	174. 8	170. 5	175. 2	177. 2	174. 9	177. 0	178. 4
伊朗	143. 9	151. 0	156. 9	157. 5	175. 5	183. 5	199. 3	213. 9	224. 9	232. 9	249. 5	256. 7	259. 4
加拿大	149. 6	151. 1	150. 3	151. 9	159. 0	160. 8	165. 1	171. 3	176. 8	169. 8	165. 7	172. 3	185. 0
中国	96. 5	106. 2	111. 5	121. 8	131. 2	135. 7	137. 9	149. 2	161. 4	176. 7	194. 0	209. 2	221. 8
挪威	106. 2	100. 5	113. 9	107. 9	107. 5	116. 1	115. 9	123. 7	121. 3	114. 3	111. 5	114. 3	122. 8
沙特阿拉伯	83. 3	87. 6	94. 4	95. 0	97. 3	99. 2	105. 3	109. 3	112. 1	111. 2	113. 1	117. 3	120. 4
阿尔及利亚	77. 4	79. 6	78. 4	79. 3	80. 2	81. 4	91. 4	93. 0	93. 8	87. 0	81. 5	100. 8	98. 2
印度尼西亚	87. 0	82. 7	78. 3	77. 6	76. 4	76. 2	75. 1	72. 7	72. 8	67. 6	59. 5	59. 3	57. 7
经济合作组织（OECD）	1130. 9	1151. 0	1187. 0	1196. 5	1242. 1	1281. 0	1289. 8	1328. 0	1431. 7	1511. 6	1483. 5	1503. 0	1589. 1
非经济合作组织（non-OECD）	2019. 3	2106. 3	2139. 1	2168. 9	2191. 2	2230. 1	2255. 0	2345. 5	2420. 0	2456. 1	2378. 0	2533. 8	2454. 7
欧盟	125. 6	117. 5	113. 9	113. 9	99. 9	84. 3	82. 3	76. 8	68. 8	61. 1	47. 8	44. 0	41. 1
全球总计	3150. 2	3257. 3	3326. 2	3365. 4	3433. 3	3511. 1	3544. 7	3673. 5	3851. 7	3967. 7	3861. 5	4036. 9	4043. 8

数据来源：2023 年《bp 世界能源统计年鉴》。

附表 12　2010—2022 年全球主要国家和地区的天然气消费量　　　　单位：十亿立方米/年

地区＼年份	2010	2011	2012	2013	2014	2015	2016	2017	2018	2019	2020	2021	2022
美国	648.2	658.2	688.1	707.0	722.3	743.6	749.1	740.0	821.7	850.7	831.9	826.7	881.2
俄罗斯	423.9	435.6	428.6	424.9	422.2	408.7	420.6	431.1	454.5	444.3	423.5	474.6	408.0
中国	108.9	135.2	150.9	171.9	188.4	194.7	209.4	241.3	283.9	308.4	336.6	378.7	375.7
伊朗	144.4	153.2	152.5	153.8	173.4	184.0	196.3	205.0	212.6	218.4	234.3	241.1	228.9
日本	99.9	112.0	123.2	123.5	124.8	118.7	116.4	117.0	115.7	108.1	104.1	103.6	100.5
沙特阿拉伯	83.3	87.6	94.4	95.0	97.3	99.2	105.3	109.3	112.1	111.2	113.1	117.3	120.4
加拿大	91.6	100.6	99.4	105.4	109.8	110.3	105.0	109.9	115.6	117.3	113.3	119.2	121.6
墨西哥	66.0	70.8	73.7	77.8	78.8	80.8	83.0	86.0	87.6	88.0	83.7	88.2	96.6
德国	88.1	80.9	81.1	85.0	73.9	77.0	84.9	87.7	85.9	89.3	87.1	90.5	77.3
英国	98.5	81.9	76.9	76.3	70.1	72.0	80.7	78.5	78.6	77.7	73.0	76.9	72.0
意大利	79.1	74.2	71.4	66.7	59.0	64.3	67.5	71.6	69.2	70.8	67.6	72.5	65.3
经济合作组织（OECD）	1552.9	1546.9	1583.2	1616.1	1590.7	1623.5	1656.1	1677.8	1762.6	1803.0	1758.6	1794.9	1796.6
非经济合作组织（non-OECD）	1606.0	1687.1	1736.2	1756.9	1803.8	1853.3	1899.9	1975.2	2073.0	2103.3	2087.0	2242.6	2144.7
欧盟	422.8	389.0	382.2	374.5	331.4	346.7	368.2	385.2	378.1	391.8	380.3	396.6	343.4
全球总计	3158.9	3234.0	3319.4	3373.0	3394.4	3476.9	3556.1	3652.9	3835.6	3906.3	3845.6	4037.5	3941.3

数据来源：2023 年《bp 世界能源统计年鉴》。

参 考 文 献

[1] bp. bp Energy Outlook: 2023 edition[R/OL]. 2023-07-17.

[2] IEA(2023), World Energy Outlook 2023, IEA, Paris https://www.iea.org/reports/world-energy-outlook-2023, Licence: CC BY 4.0(report); CC BY NC SA 4.0(Annex A)

[3] Ghosh, I., Alfaro-Cortés, E., Gámez, M. and García-Rubio, N., 2024. Reflections of public perception of Russia - Ukraine conflict and Metaverse on the financial outlook of Metaverse coins: Fresh evidence from Reddit sentiment analysis. International Review of Financial Analysis, p. 103215.

[4] Meng, X. and Yu, Y., 2023. Does the Russia-Ukraine conflict affect gasoline prices?. Energy Economics, 128, p. 107113.

[5] Xiao, R., Xiao, T., Zhao, P., Zhang, M., Ma, T. and Qiu, S., 2024. Structure and resilience changes of global liquefied natural gas shipping network during the Russia - Ukraine conflict. Ocean & Coastal Management, 252, p. 107102.

[6] Tiwari, A. K., Abakah, E. J. A., Abdullah, M., Adeabah, D. and Sahay, V. S., 2024. Time-varying relationship between international monetary policy and energy markets. Energy Economics, 131, p. 107339.

[7] Xin, J., Chen, J., He, R., Li, R., Li, X., Liu, C., Lu, R. K., Su, Z. and Han, W., 2024. A novel stress concentration inspection method for marine oil and gas pipeline based on UNSM. Ocean Engineering, 300, p. 117497.

[8] Zhi, W., Wang, J., Wang, Z., He, Z., Song, C., Liu, X., Zhang, N. and Ji, T., 2023. Analysis of the world deepwater oil and gas exploration situation. Petroleum Exploration and Development, 50(5), pp. 1060-1076.

[9] 2023年《财富》世界500强排行榜[EB/OL]. https://www.fortunechina.com/fortune500/c/2023/08/02/content_436874.htm? fromModule=lemma_middle-info.

[10] 曹宏，常德双，胡少华，等. 中国深层油气勘探地球物理技术与展望[J]. 石油学报，2023，44(12)：2250-2269.

[11] 曹燕，谭笑，刘冰，等. 我国油气管道标准国际化的现状、瓶颈与突破路径研究[J]. 标准科学，2023，(17)：82-86.

[12] 常鑫. 中国成品油消费现状及趋势分析[J]. 炼油与化工，2022，33(3)：1-4.

[13] 陈江宁，王立东，夏苇，等. “双碳”目标下的碳资产管理模式探索[J]. 中国发展观察，2021，(16)：37-38+47.

[14] 陈江宁，夏苇，刘晟铭，等. 从“双碳”目标认知到碳资产管理[J]. 企业管理，2021，(11)：58-60.

[15] 陈丽红. 碳达峰与碳中和背景下工业低碳发展分析[J]. 资源节约与环保，2023，(06)：114-117.

[16] 程晓龙，刘垂祥，况新亮，等. “碳中和”背景下的中国成品油消费现状及未来发展分析[J]. 化工管理，2022，(10)：11-13.

[17] 崇为伟. 浅谈国有能源企业的碳资产管理[J]. 国有资产管理，2023，(03)：28-30.

[18] 戴照明. 突出规划引领促进炼油化工产业高质量发展[J]. 中国石化，2024，(01)：14-16.

[19] 丁怡婷. 新能源产业发展竞争力增强[N]. 人民日报，2023-03-01(018).

[20] 樊大磊，王宗礼，李剑，等. 2023 年国内外油气资源形势分析及展望[J]. 中国矿业，2024，33(01)：30-37.

[21] 方时姣，朱云峰. 碳达峰碳中和视域下能源经济发展论析[J]. 新疆师范大学学报(哲学社会科学版)，2022，43(03)：81-90+2.

[22] 方正飞. 深海油气开发全“链”加速[N]. 中国自然资源报，2023-07-11(005).

[23] 冯保国. 石油石化行业“划重点”[N]. 中国石化报，2021-11-19(008).

[24] 高飞，胡思萌，田青炜. 阿联酋油气工程建设市场现状及中国企业的机遇[J]. 国际石油经济，2022，30(02)：84-90+105.

[25] 郭文伟，罗胜涛. 地缘政治风险、能源价格波动与全球通货膨胀[J]. 金融与经济，2023，(04)：40-52.

[26] 郭勇. 赋能油气产业提速发展[N]. 中国石油报，2024-02-01(005).

[27] 国务院新闻办公室. 新时代的中国能源发展[EB/OL]. https://www.gov.cn/zhengce/2020-12/21/content_5571916.htm.

[28] 何登发，贾承造，赵文智，等. 中国超深层油气勘探领域研究进展与关键问题[J]. 石油勘探与开发，2023，50(06)：1162-1172.

[29] 何盛宝. 新形势下我国炼油化工行业转型发展路径与中国石油技术创新实践[J]. 石油科技论坛，2023，42(02)：1-11.

[30] 侯捷宁，毛艺融. 新能源汽车“出海”提速多元化出口模式带动全产业链发展[N]. 证券日报，2023-09-04(A02).

[31] 黄福喜，汪少勇，李明鹏，等. 中国石油深层、超深层油气勘探进展与启示[J]. 天然气工业，2024，44(01)：86-96.

[32] 黄锦鹏，齐绍洲，姜大霖. 全国统一碳市场建设背景下企业碳资产管理模式及应对策略[J]. 环境保护，2019，47(16)：13-17.

[33] 姜昌亮. 油气管道全生命周期质量管控与安全管理探讨[J]. 油气储运，2023，42(10)：1081-1091.

[34] 金朝力，袁泽睿. 我国油气能源“双链”提韧性[N]. 北京商报，2023-04-17(002).

[35] 李俊峰，江思羽. 转型时代能源安全问题思考与中国方案[J]. 中国能源，2020，42(01)：4-10.

[36] 李锐，杨捷，陈灿，等. 油气田企业碳资产开发重点方向及路径研究[J]. 天然气技术与经济，2022，16(06)：69-77.

[37] 李睿. 油气管道内检测技术及数据分析方法现状及展望[J/OL]. 油气储运，1-17[2024-03-08].

[38] 李寿生. 石油和化学工业要走在“双碳”工作最前列[N/OL]. 中国化工报，2022-02-23[2022-05-11].

[39] 李婉君，张运东，郭艳青，等. 欧洲主要石油公司碳排放交易管理策略及启示[J]. 国际石油经济，2021，29(11)：34-42.

[40] 李游. 我国石油安全风险有多大[J]. 中国石油石化，2016，(13)：39-43.

[41] 林丽巧，戚晓曦. “互联网+”炼油化工工程建设标准体系平台的构建与实施[J]. 中国勘察设计，2023，(07)：91-95.

[42] 刘纯颖. 价值创造视角下企业碳资产管理体系构建及应用研究[J]. 中国集体经济，2023，(25)：37-40.

[43] 刘如. 全球能源供需新格局对南南合作的影响与启示[J]. 科技中国，2022，(09)：46-48.

[44] 刘小兵，季天愚，李刚，等. 全球油气勘探形势与启示[J]. 石油科技论坛，2023，42(06)：61-68.

[45] 罗超，亢武臣，薛钊，等. 我国深海油气工程核心技术与装备国产化挑战及对策[J]. 舰船科学技术，2022，44(23)：74-79.

[46] 马亚男，高学明，吴杰. 油气企业碳资产管理体系构建研究[J]. 财会通讯，2022，(20)：109-113.

[47] 毛涛. 碳达峰与碳中和背景下工业低碳发展制度研究[J]. 广西社会科学，2021，

(09)：20-29.

[48] 梅德文，葛兴安，邵诗洋. 国际自愿减排市场评述与展望[J]. 中国财政，2022，(15)：27-29.

[49] 彭强，曹恩惠. 能源领域顶层设计明确油气、电力体系改革有望提速[N]. 21世纪经济报道，2023-07-14(011).

[50] 彭强. 全球油气巨头沙特阿美押注中国市场[N]. 21世纪经济报道，2023-03-29(005).

[51] 皮光林. 美国页岩油气产业现状及工程技术演进趋势[J]. 当代石油石化，2023，31(05)：6-9.

[52] 戚永颖，孟莹，卢向前. 洞察全球油气产业纵论转型升级创新——2023年国际能源变革论坛油气产业转型发展分论坛综述[J]. 国际石油经济，2023，31(10)：21-29.

[53] 乞孟迪，柯晓明，程一步，等. 中国石油峰值与石化行业低碳转型发展[J]. 石油石化绿色低碳，2021，6(05)：1-6+43.

[54] 渠沛然. 石油石化行业稳健探索低碳转型[N]. 中国能源报，2022-01-17(014).

[55] 申洪亮，杨万莉，张强. 2022年中国天然气市场供需预测及未来发展趋势分析[J]. 国际石油经济，2022，30(08)：41-50+100.

[56] 史建勋. 中国天然气市场价格风险分析与防范建议[J]. 国际石油经济，2022，30(05)：19-24.

[57] 孙海萍，张胜军，徐立昊，等. "双碳"目标下中国油气行业低碳发展措施与路径探讨[J]. 油气与新能源，2021，33(06)：27-31+45.

[58] 孙文娟，门秀杰，张胜军. 全国碳排放权交易市场两周年运行情况及第二个履约周期展望[J]. 国际石油经济，2023，31(08)：31-36.

[59] 孙文娟，张胜军，孙海萍. 试点碳市场发展现状及对全国碳市场的启示[J]. 国际石油经济，2021，29(07)：1-8.

[60] 孙贤胜，戚永颖，孙娜. 全球能源转型之路曲折迈进——2023年全球油气市场的"变"与"不变"[J]. 国际石油经济，2024，32(01)：17-24.

[61] 谭荣. 中国低碳治理体系：理论逻辑和实践展望[J]. 中国国土资源经济，2021，34(12)：4-11.

[62] 田建国，王玉海. 财政分权、地方政府竞争和碳排放空间溢出效应分析[J]. 中国人口·资源与环境，2018，28(10)：36-44.

[63] 王贝，张鹏，刘卓，等. 乌干达国家油气市场分析[J]. 国际工程与劳务，2023，

（04）：45-48.

[64] 王栋. 碳达峰背景下我国石油化工企业参与碳排放权交易市场建设路径分析[J]. 现代管理科学，2021，（05）：3-9.

[65] 王林，渠沛然，姚金楠. 中俄油气合作再进一程[N]. 中国能源报，2023-10-30（004）.

[66] 王梦川，陆忠杰，洪子鑫，等. 基于五力模型的中国海洋油气工程产业竞争结构[J]. 油气与新能源，2023，35（03）：24-30.

[67] 王清华，徐振平，张荣虎，等. 塔里木盆地油气勘探新领域、新类型及资源潜力[J]. 石油学报，2024，45（01）：15-32.

[68] 王天娇，于清进，施晓康. 国际石油公司低碳业务投资分析和战略预测[J]. 油气与新能源，2022，34（02）：48-54.

[69] 王轶辰. 保障能源安全离不开国际合作[N]. 经济日报，2022-09-08（006）.

[70] 王永中，周伊敏. 中美油气贸易投资的状况、潜力与挑战[J]. 国际经济评论，2019，（03）：101-116+6-7.

[71] 魏园军，王洪靓，王璇. 中原油田探索二氧化碳驱油又驱气[N]. 中国石化报，2021-09-06（005）.

[72] 吴裕根，娄钰，门相勇. 油气是保障中国能源安全的重要基础[J]. 世界石油工业，2022，29（06）：19-25.

[73] 鲜楠莹，王红秋，周笑洋. 中国成品油供需现状及其发展趋势[J]. 石化技术与应用，2022，40（03）：149-152.

[74] 辛尚吉. 今年国际油气产业将由防守转扩张[J]. 中国石油和化工产业观察，2023，（02）：91.

[75] 徐东，陈明卓，胡俊卿，等. 国际石油公司能源转型回顾与展望[J]. 油气与新能源，2022，34（02）：1-7.

[76] 徐小舒. 加大油气管网基建力度提升保供调峰能力[N]. 中国电力报，2022-05-30（002）.

[77] 徐长贵，朱光辉，季洪泉，等. 中国海油陆上天然气勘探进展及增储发展战略[J]. 中国石油勘探，2024，29（01）：32-46.

[78] 许华明，丛海月，侯平舒，等. 我国深层—超深层油气资源探矿权管理存在的问题及政策建议[J]. 中国石油勘探，2023，28（06）：70-77.

[79] 许晓锋，秦长毅，张华，等. 石油天然气工业绿色低碳工作实践和标准化探索[J].

石油管材与仪器，2022，8(02)：1-4.

[80] 杨旸，王海洋，彭睿，等. 国家管网智慧管网标准体系三维业务框架设计[J/OL]. 油气储运，1-9[2024-03-08].

[81] 于莹，雷蕾. 绿色低碳赋能炼油行业高质量发展[N]. 中国石化报，2023-03-29(005).

[82] 余国，姜学峰，戴家权，等. "双碳"目标下中国能源发展与能源安全若干问题思考[J]. 国际石油经济，2021，29(11)：1-8.

[83] 余国，陆如泉，主编. 2022年国内外油气行业发展报告[M]. 北京：石油工业出版社，2023.

[84] 余娜. 全球能源安全报告：安全事件频发能源结构加速多元化[N]. 中国工业报，2023-12-19(007).

[85] 袁谋真. "双碳"战略目标下碳资产专业化管理研究[J]. 暨南学报(哲学社会科学版)，2022，44(08)：122-132.

[86] 张对红，李玉星. 中国超临界 CO_2 管道输送技术进展及展望[J/OL]. 油气储运，1-14[2024-03-08].

[87] 张希良，黄晓丹，张达，等. 碳中和目标下的能源经济转型路径与政策研究[J]. 管理世界，2022，38(01)：35-66.

[88] 张耀杰，王玉东. 原油价格预测：近30年研究回顾和未来展望[J]. 系统管理学报，2022，31(06)：1169-1189.

[89] 张颙，何春蕾，杜波，等. 中国油气价格改革的比较研究——加快实现天然气价格市场化的政策设计[J]. 天然气技术与经济，2022，16(03)：1-10.

[90] 张跃军，张晗. 俄乌冲突背景下国际油价高涨对我国石油安全的影响研究[J]. 南京航空航天大学学报(社会科学版)，2023，25(04)：55-60.

[91] 张运东，方辉，刘帅奇，等. 深地油气勘探开发技术发展现状与趋势[J]. 世界石油工业，2023，30(06)：12-20.

[92] 赵邦六，董世泰，刘依谋，等. 中国石油陆上高难度探区地震勘探突破与启示[J]. 石油地球物理勘探，2024，59(01)：169-184.

[93] 赵宏图. 能源政治新生态与全球能源治理[J]. 当代世界，2023，(02)：10-15.

[94] 赵鲁涛，李丰荣，李照源，等. 2023年国际原油价格分析与趋势预测[J]. 北京理工大学学报(社会科学版)，2023，25(02)：24-27+44.

[95] 赵彤，张圣柱，王旭，等. 油气长输管线路由评价指标体系及模型构建研究[J]. 中

国安全生产科学技术，2023，19(S2)：108-114.

[96] 中国人民大学中国宏观经济分析与预测课题组，于泽，刘元春，等. 中国宏观经济报告(2023年)：从分化到平衡增长[J]. 经济理论与经济管理，2024，44(01)：21-38.

[97] 钟文新，孙依敏，金焕东，等. 拉美地区油气投资环境及合作潜力分析[J]. 国际石油经济，2022，30(07)：87-96.

[98] 邹春蕾. 保供稳价仍是行业首要任务[N]. 中国电力报，2023-03-30(008).